LA ORACIÓN QUE LO *Cambia* TODO

EL PODER SECRETO DE ALABAR A DIOS

STORMIE OMARTIAN

Publicado por
Editorial Unilit
Miami, Fl. 33172
Derechos reservados

© 2005 Editorial Unilit (Spanish translation)
Primera edición 2005

© 2004 por Stormie Omartian
Originalmente publicado en inglés con el título:
The Prayer That Changes Everything™ por
Harvest House Publishers
Eugene, Oregon 97402
Todos los derechos reservados.

THE PRAYER THAT CHANGES EVERYTHING™
Copyright © 2004 by Stormie Omartian
Published by Harvest House Publishers
Eugene, Oregon 97402
www.harvesthousepublishers.com

Traducción: *Grupo Nivel Uno, Inc.*
Diseño de la portada: Koechel Peterson & Associates, Inc.,
Minneapolis, Minnesota
Fotografía por: Harry Langdon

Las citas bíblicas se tomaron de la
Santa Biblia Nueva Versión Internacional.
© 1999 por la Sociedad Bíblica Internacional.
Las citas bíblicas señaladas con RV-60 se tomaron de la
Santa Biblia, Versión Reina Valera 1960.
© 1960 por la Sociedad Bíblica en América Latina.
Las citas bíblicas señaladas con BLS se tomaron de la
Biblia en Lenguaje Sencillo
© 2000 por las Sociedades Bíblicas Unidas.
Usadas con permiso.

Producto 495389
ISBN 0-7899-1306-2
Impreso en Colombia
Printed in Colombia

Este libro está dedicado a ti, Señor.

Porque sin tu poder y tu gracia sé que no estaría donde estoy hoy. Has salvado mi vida muchas veces en ocasiones en que habría muerto de no haber sido por ti. Tú me sostendrás a diario. Cada vez soy más consciente de que no merezco las bendiciones que me has dado. Me has enseñado a sentir tu amor y compasión por los demás y tu corazón para desear las mayores bendiciones para ellos, y aun así en medio de eso suelo interponer mi egoísmo. Me has dado una potente visión de las cosas maravillosas que quieres hacer, aun a través de *mí*, pero en esa visión también interpongo a veces mis miedos, que amenazan con impedir tu obra. Me das promesas a las que puedo aferrarme, y me sostienen aun cuando dejo que la duda me haga flaquear. Jamás entenderé por qué me soportas y tienes tanta paciencia conmigo. Es que no puedo comprender la profundidad de tu amor. Ni cómo pudiste venir a la tierra para sufrir y morir por mí como lo hiciste. No puedo entenderlo, en especial porque no tengo certeza de que pudiera llegar a hacer lo mismo por ti. Me gustaría creer que sí lo haría, pero cuando oro con frecuencia por mis preciosos hermanos y hermanas en Cristo en todo el mundo, que están siendo torturados y hasta martirizados por causa de su servicio a ti, no sé si podría soportar lo que ellos soportan.

Me asombra que aun cuando no siempre hago o digo lo debido, sigues permitiéndome vivir y servirte. Que me hayas dado el privilegio de escribir este libro me hace sentir tan pequeña, tan humilde. Y aunque no soy experta en nada, y menos en la alabanza y adoración a ti, una cosa que sí sé es que mereces toda alabanza, ahora y siempre. Mi credibilidad está en mi experiencia y en todo lo que me has enseñado. El hecho de que permitas que la alabanza de tu pueblo sea su mayor bendición es algo que únicamente un asombroso Dios de amor haría. Oro que me des la capacidad de comunicar la grandeza de lo que eres, y las razones por las que mereces alabanza, y que pueda ayudar a la gente a que recuerden que han de alabarte en todo tiempo y situación. Ayúdame a revelar la plena extensión de las bendiciones que tienes para nosotros cuando nos concentramos en ti en adoración y alabanza.

Porque me amaste primero, soy libre para amarte a ti. Y así lo hago.

Tu devota sierva,

Stormie

Agradecimientos

Con especial gratitud:

- A Christopher, Amanda, John, Rebecca, Stephanie, Derek, Matt, Suzy y Louie. Gracias por vivir. Su sola existencia me da gozo y fuerzas. Alabo a Dios por ustedes todos los días de mi vida.

- A Michael. Gracias por ser un fiel esposo y por jamás darme razones para dudar de ello. No podría hacer esto sin tu apoyo.

- A Susan Martínez. Gracias por tus oraciones, amor, diligencia y organización, por tu capacidad para ir más allá del deber, tu amabilidad y generosidad al contestar llamados, cartas, correos electrónicos, faxes y llamadas a la puerta, cuya cantidad habría hecho que cualquier persona de menor talla se volviera totalmente loca.

- A Roz Thompson. Gracias por tu fiel amistad y por orar conmigo todos estos años. Has sido mi inspiración y fuerza más allá de lo que puedo describir.

- A Erik Sundin. Gracias por tu meticulosidad y ayuda en este proyecto. Eres el mejor.

- A Patti y Tom Brussar, Michael y Terry Harriton, Bob y Sally Anderson, Donna y Bruce Sudano. Gracias por sus oraciones. No los veo con frecuencia, pero siento sus oraciones a diario.

- A mis pastores: Jack y Anna Hayford, Rice y Jody Broocks, Tim y Le'Chelle Johnson, Stephen Mansfield, Dale y Joan Evrist, Jim y Cathy Laffoon, John y Maretta Rohr, Ray y Elizabeth McCallum. La riqueza de ellos en las cosas de Dios me ha hecho rica en espíritu también. No sé dónde estaría sin todas las grandes cosas del Señor que me enseñaron ustedes y la innumerable cantidad de veces que han orado por mí.

- A mis maravillosas hermanas en Cristo, grandes mujeres de Dios: Joyce Meyer, Beth Moore, Lisa Bevere, Kay Arthur y Florence Littauer. Gracias por su amor y generosidad hacia mí, su riqueza en el conocimiento de la Palabra de Dios y su obra para el reino. Es con gran humildad, con amor y respeto por ustedes y todo lo que hacen, que considero un privilegio haberlas conocido. Cada una de ustedes me ha enseñado mucho, y han sido de gran inspiración y fuerza para mí. Me han dado más aliento del que puedan imaginar.

- A mi maravillosa familia en Harvest House: especialmente a Bob Hawkins hijo, Carolyn McCready, Julie McKinney, Teresa Evenson, Terry Glaspey, John Constance, Mary Cooper, LaRae Wiekert, Peggy Wright, Betty Fletcher y Kim Moore. Gracias por su amor, paciencia, generosidad, gracia, incansable trabajo y profesionalismo. Hacen que todas las cosas sucedan.

Contenido

¿Qué es la oración que lo cambia todo?

Para que anunciéis las virtudes de aquel que os llamó de las tinieblas a su luz admirable.
1 PEDRO 2:9

Si eres como yo, no quieres vivir una existencia tibia, mediocre, «de apenas sobrevivir», triste, solitaria, sin esperanza, miserable, con miedos, frustrada, sin realizarte, sin significado, sin efectividad o sin fruto. No quieres estar aprisionado en tus circunstancias, o encadenado a tus limitaciones. Quieres vivir una vida *extraordinaria*. Una vida de paz, gozo, plenitud, esperanza y propósito. Una vida en que todas las cosas son posibles.

El tipo de vida que acabo de describir solo puede ser posible cuando entramos en una relación cercana con Dios.

Y quiero decir realmente *cercana*.

Hay mucha gente que *cree* en Dios. Algunos viven sus vidas con la sensación de Dios en el fondo de sus mentes. Otros hacen cosas religiosas para Él. Hay también quienes aman a Dios y le sirven en todo lo que pueden, pero anhelan más de su relación con Él. Y sin embargo, muchos no están *realmente* cerca de Él.

Quizá estés pensando: *¿Qué tan cerca es realmente cerca?*

Lo suficiente cerca como para conocer a Dios de forma íntima. Lo suficiente cerca como para entregarle tu corazón de continuo. Para poder dirigir tu atención lejos de ti mismo *totalmente*, y así enfocarla en Él por completo. Lo suficiente cerca como para entender quién es en realidad, y luego permitir que ese conocimiento de

Él defina quién eres tú en verdad. Es amarle con todo tu corazón, y permitir que Él te ame con todo su corazón.

Sabes lo que sucede cuando uno se enamora. Esa persona especial ocupa todos tus pensamientos, y te cuesta concentrarte en otras cosas. Sientes un continuo manantial de gozo que burbujea dentro de ti y que parece nunca poder secarse. Anhelas estar con esa persona cuando estás lejos, y no puedes esperar a volver a estar en su presencia. Estar cerca de ella te quita el aliento. La amas tanto que a veces te duele el corazón. Te deleitas en todo lo que ves en esta persona, y buscas saberlo todo sobre ella, conocerla plenamente. Quieres abrazarla muy fuerte para que nunca se aparte. Quieres que tu alma y la de ella se entrelacen para que ya no se sepa dónde empiezas tú o dónde termina ella. Y cada vez que se abrazan fluye una nueva fuerza y un sentido de plenitud en ambos. Sientes como si al fin te hubieras conectado con alguien con una profundidad que siempre soñaste alcanzar. Se completan mutuamente. Tu corazón ha encontrado un hogar. El mundo es maravilloso. Y todo es bueno. Todo está bien.

Este sentimiento *es glorioso*.

Y así es como Dios quiere que nos sintamos también con respecto a Él.

Todo el tiempo.

Cuando estás enamorado quisieras poder sentirte así para siempre. Pero si lo hicieras, tu corazón sufriría cada día, y jamás podrías lograr acabar con ninguna tarea. Así que, cuando la *extrema intensidad* de tu amor va cediendo —lo cual tiene que suceder porque de lo contrario jamás sobreviviríamos— tendrá que ir creciendo la *profundidad* de ese amor. Hay que regarlo, nutrirlo y cuidarlo para que sea un hermoso roble que nunca se estremezca porque sus raíces se han arraigado muy profundo en la tierra.

Esto es lo que Dios quiere que suceda en tu relación *con Él.*

No digo que tu primer amor por Dios tenga que ceder. Digo que necesita crecer. Después de ese entusiasmo del principio —esa elevación espiritual inicial— tu relación con Dios necesita crecer, alimentarse, hacerse más profunda.

¿Cómo sucede esto? ¿Cómo se llega a sentir ese tipo de amor por Dios? ¿Qué habría que hacer para que la relación se haga más profunda? ¿Cómo llegar a estar *realmente* cerca de Él?

Un camino es leer Su historia. La Biblia. Ella nos revela quién es Dios. Nos muestra cómo Él obra. Nos habla de sus deseos y planes para nuestras vidas. Nos comunica de su gran amor por nosotros.

Otro camino es recibir a su Hijo, Jesús. Y después pasar cada día del resto de tu vida intentando descubrir un amor tan grande como para que Él diera por propia voluntad su vida en brutal tortura y crucifixión sobre una cruz, para que siempre pudieras estar cerca de Dios.

Otro camino es la oración.

Mi definición de la oración es simplemente *comunicarse con Dios*. Ante todo es una relación de amor. La oración desnuda tu alma ante Aquel que te amó primero, antes de que siquiera supieras que existía, y permite que Él le hable a tu corazón.

Muy a menudo la oración es un tema complicado para las personas. En realidad, parece haber tantos aspectos en la oración que hay gente que se siente intimidada. Temen no saber orar bien, hablar de forma adecuada o lo suficiente, o no ser elocuentes. Temen que sus oraciones no sean escuchadas porque ellos no son buenos o lo suficientemente santos o sabios. En todos los libros que he escrito busqué eliminar este tipo de miedo e intimidación para que la oración sea algo accesible a todos.

En este libro quiero concentrar la atención en una forma de oración muy importante —una forma de *comunicarse* con Dios— que es la adoración y la alabanza. (Sé que la adoración y la alabanza pueden verse como dos formas distintas de honrar a Dios, pero están tan interconectadas que me referiré a ellas como una misma expresión.) La adoración y la alabanza es la forma *más pura* de oración porque concentra nuestra mente y alma enteramente en Dios, no en nosotros mismos. Lo que comunica es amor puro, devoción, reverencia, aprecio y agradecimiento a Dios. Es exaltarle por quien Él es. Es comunicarle nuestro anhelo de Él. Es acercarnos a Dios solo por querer estar junto a Él. Cuando adoramos a Dios estamos lo más cerca de Él que podamos estar jamás. Esto es porque la alabanza da la bienvenida a su presencia entre nosotros.

Una de las cosas más maravillosas de Dios es que Él vive en nuestra alabanza. Habita en las alabanzas de su pueblo: «Pero tú eres santo, tú que habitas entre las alabanzas de Israel» (Salmo 22:3). Cuando adoramos a Dios no es como si adoráramos a una deidad fría y distante. Él es un Dios amoroso que quiere estar con nosotros. Y cuando le adoramos, lo está.

¿No es maravilloso eso?

¡Qué don tan grandioso! *Cuando adoramos y alabamos a Dios su presencia viene a habitar con nosotros.* Y lo más maravilloso es que cuando esto sucede, las cosas cambian. ¡Siempre! Puedes contar con ello. Cambian los corazones. Cambian las situaciones. Cambian las vidas. Cambian las mentes. Cambian las actitudes.

Cada vez que alabas a Dios algo cambia dentro de ti o en tus circunstancias, o en las personas o situaciones a tu alrededor. No podemos ver todo lo que se ve afectado, pero sí podemos confiar en que todo se transforma, porque es imposible tocar la presencia de Dios y que no haya cambios. Y la razón es que te pones en contacto con todo lo que *es Dios*, y eso afectará todo lo que *seas* tú.

La alabanza es la oración que todo lo cambia.

Ya hablamos de ti, ahora hablemos de mí

Cuando llegué al Señor por primera vez no entendía el poder de la alabanza a Dios. Pensaba que la alabanza era algo que se hacía los domingos por la mañana en una iglesia, mientras se esperaba a que llegaran todos los que acudían tarde. Era el preludio al asunto principal: el sermón. Para eso estábamos allí, ¿verdad? Algo parecido a los aperitivos que se sirven antes de la cena, hasta que lleguen todos los invitados. Y cuando todos han llegado, se sirve la cena.

Después de recibir a Jesús en mi vida, sin embargo, empecé a ir a un nuevo tipo de iglesia. Una iglesia donde la adoración y la alabanza eran prioridad. Jamás había visto algo así.

De niña no iba mucho a la iglesia. Solo en Navidad, Pascua, para funerales, o en la ocasión en que pasé algunos días en casa de mis parientes, cuando mi madre dejó a mi padre, ¡e íbamos a la iglesia donde asistían mis familiares cada semana! Claro que para ellos era una obligación porque el padre de esa casa era el pastor. Era el negocio de la familia, después de todo. Pero aun yendo cada semana a la iglesia, nunca le encontré demasiada vida. No recuerdo momentos de adoración real, con excepción de un himno, o dos quizá. El coro se encargaba de la música. Era lindo, pero siempre estaba con los adultos y no entendía mucho lo que sucedía o decían. Además estaba con mi madre, y ella tenía una idea totalmente distorsionada de Dios, de la iglesia y la Biblia. Eso hizo que nunca quisiera indagar demasiado.

Mi madre estaba enferma de la mente. En ese momento nadie lo entendía, ni sabían qué hacer al respecto. Y había un estigma social en todo ello, así que si alguien descubría que uno tenía un pariente mentalmente enfermo —en especial uno de tus padres— se sospechaba de ti a partir de entonces, y vivías en ostracismo social. No es que hubiéramos sido tan aceptados en la sociedad antes de eso. Vivíamos aislados. Pero los pocos que tenían algo que ver con nosotros se habrían reducido a cero si se hubieran enterado de algo así. De modo que el problema de mi madre se escondía bajo la alfombra.

Mi papá siempre amó a mi mamá, a pesar de lo mala que ella era con él. No quería que la internara, aun cuando la familia de mi madre insistiera en ello, porque siempre abrigaba la esperanza de que «un día sanara de repente». Decía que la primera vez que sospechó que algo andaba mal fue en la luna de miel, cuando ella creía que los estaban siguiendo y alguien quería matarla. A causa de eso no pudieron ir al hotel donde iban a alojarse. Tuvieron que visitar tres hoteles distintos hasta que mi padre finalmente se puso firme y dijo: «Basta ya. Nos quedaremos aquí».

Al no tratar su enfermedad, mi madre empeoró con los años. Conmigo, de niña, era violenta y abusiva, y muchas veces me mantuvo encerrada en un armario durante horas. Jamás supe *exactamente* por qué me encerraba allí, pero creía que debía haber hecho algo en verdad malo. Y luego, en otras ocasiones, parecía estar lejos en su propio mundo, sin siquiera saber de mi existencia. Así que el péndulo iba de un extremo al otro, impredecible, del abuso físico al abandono.

Como resultado de esto crecí con serios sentimientos de rechazo, miedo, depresión, ansiedad, desesperanza, dolorosa soledad y una tristeza que se me anudaba permanentemente en la garganta. El tipo de nudo que uno siente cuando le duele el corazón todo el tiempo y tiene que tragarse las lágrimas día tras día. Uno las guarda durante tanto tiempo que sabe que son como un torrente que se acumula detrás de un dique. Aprende a impedir que el dique se rompa a toda costa, porque si esto sucediera, podría destruir todo lo que hubiera en su camino. El tipo de lágrimas al que me refiero solo puede liberarse en presencia del amor y la aceptación incondicional. ¿Y dónde, en toda la tierra, podría encontrar algo así?

No recuerdo que mi padre haya ido jamás a la iglesia, a excepción del día de su funeral. Mi familia y yo organizamos un servicio sencillo para él y lo enterramos como había querido. Siempre dijo que su padre nunca iba a la iglesia, pero que su madre le hacía ir dos veces el domingo y una vez en medio de la semana, para sentarse durante cuatro horas cada vez en duros bancos mientras el predicador gritaba algo que tenía que ver con ir al infierno. Decía que sabía que había un Dios y que creía en Jesús, pero que nunca más entraría en una iglesia mientras viviera. Por lo que sé, mantuvo su promesa.

Después de que crecí y dejé mi casa, intenté todo lo posible para librarme del dolor emocional que llevaba dentro. Era insoportable. Me disculpo con quien esté leyendo este libro y me haya conocido en esos años, porque habrá habido ocasiones en que se preguntaban qué me pasaba. Podía aparentar ser normal durante un tiempo, pero era algo que no podía sostener siempre. Y me quebrantaba, me retiraba encerrándome, o era distante. Todo tenía que ver con ocultar quién yo era en realidad. Todo tenía que ver con reprimir las lágrimas.

Una de las formas en que trataba de sobrellevarlo era bebiendo mucho alcohol. Bebía hasta marearme, pero no terminaba allí. Tenía que seguir hasta estar borracha y caer en algún sillón. Usé drogas y muchas veces estuve a punto de matarme. Recurrí a lo oculto para hacer contacto con algún tipo de ser espiritual que pudiera ayudarme porque sabía que ningún humano podría hacerlo. Hice contacto con un ser espiritual y casi morí del susto. Mi miedo y depresión seguían aumentando. Exploré las religiones orientales, pero sus dioses eran crueles, distantes y fríos. Si quería algo cruel, distante y frío, lo único que tenía que hacer era volver a vivir con mi madre. Al menos ya la conocía, y para este momento entendía de dónde venía.

Entre los veinte y los treinta años tuve varias relaciones amorosas con distintos hombres. Pero siempre me dominaba ese espíritu de rechazo. Como resultado, me aseguraba de rechazarlos yo primero, antes de que ellos lo hicieran. Hubo varios muchachos realmente maravillosos, pero no conocían mi verdadero ser. Esa chica quebrantada, doliente, triste, ansiosa, desesperada y suicida. Y jamás pude arriesgarme a dejar que vieran ese lado. Si les decía la verdad sobre mi vida y estado emocional, el rechazo era cosa segura. Así que terminaba las relaciones mientras todo estaba bien todavía. Los jóvenes sentían confusión acerca de por qué los dejaba sin razón alguna. Era porque mi situación estaba más allá de toda explicación. Al menos, yo no podía explicarla.

Como resultado de todas esas relaciones terminé haciéndome dos abortos. Uno fue en la sala de atrás de una vieja casa en Tijuana, donde el doctor que hizo el aborto me dijo que si moría durante la operación tendría que tirar mi cuerpo en el desierto. Se disculpó de antemano, en caso de que eso sucediera. El otro aborto fue en una habitación de un hotel de Las Vegas, sin anestesia. Me vendaron los ojos y me amordazaron, y otro hombre, el «asistente» del doctor, se echó sobre mi cuerpo con todo su peso tapándome la boca con su mano para que no me moviera ni gritara. Fue peor que una pesadilla, porque no despertaría. Las dos veces, nunca pensé en que mataba a un niño. Mi único objetivo era vivir una semana más.

Finalmente, cuando tenía veintiocho años, ya no pude mantener la fachada en pie. Todo en mi vida fracasaba. Trabajé como cantante, bailarina y actriz de televisión, pero todos los programas en que trabajaba se cancelaban. Había una transición en la industria, de la variedad musical a los espectáculos de comedia. Para mí no era nada importante porque ya no me sentía con ganas de cantar ni de hacer nada gracioso.

Tuve un corto primer matrimonio, y mi expectativa era la de un fracaso. Así fue. Mi salud, mi mente y mis emociones fracasaron junto con él. Ya no podía conservar mi fachada. Todos mis intentos por encontrar una salida del dolor habían resultado inútiles, y ya no podía frente a los pensamientos suicidas contra los que había luchado cada día desde que tenía memoria.

Planifiqué mi suicidio. Comencé a juntar píldoras para dormir y drogas en distintos lugares o casas de amigos, para hacer las cosas bien. No quería despertar en un hospital con un lavado de estómago. No quería despertar jamás. Quería librarme del dolor para siempre. Sabía que me había convertido en lo que mi madre tantas veces predijo: una fracasada que no servía para nada y que jamás lograría algo. Toda profanidad degradante utilizada por ella para describirme se había acumulado para resumir lo que yo sentía sobre mí misma y sobre mi vida. Y no lo pude soportar más.

En ese momento tan crucial vino mi amiga Terry y me habló sobre Jesús. Me había hablado de Él antes, de manera amable, pero no la había querido escuchar. Esta vez fue más insistente porque veía que yo estaba muy mal. Estábamos cantando juntas en una sesión de grabación, y me llevó a un lado durante un descanso y me habló bien directo. Dijo que había estado orando por mí durante los últimos cuatro años en que trabajábamos juntas en televisión. Extendió hacia mí el amor de Dios, como línea de vida, y me rogó que fuera con ella a conocer a su pastor. No era tanto lo que ella me decía, sino su amor y preocupación al decirlo lo que me convenció para decir que sí iría.

Nos reunimos con el pastor Jack Hayford en un popular restaurante que estaba cerca, y pasó dos horas hablándome de modo que yo pudiera entender bien quién era Jesús en realidad. Sus palabras eran como un llamado que no podía pasar por alto. Y si lo que decía era verdad, yo quería la vida que Jesús prometió. Me dio libros para leer, uno de los cuales era el Evangelio de Juan, y pidió que volviéramos a reunirnos la semana siguiente. Mientras leía los libros durante esa semana, mis ojos se abrieron a la verdad y realidad del Señor. Cuando volvimos a reunirnos, el pastor Jack me preguntó si quería recibir a Jesús y encontrar la vida que Dios tenía para mí. Dije que sí, cancelé mis planes de suicidio, y él y Terry oraron por mí. No estaba muy segura de en qué me metía, pero podía percibir el amor y la paz de Dios en estas dos personas, y yo quería lo que ellos tenían.

En ese mismo instante mi vida comenzó a cambiar. Empecé a ir a la iglesia del pastor Jack, y apenas entraba el amor de Dios era tan fuerte que me hacía llorar. El dique comenzaba a romperse. Y yo no era la única. Todos se sentían igual. Se decía en esos días que no se podía ir a esta iglesia sin pañuelos de papel ni máscara de pestañas a prueba de agua.

Lo primero que aprendí en la iglesia fue la importancia y el poder de la adoración y la alabanza. El pastor Jack lideraba la adoración, pero no liderando solo la música. También nos enseñó cómo adorar a Dios y por qué Él merecía toda la alabanza que le dábamos. Nos enseñó cuánto nos ama Dios y cómo podemos amarle a través de nuestra alabanza y adoración.

En cada servicio al que asistí la adoración transformaba vidas. Aun cuando todos estábamos allí para alabar a Dios, éramos nosotros los que recibíamos bendición, poder, riqueza, plenitud y cambio. Cada vez que estaba en un servicio de adoración, me transformaba. Llegaba para adorar a Dios, pero en el proceso la que cambiaba era yo. Eso sucedió hace años, pero lo recuerdo como si hubiera sido ayer. Y es porque cambió mi vida por completo.

Asistí a esa iglesia durante veintitrés años hasta que mi familia y yo nos mudamos a otro estado. Desde entonces siempre que entro en una iglesia lo primero que busco es ese tipo de adoración transformadora de vidas. El tipo de adoración que cambia todo cada vez que uno adora. El tipo de adoración que nos transforma. Que cambia nuestra perspectiva. Que cambia nuestra mente, nuestra vida y circunstancias.

¿Cuál es el poder oculto de alabar a Dios?

Lo admitamos o no, y aunque no lo reconozcamos en nosotros mismos, todos buscamos, idolatramos o adoramos a algo o alguien. Y lo que adoremos se convertirá en la principal motivación de nuestra vida. Algunas personas adoran a los famosos. Otros adoran al dinero y las posesiones materiales. Otros adoran su empleo o posición. Y algunos adoran a la naturaleza, la belleza, la comida, los pasatiempos, el sexo, la música, los amigos o el entretenimiento. Lo que adoremos tendrá influencia en nuestras vidas.

La verdad es que nos convertimos en algo parecido a lo que adoramos (Salmos 115:4-8).

Cuando adoramos algo, el objeto de nuestra adoración afecta nuestro ser, lo que llegamos a ser como persona. Esto no significa que si uno adora a una estrella del rock terminará con voz ronca. Significa que uno adora algo que no tiene el poder de salvarnos de nada. Cuando idolatramos y buscamos otros dioses, no pueden cambiarnos, transformarnos o ayudarnos a encontrar nuestro destino. Pero cuando adoramos a Dios, Él sí puede hacer todo eso y mucho más.

Cuanto más adoramos a Dios, tanto más vamos pareciéndonos a Él.

La persona o el objeto de nuestra adoración afecta a aquello que emana de nuestra vida. Cuando buscamos al Señor y le adoramos, entonces nos convertimos en todo aquello para lo que fuimos creados.

He descubierto que nosotros —la mayoría de las personas— no alabamos a Dios tanto como debiéramos. O como podríamos. Y la razón es que en realidad no sabemos lo suficiente acerca de quién es Dios. No entendemos las muchas razones por las que deberíamos adorarle. Además, no podemos llegar a entender el poderoso impacto que tiene en nuestras vidas la adoración a Dios. No reconocemos el *don* que la adoración nos da y por eso no entendemos plenamente el *poder* que hay en ella.

Es como recibir a Jesús. Si la gente entendiera quién es Él en realidad y todo lo que hizo por nosotros, solo el corazón más duro dudaría en recibirlo en su vida. Pero se dicen tantas mentiras sobre Jesús, y hay tantos conceptos erróneos sobre lo que hizo y lo que está haciendo hoy, que la gente tiene una visión distorsionada de Él.

Si entendiéramos de veras quién es Dios, nuestra alabanza no terminaría jamás. No podríamos contenernos.

No sabemos realmente cómo *adorar* a Dios si no llegamos a *conocerle*. Podemos apreciar su creación, pero eso no es lo mismo que apreciarlo *a Él*. En realidad, cuando apreciamos su creación más de lo que lo apreciamos a Él, esto demuestra que no le conocemos. Cada vez que adoramos y alabamos a Dios recibimos nueva revelación de su carácter. Entendemos más sobre quién es. Y cuanto más le conocemos, tanto más queremos mostrar nuestro amor y adoración hacia Él.

Así como Dios creó al hombre y a la mujer a su imagen, los dioses que elegimos adorar manifiestan sus atributos en el adorador. Así que al decidir a quién o qué adorar, estamos tomando decisiones de vida con respecto a nuestros valores, nuestras prioridades y cómo vamos a vivir.

Jack Hayford

Nacimos para adorar a Dios. Pero Dios no nos creó para que fuéramos seres autómatas que le dijéramos cuán grande es. Nos creó para estar en comunión y una relación cercana con Él. Cada vez que alabamos a Dios por quién es y todo lo que Él ha hecho, esto libera su poder vivificante en nuestras vidas. Su presencia ablanda nuestros corazones para que puedan adquirir la forma que Él quiere darles. *La alabanza es el medio por el cual Dios transforma nuestras vidas y nos permite hacer su voluntad y glorificarle.*

Eso es lo más asombroso de alabar a Dios. Hay un don oculto en ello que parece hacer que la alabanza a Dios sea tanto para *nosotros* como lo es para *Él*.

Dudo que Dios necesite que le recordemos quién es, pero por cierto Él sabe que nosotros necesitamos que se nos lo recuerde. Dios está seguro del conocimiento de su grandeza, perfección y poder. Somos nosotros los que olvidamos. Somos *nosotros* quienes necesitamos mostrarle que sabemos quién es Él. Y cuando estamos alabando a Dios, le demostramos todo eso.

Adorar a Dios es el modo en que puede lograr que nos soltemos, que dejemos de aferrarnos al mundo y comencemos a aferrarnos a *Él*. Dios quiere que la adoración nos restaure, nos llene, nos motive, nos bendiga y nos realice en formas que jamás soñamos. Hay bendiciones que Él quiere darnos que solo llegarán a nuestras vidas cuando le adoramos.

Jamás había conocido el significado del gozo hasta que lo encontré en la adoración. Recuerdo un día determinado en que mucha gente adoraba en conjunto y pudimos percibir el poder del Espíritu Santo llenando la habitación. De repente Dios rompió la dura capa de mi corazón. Yo no pensaba que era tan resistente hasta que dicha dureza hubo desaparecido. Y entonces sentí el asombroso amor de Dios y el gozo del Señor. Nunca antes había conocido eso. Existía plenamente, sin depender de las circunstancias, posesiones materiales ni la aceptación del hombre. Estaba allí solo a causa de la presencia de Dios. Fue mi día de libertad. Mi día de independencia personal. El gozo no dependía de nada más que de estar en la presencia de Dios y permitir que esta presencia me llenara con su amor. Recibí todo eso mientras alababa a Dios.

Nuestra mayor bendición viene cuando dejamos de concentrarnos en nosotros mismos y ponemos todo nuestra atención en Dios a través de la adoración y la alabanza. ¿No es típico de nuestro maravilloso Señor que haya hecho que algo enteramente suyo sea lo que más nos bendice cuando lo ponemos en práctica?

La alabanza se convierte en el medio por el cual Dios se derrama a sí mismo en nuestras vidas. No es que podamos lograrlo manipulando a Dios sino que es un don que Él otorga a quienes tienen un corazón sincero de amor y reverencia por el Señor. Solo quienes ponen primero a Dios descubrirán el poder oculto de la alabanza.

La alabanza como prioridad

Hace poco pasé por una época de dos meses de lo más vacíos, paralizantes y deprimidos. Por fuera parecía que no tenía por qué preocuparme. Pero dentro, me sentía paralizada al punto de no poder hacer nada. Y tenía mucho por hacer. Cosas buenas. Cosas que siempre quise hacer. Sin embargo, no podía lograr hacer ninguna. No había estado así desde que me convertí en creyente.

Oré una y otra vez por estos problemas, pero no parecía poder ver resultados. Nada cambiaba.

Una noche me desesperé tanto por poder librarme de esta dolorosa situación que clamé a Dios nuevamente desde lo más profundo de mi ser: «Señor, ¿qué es lo que me pasa? ¿Qué es esto? ¿Estoy haciendo algo mal? Dime qué debería hacer, qué debo cambiar. Pareciera que no puedo hacer nada. ¿Estoy acabada? ¿He trabajado muy duro durante demasiado tiempo? Pensé que tú me instruías a hacer las cosas que estoy haciendo, pero me siento incapaz de seguir trabajando en ellas ahora. ¿Entendí mal tu guía? Si es así, ¿qué debo hacer? Por favor, háblame Señor. Ayúdame a entender. Llévate este peso para que pueda respirar y pensar claramente otra vez».

Finalmente sentí de forma bien definida en mi corazón lo que yo sabía que era el Señor. Era como cuando el sol aparece entre las nubes después de un tornado. Todo estaba en calma, en paz, en total contraste con la intensidad de los momentos anteriores.

Él me dijo: «Simplemente adórame».

Entendí que no sería un preludio a algo más, sino un fin *enteramente* en sí mismo. No era solo para ese momento, ni hasta la mañana siguiente. Debía adorarle hasta que Él me indicara lo contrario.

Era algo muy difícil para alguien a quien le gusta orar por todo, cubriendo todas las bases y posibles escenarios. Sin embargo, Dios no me decía que no podía orar por otras personas y situaciones, sino que no debía pedir nada para mí misma en ese momento. Mi situación en esta deprimente condición debía ser de adoración y alabanza a Dios. Eso era todo.

«Simplemente adórame», dijo.

No es que no supiera alabar a Dios en medio de las dificultades, o que nunca lo hubiera hecho. Había aprendido este poderoso principio muchos años antes, y había hecho de la adoración y la alabanza a Dios una prioridad en mi vida. Sabía *qué* hacer. Sabía *cómo* hacerlo. Sabía *por qué* lo estaba haciendo. Pero esta vez, tenía que hacerlo como un fin en sí mismo. Como si nada más siguiera después de la adoración y la alabanza.

«Dios ¿me estás preparando para la eternidad?», pregunté.

«Eso siempre es así», le dijo otra vez a mi espíritu. «Pero no es tu hora de morir. Estoy preparando tu corazón para que haga la obra que tengo para ti, y necesito toda tu atención. No vengas con tus peticiones ahora, aun cuando lo que necesitas me importa y deseo que me busques para satisfacer cada necesidad. Habrá tiempo ya para ese tipo de oración otra vez, y pronto. Pero ahora debes confiar en que sé qué necesitas. En esta temporada solo quiero que me adores. Exalta mi nombre y alábame por todo lo que soy. Deja que llene tu corazón con mis pensamientos, no con los tuyos».

Así que eso hice. Simplemente le adoré.

No fue fácil. Me sentía en medio de una tormenta, con los vientos de la tentación, la depresión, el dolor y el tormento buscando derribarme. A veces parecía que no sobreviviría. Temía ceder y buscar alivio en otra cosa o en otro lugar que no fuera Dios. No es que no pudiera haber ido a buscar consejo o apoyo en el pastor o el grupo de oración. Me rodeaban con todo su amor, y he utilizado esta ayuda más a menudo de lo que esta buena gente podría haber pensado. Sin embargo, esta vez sabía que era entre Dios y yo. Él estaba haciendo algo que yo no podía entender ni explicar a nadie en ese momento. Y tenía que pasar por eso, *a solas con Él.*

Lloraba todos los días. Muchas veces al día. En realidad, llorar no es la palabra. Sollozar como si me arrancaran las entrañas es más adecuado. De continuo me cegaban los ríos de lágrimas que no cesaban. Aun cuando las lágrimas no se vieran, fluían en silencio por dentro. Sin advertencia alguna me atacaban en un instante y se derramaban hacia lo visible tan profusamente que tenía que excusarme para marcharme de donde estuviera, o detener el auto en la ruta porque no podía ver. A veces los sollozos retorcían mis órganos interiores con tal fuerza que casi no podía respirar. No era algo meramente emocional; era profundamente espiritual. Sentía como si estuviera en una batalla. La batalla por mi alma. Por mi vida. Por mi existencia. Por mi futuro. No una batalla contra Dios, sino contra el enemigo de mi alma. El enemigo que quería destruirme como tantas veces antes había intentado hacerlo.

Todo esto lo mantuve oculto. No podía explicarlo y ni siquiera quería intentarlo. Una vez más dejé de lado todos mis sueños. Lo había hecho ya en el pasado. Muchas veces en realidad. Rendí mis sueños a Dios y dejé que murieran. En aquel entonces Él quitó los que no eran suyos y resucitó los que sí lo eran. La diferencia ahora era que estos eran los sueños que yo pensaba que Dios había resucitado. Los que pensaba que Él me había dado y que podía conservar. Los que habían sido mi gozo. Ahora, me dolía tremendamente entregarlos. Era como rasgar mis fibras más íntimas. Pero tenía que entregar *todo* a Aquel que en última instancia decidiría si alguna vez yo vería concretados esos sueños o no.

No tenía sentido resistirme.

Mantuve todo el tiempo mi corazón inclinado a los pies de mi Padre celestial, humillada ante su trono, aferrándome al borde de sus vestiduras. Lloraba cada vez que pensaba en Él. A decir verdad, lloraba cada vez que pensaba en cualquier cosa, pero *especialmente* cuando pensaba en Él. Y en particular cuando pensaba en todo lo que había hecho por mí. Cómo había enviado a Jesús a la tierra por *mí*. Y por una innumerable cantidad de personas también, por supuesto, pero ese no era el punto en ese momento. El punto era que Dios quería que tomara nuestra relación como algo personal. Pensé que yo también había estado queriendo lo mismo, pero Él quería más. Lo que el Señor había hecho en mi vida hasta entonces palidecería en comparación con lo que quería hacer en mi corazón ahora.

Dios quería tener rienda suelta en mi corazón a tal punto que yo le permitiera romperlo, golpearlo, hacerlo polvo y luego forjarlo nuevo. Él quería hacer algo nuevo. No solo para mí, y en beneficio mío, sino también para los demás.

Y yo estaba dispuesta.

¡Claro que estaba dispuesta! Cuando Dios te tiene en su mano, mejor será no resistirse. Es mejor seguir con el programa y ver hasta dónde llega. La vida nunca será igual si lo haces. Y siempre te faltará algo grandioso si no lo haces.

Después de todo eso llegué a ver en una medida más profunda lo asombroso y maravilloso de nuestro Señor. La gran profundidad de su amor. Cuánto merece nuestra alabanza y adoración. Vemos tan poquito de su grandeza con nuestras mentes limitadas. Prácticamente no tenemos siquiera una pista de cómo acercarnos a Él. Dios quiere tanto más *de* nosotros porque tiene tanto más *para* nosotros. Y cuando dejamos que Él actúe, nos revelará mucho más de sí. Tanto como podamos contener.

Me llevó meses de todo tipo de pruebas y tentaciones, hasta que un día la tormenta cesó. La rosca cedió. El control de mi vida al fin se rindió. Recuperé mi visión. Podía pensar bien otra vez, y sabía que Él me estaba preparando para algo. Quizá para escribir este libro. Todavía no lo sé. Pero Dios, sin duda alguna, quería que yo hiciera de la adoración y la alabanza una prioridad más grande en mi vida, más de lo que jamás lo hubiera sido. Durante ese período de tiempo aprendí mucho más sobre el poder de la adoración y la alabanza. Veo que a veces eso *es todo* lo que Dios quiere. A veces la adoración ha de ser nuestra *única* arma, junto con la Palabra de Dios, por supuesto, porque le permite pelear la batalla por nosotros.

Dios ve dentro del corazón de cada uno de los que le adoran. Sabe si son sinceros, honestos, puros en su motivación. Es como cuando sabemos que alguien actúa con amabilidad pero tiene motivos ulteriores. Quizá no nos hayan llamado en muchos meses, pero ahora que quieren algo tratan de convencernos acerca de su afecto para poder conseguirlo. Muchos padres han visto a sus hijos hacer esto.

«Mamá, te ves tan linda. ¿Me compras un nuevo juego de vídeo?»

«Papá, eres el mejor. ¿Me prestas tu auto?»

Quizá Dios también siente esto. Como si jugáramos en las máquinas tragamonedas. Claro que Él anhela que sus hijos a veces solo expresen su afecto por Él, y nada más. No digo que no podamos orar por las cosas. No está en las Escrituras, y no es lo que creo. Digo que en nuestra oración no podemos olvidarnos de hacer de la alabanza y la adoración una prioridad. Deben ser parte de cada oración.

Fuimos creados para adorar a Dios. Es un estado en el que nuestra alma encuentra verdadera paz, reposo y propósito. Pero debe convertirse en una condición del corazón, un modo de vida, un diseño que se entreteje en la fibra de nuestro ser. La adoración tiene que ser tan continua que ya no sea una decisión que hay que tomar, porque *la decisión ya está tomada.* La adoración debe ser un estilo de vida.

Cuando hacemos de la adoración un estilo de vida, determinará a imagen de quién nos formamos, y en qué nos convertimos.

A veces la alabanza y la adoración son lo único que hacemos en una situación. Nos ponemos en pie y adoramos a Dios mientras los tornados de la vida nos envuelven, y vemos a Dios moviéndose para nuestro bien. Entonces entenderemos el poder oculto de la alabanza. Cuando entiendas este concepto, tu vida cambiará.

No es que tú digas: «Daré todo lo que tengo y el Señor lo bendecirá», sino que el Señor te dice: «Solo bendice mi nombre y yo pondré en él todo lo que tengo». ¡Ese es el poder oculto de la alabanza!

Jack Hayford

La adoración es una decisión que tomamos. Adorar a Dios o no es siempre algo que elegimos por propia voluntad. Nuestra voluntad determina si hacemos de la adoración nuestra primera reacción a lo que nos sucede —o a lo que *no* nos sucede— o un último recurso. Si no hacemos de la adoración nuestra primera reacción no podemos convertirla en nuestro modo de vida. Y si no hacemos de la alabanza nuestro modo de vida, jamás sentiremos ni viviremos todo lo que Dios tiene para nosotros.

Hacer de esto algo personal

Una de las cosas más importantes que podemos hacer en la vida es adorar junto a otros creyentes. Nunca podré describir lo importante que es esto. Este tipo de alabanza *corporativa* puede absorbernos y llevarnos a un lugar al que jamás llegaríamos sin ella. Hay algo que sucede cuando adoramos a Dios con otros creyentes que no ocurre al mismo grado cuando no lo hacemos. Se convierte en una fuerza que estimula el cambio en el mundo que nos rodea. Hay una renovación, un revivir, un refrescar de nuestras almas. Es algo asombrosamente transformador, y cuando permitimos que nos absorba, derrite y cambia nuestro corazón. Pero si siempre hay que depender de un grupo que nos incluya, estaremos perdiendo un elemento importante en nuestro camino personal junto a Dios. Nuestro espíritu, nuestra alma, necesitan conectarse con Dios de una manera que solo puede darse a través de la frecuente y continua adoración y alabanza.

No basta con que leamos sobre la adoración, escuchemos música de adoración, oigamos cómo adoran los demás. Debemos adorar a Dios personalmente. Es en estos momentos de adoración personal que desarrollamos una relación íntima con Él. Si alguna vez adoras a Dios a solas y no sientes su íntima presencia, sigue adorando y alabando hasta que la sientas. No es que tengas que intentar mucho para lograr que Dios esté cerca de ti. Él ha elegido habitar en tu alabanza. Pero sí tienes que darle tiempo para derribar las barreras de tu alma y penetrar los muros de tu corazón, para que Él pueda derramarse a sí mismo dentro de ti.

Dios siempre tiene que ser el foco de tu adoración. Cuando le adoras, habrá dones y bendiciones que Él derramará sobre ti.

En la adoración sentirás para qué fuiste creado. Oirás a Dios hablándole a tu corazón porque Él lo ha ablandado, quebrantando su resistencia.

En la adoración percibirás el amor de Dios. Él cambiará tus emociones, actitudes y patrones de pensamiento. Derramará su Espíritu sobre ti y hará que tu corazón se abra para recibir todo lo que tiene para ti. Hará que tu mente se aclare para que puedas entender mejor su Palabra. Te refrescará, te renovará, enriquecerá, iluminará, sanará, liberará y realizará. Insuflará vida en las esferas muertas de tu existencia. Te infundirá con su poder y su gozo. Te redimirá y transformará, a ti y a tu situación. Llenará tus espacios vacíos, te liberará de las ataduras, quitará tus miedos y dudas, hará crecer tu fe y te dará paz. Romperá las cadenas que te aprisionan y te restaurará a la plenitud. Te elevará por encima de tus circunstancias y limitaciones y te motivará para ayudar a otros a encontrar vida en Él.

¿Hace falta que siga diciéndote qué sucederá?

Ninguna religión ha sido jamás más grande que su idea de Dios. La adoración es pura o malvada según se centre en pensamientos elevados o bajos acerca de Dios... Por una ley secreta del ama tendemos a movernos hacia nuestra imagen mental de Dios.

Jim May

La adoración es en verdad un don que Dios nos da. Es el medio por el cual encontramos nuestro propósito en la vida y luego lo vemos cumplido según su voluntad. En la adoración no solo reconocemos a Dios por quién es, sino que comenzamos a entender quiénes somos nosotros con relación a Él. Es un modo de expresar nuestra total dependencia en Él, nuestra sumisión a Él. Pero para poder ver todo esto cumplido la alabanza tiene que convertirse en nuestro estilo de vida. En algo como el aire que respiramos. El rey David habló de alabar a Dios constantemente. Dijo: «Bendeciré a Jehová en todo tiempo; su alabanza estará de continuo en mi boca» (Salmo 34:1).

El modo en que mantenemos la alabanza continuamente en nuestros labios es dejando que la alabanza viva de forma constante en nuestro corazón mediante una actitud permanente de adoración.

Dios busca verdaderos adoradores porque a través de ellos puede lograr sus propósitos aquí en la tierra. «Mas la hora viene, y ahora es, cuando los verdaderos adoradores adorarán al Padre en espíritu y en verdad; porque también el Padre tales adoradores busca que le adoren» (Juan 4:23). Él quiere revelarse a sí mismo, su gloria y su poder, ante quienes le buscan. «Mas si desde allí buscares a Jehová tu Dios, lo hallarás, si lo buscares de todo tu corazón y de toda tu alma» (Deuteronomio 4:29). Solo cuando buscamos a Dios en adoración encontramos nuestro verdadero propósito en la vida y comenzamos a entender por qué estamos aquí. Y solo entonces podemos en verdad comenzar a ver concretado ese propósito.

Cuando aprendí a hacer de la alabanza y la adoración mi prioridad, esto transformó mi vida y mis circunstancias. Deseo que esto también te suceda a ti. Quiero que de verdad entiendas el poder oculto de la alabanza, porque cuando lo hagas, se convertirá en la oración que todo lo cambia en tu vida.

∾∾

El resto del libro

El resto de libro está dividido en dos secciones principales:

La primera parte te da *Quince razones para alabar a Dios ahora*. Estas son las cosas que siempre son verdad acerca de Dios. Nos recuerdan quién es Él, independientemente de lo que suceda en nuestras vidas. Claro que hay muchas más razones para alabar a Dios, pero estas son las importantes, que solemos olvidar.

La segunda parte te muestra *Quince ocasiones en que la alabanza es crucial*. Son situaciones en nuestras vidas en las que a menudo olvidamos adorar a Dios. Y de nuevo, hay muchas más que quince, y seguro que pensarás en algunas de ellas a medida que leas. Cuando estos ejemplos encuentren un lugar de entendimiento pleno en tu corazón, cambiarán el modo en que te relacionas con Dios a diario, durante el resto de tu vida.

Primera parte

Quince razones para alabar a Dios ahora

———— ∽∾ ————

¿Por qué necesitamos conocer mejor a Dios?

Una de las experiencias más poderosas que jamás haya tenido me ayudó a obtener mayor entendimiento sobre quién es Dios en realidad. Sucedió durante un servicio en la iglesia cuando el pastor Jack Hayford nos enseñaba sobre los asombrosos atributos de Dios. En medio de su enseñanza le pidió a los de la congregación que espontáneamente mencionaran un atributo o nombre de Dios que significara mucho para ellos.

Uno por uno, todos fueron hablando en voz alta:

«Salvador», dijo uno.

«Redentor», mencionó otro.

«Libertador», añadió otro más.

«Señor».

«Paz».

«La Palabra».

«Omnisciente».

«Todopoderoso», «Luz del mundo», «Creador», «Padre celestial», «Omnipotente», «Dios con nosotros».

Y así, una sucesión de nombres y atributos provenientes de cada uno de los que estaban en el santuario. Con cada nombre venía un torrente de gozo que salía del alma de quienes escuchábamos. Con cada palabra la luz de la esperanza brillaba más y más en nuestros corazones.

No era solo el hecho de oír el nombre de Dios, sino que podíamos decir que la persona que lo decía, o *conocía* a Dios por ese nombre a partir de su experiencia personal, o *esperaba* en fe conocerle de esa manera. Yo fui la que dije «Libertador», porque Dios me ha librado de la muerte y el quebranto tantas veces que sabía que estaba viva gracias a su liberación. Me había liberado de la soledad, la tristeza, el miedo y la depresión de mi infancia, restaurándome a plenitud. Cuando dije «Libertador» es porque le *conocía* como tal.

Con cada nombre todos sentíamos cada vez más la asombrosa y maravillosa grandeza de Dios. Era como si cada nombre trajera consigo un resurgimiento de la fe en cuanto a ese atributo en particular. Nos tocaba a todos tan poderosamente que muchos comenzamos a llorar. Cuando terminó, el lugar entero irrumpió en alabanza espontánea. Nadie necesitó que se le invitara a hacerlo, nadie se resistió, nadie necesitó que lo alentaran a adorar. La alabanza seguía y seguía. Oír los nombres de Dios nos había llenado de nueva esperanza, aumentando nuestro amor por Él.

Esto sucedió hace más de treinta años, y nunca olvidé el impacto que tuvo. Me demostró que cuanto más conocemos a Dios, cuanto más entendemos de todo lo que es, tanto menos podemos contener nuestra alabanza a Él.

¡ATENCIÓN A TODOS LOS LECTORES! Lo que digo aquí es que hemos de adorar a *Dios.* No estoy diciendo que hemos de adorar sus atributos. Digo que Dios tiene múltiples facetas y que no podemos llegar a entender todo lo que es Él. Podríamos pasar la vida entera intentando solamente imaginar que es Dios *Padre*, Dios *Hijo* y Dios *Espíritu Santo*. Pero Él también es muchas otras cosas.

Dios tiene muchos nombres en la Biblia. Si pudiéramos entender quién es Dios por nuestros propios medios, no habría tenido necesidad de inspirar a los escritores de la Biblia a hablar sobre su persona usando sus muchos nombres. Es obvio que no hay modo en que nuestras mentes finitas pudieran entender siquiera una fracción de la persona de Dios sin saber estas cosas sobre Él. La Biblia no fue escrita para que Dios tuviera un registro de quién es y de lo que ha hecho, en caso de que no lo recordara. Fue escrita para *nosotros*, en caso de que lo olvidáramos. La Biblia fue escrita para ayudarnos a conocer mejor a Dios. Para ayudarnos a entender cosas de Él que de otro modo no podríamos comprender.

Dios no oculta lo que es, ni lo que ha hecho. Podemos ver a Dios con claridad si abrimos los ojos con humildad. Lo vemos en su Palabra. Lo vemos en su creación. «Porque las cosas invisibles de él, su eterno poder y deidad, se hacen claramente visibles desde la creación del mundo, siendo entendidas por medio de las cosas hechas, de modo que no tienen excusa. Pues habiendo conocido a Dios, no le glorificaron como a Dios, ni le dieron gracias, sino que se envanecieron en sus razonamientos, y su necio corazón fue entenebrecido» (Romanos 1:20-21).

En otras palabras, cuando conocemos a Dios y no le agradecemos como es debido, nos convertimos en necios, bañados en futilidad y tinieblas. Me parece que necesitamos pasar más tiempo apreciando quién es Dios.

Nuestra imagen de Dios influye en nuestra vida más de lo que nos damos cuenta. Por esto cuanto más conocemos de Él y su naturaleza, tanto más le amaremos y querremos adorarle. La adoración es responder a la grandeza de Dios amándole y honrándole con sinceridad. Pero si no entendemos todo lo que Dios es en realidad, no podemos adorarle con la pasión que necesitamos tener. Cuando entendemos su grandeza somos como niños en una tienda de golosinas, queriendo siempre más. «De la boca de los niños y de los que maman perfeccionaste la alabanza» (Mateo 21:16). La apreciación inocente como la de un niño, y el irreprimible gozo de mostrarla, eso es lo que Dios quiere de nosotros.

Dios siempre debe estar primero en nuestros corazones. Dice: «No tendrás dioses ajenos delante de mí» (Éxodo 20:3). Debemos tener cuidado de que nada ni nadie usurpe su posición. Cuanto mejor conozcamos a Dios, tanto más fácil será esto. Debajo enumero una lista de nombres de nuestro Señor, que viene bien leer con frecuencia. Léelos en voz alta y declara ese aspecto de Dios como realidad en tu vida. Te recordarán *su grandeza* e inspirarán *tu gratitud*.

Nombres y atributos de Dios

Dios es bueno (1 Crónicas 16:34)

Dios es poderoso (1 Corintios 1:24)

Dios es grande (Salmo 86:10)

Dios es excelente (Salmo 8:1)

Dios es amor (1 Juan 4:16)

Dios es sabiduría (1 Corintios 1:24)

Dios es santo (Salmo 22:3-4)

Dios es paciente (Romanos 15:5)

Dios es inmutable (Malaquías 3:6)

Dios es misericordioso (Salmo 116:5)

Dios es todopoderoso (2 Corintios 6:18)

Dios es admirable (Éxodo 15:11)

Dios es recto (Deuteronomio 32:4)

Dios es justo (Isaías 45:21)

Dios es gracia (Juan 1:14)

Dios es fuerte (Isaías 33:21)

Dios es omnisciente (Juan 16:30)

Dios todo lo sabe (Proverbios 3:19-20)

Dios es verdadero (Jeremías 10:10)

Dios es puro (1 Juan 3:3)

Dios es libre de pecado (1 Pedro 2:21-22)

Dios es resplandeciente (Hebreos 1:3)

Dios es fiel (Deuteronomio 7:9)

Dios es magnífico (Isaías 28:29)

Dios es digno (Salmo 18:3)

Dios es mi Creador (Salmo 139:13)

Dios es mi Redentor (Isaías 59:20)

Dios es mi fortaleza (Isaías 12:2)

Dios es mi verdad (Juan 14:6)

Dios es el que levanta mi cabeza (Salmo 3:3)

Dios es autosuficiente (2 Corintios 12:9)

Dios es mi Salvador (Lucas 1:47)

Dios es mi esperanza (Salmo 71:5)

Dios es el Hijo de Dios (Lucas 1:35)

Dios es mi resurrección (Juan 11:25)
Dios es el Espíritu Santo (Génesis 1:1-3)
Dios es la luz del mundo (Juan 8:12)
Dios es Señor de señores (Deuteronomio 10:17)
Dios es Rey de reyes (Apocalipsis 17:14)
Dios es mi autoridad (Mateo 28:18)
Dios es mi fuego consumidor (Deuteronomio 4:24)
Dios es mi restaurador (Salmo 23:3)
Dios es mi fortaleza en el día de la angustia (Nahum 1:7)
Dios es mi lugar de reposo (Jeremías 50:6)
Dios es mi purificador (Malaquías 3:2-3)
Dios es mi libertador (Salmo 70:5)
Dios es mi abrigo de la tormenta (2 Samuel 22:3)
Dios es mi vencedor (Juan 16:33)
Dios es mi paz (Efesios 2:14)
Dios es el pan de vida (Juan 6:35)
Dios es mi fortaleza (Salmo 18:2)
Dios es mi Padre eterno (Isaías 9:6)
Dios es mi sombra fresca contra el calor (Isaías 25:4)
Dios es mi sanador (Malaquías 4:2)
Dios es mi consejero (Salmo 16:7)
Dios es el autor de mi fe (Hebreos 12:2)
Dios es mi galardonador (Hebreos 11:6)
Dios es mi refugio (Salmo 32:7)
Dios es mi escudo (Salmo 33:20)
Dios es mi refinador (Malaquías 3:3)
Dios es mi sostén (Salmo 55:22)
Dios es el Dios soberano (2 Samuel 7:28)

Las «Quince razones para alabar a Dios ahora» que aparecen en los próximos quince capítulos son solamente unas pocas entre muchas, pero son importantes y a menudo las olvidamos, en especial cuando estamos en dificultades. No importa qué suceda en tu vida, siempre habrá causa para alabar a Dios.

Recuerda, valoramos los atributos de Dios. Y adoramos *a Dios*.

1

Porque es mi Creador

———— ❧ ————

Comencemos por el principio ¿te parece?

Quiero decir, el principio de todo. Cuando Dios creó el cielo y la tierra. En la página uno de Génesis.

Dios comenzó el proceso de la creación sin que preexistiera nada. Comenzó a partir de la nada. Con la presencia de su Espíritu Santo y la entrada de su Palabra, la creación aconteció. Él creó orden, luz, vida y belleza del caos y la oscuridad. Y cada vez que dijo: «Que así sea…», sucedió. Dios no necesita nada para crear algo grande. ¿No te alegra esto? Sé que a mí me alegra. También en nuestras vidas, Dios no necesita demasiado para obrar. Puede crear algo de la nada. Por cierto ha hecho esto en mi vida.

Todo lo que Dios creó es bueno

Y no es solo que Dios creó algo de la nada, sino que todo lo que Dios creó es bueno. Siete veces en el relato de la creación dijo que lo que había creado era bueno (Génesis 1:4,10,12,17,21,25,31). Si todo lo que Dios hace es bueno, ¿no significa esto que también lo somos nosotros? Por supuesto, el pecado entró y pervirtió todo. Él nos creó para bien, y está redimiendo tu vida para ese fin. Dios es redención. Y nunca se equivoca. Cuando algo sucede para arruinar o pervertir lo que ha hecho, siempre nos brinda una forma de volver a la total restauración.

Permíteme decirte algunas palabras que Dios *jamás* pronuncia.

Diez cosas que Dios jamás dice

1. «¡Oh no!»
2. «¿Pero qué he hecho?»
3. «¿Cómo dejé que sucediera eso?»
4. «Cometí un error»
5. «Fue un accidente»
6. «No sé qué hacer»
7. «Temo a lo que pudiera suceder ahora»
8. «Sé hacerlo mejor que eso»
9. «¿Qué te parece que tengo que hacer?»
10. «¿Cómo no se me ocurrió esto?»

La razón por la que importa saber que Dios nunca dice estas cosas es porque tampoco las dice sobre ti. Todo lo que Dios creó es bueno. Lo dice Él mismo. Y esto nos incluye a ti y a mí.

Si todo lo que Dios creó es bueno, entonces todo lo que ha sido estropeado debe ser obra *nuestra*. Cada vez que vemos algo en la creación de Dios que no parece ser bueno, podemos estar seguros de que el ser humano ha hecho algo para arruinarlo. El pecado lo arruina todo. Arruinamos las cosas buenas de nuestra vida cuando transgredimos nuestra relación con Dios al no vivir a su manera. Y cuando no le damos al Señor la reverencia que le debemos a través de nuestra adoración y alabanza, no estamos viviendo a su manera. No estamos cumpliendo con la intención original que tuvo Dios al crearnos con relación a lo que seríamos y haríamos.

Dios nos creó a su imagen

Es asombrosa la idea de que nos parezcamos a nuestro Padre celestial. «Y creó Dios al hombre a su imagen, a imagen de Dios lo creó; varón y hembra los creó» (Génesis 1:27). Esto quiere decir que tienes los ojos de tu Padre. Y que tienes el corazón de tu Padre.

También eres hermano o hermana de su Hijo Jesús, y estás destinado a llegar a ser como Él. Esto significa que formas parte de una familia *realmente grande*. «Porque a los que antes conoció, también los predestinó para que fuesen hechos conformes a la imagen de su Hijo, para que él sea el primogénito entre muchos hermanos» (Romanos 8:29).

¿Cuáles son algunas de las características de Dios que te gustaría heredar? ¿Su fuerza? ¿Su bondad? ¿Su sabiduría? ¿Su paciencia? ¿Su fidelidad? ¿Su paz? Dios quiere impartirnos todas estas cosas y muchas más cuando estemos listos para recibirlas. Dios quiere compartirse a sí mismo con nosotros. Quiere enseñarnos a ser como Él. Esto no significa que lleguemos algún día a convertirnos en Dios. Significa que quiere mostrarnos cómo llevar los asuntos de una familia aquí abajo, y necesitamos tener sus cualidades y capacidades para hacerlo.

Dios quiere que recordemos quién fue el que nos dio la vida y a quién se supone que debemos parecernos: «¿No es él tu padre que te creó? Él te hizo y te estableció» (Deuteronomio 32:6). Dios quiere que le agradezcas por cómo te creó. No digo que no tengas que arreglarte los dientes torcidos, o que no busques mejorarte. Arregla lo que puedas, pero también agradece a Dios por la persona que hizo que fueras.

Dios ama todo lo que creó

Dios ama su creación así como una madre ama al niño que crece en su vientre, sin verlo. Ya está enamorada de esa diminuta personita antes de que nazca.

Tu Creador te amó antes de que nacieras también. Fuiste deseado. No fuiste un accidente. No evolucionaste a partir de un mono. No naciste *accidentalmente* de alguien que no podía criarte y por eso fuiste adoptado más tarde. Dios te dio la vida, y formas parte de su plan. Te creó y eres valorado, precioso, invalorable a sus ojos. Te ama porque él te hizo y conoce a la persona que quiere que seas.

Eres un ser único. No hay nadie como tú. Jamás lo hubo y jamás lo habrá. Y Dios tiene un propósito único para ti. Tiene grandes planes para tu vida. Recuerda, Dios nunca se confunde. Por eso, no eres una equivocación.

Fuimos hechos para su gloria

La gran razón por la que Dios te creó es para que *estés con Él.* Para que le glorifiques. Dios dice: «Todos los llamados de mi nombre; para gloria mía los he creado, los formé y los hice» (Isaías 43:7). Fuimos creados para alabar a Dios. «Este pueblo he creado para mí; mis alabanzas publicará» (Isaías 43:21). Alabar a Dios es el propósito principal por el que fuimos creados. Fuimos creados para adorar. Lo único que necesitamos tener en claro en nuestro corazón es exactamente hacia dónde dirigimos nuestra adoración.

En la raíz de la revelación de Dios a su creación la adoración se muestra como requisito previo para la capacidad del hombre de recibir y vivir dentro de las elevadas posibilidades y rica bendición del plan de Dios.

Jack Hayford

Dios ama a su creación y nosotros debemos amarla también

Muchas veces no apartamos un tiempo para distanciarnos del mundo y apreciar la creación de Dios. Para agradecerle por ello. Para alabarle como nuestro Creador. Cuando lo hacemos, esto nos da una perspectiva completamente nueva. Quita la oscuridad, la futilidad y las tonterías de nuestra mente. Nos ayuda a ver el mundo con ojos distintos.

¡Los suyos!

Esto significa que necesitamos alabar a Dios por las otras personas. Pero no siempre pensamos en esto, ¿verdad? Es mucho más fácil alabar a Dios por sus atardeceres, sus playas junto al océano, sus árboles y flores. ¿Pero por su gente? ¡Despertar cada mañana y agradecerle a

Dios por la gente! Quizá no sea lo primero en lo que pensemos, pero por cierto sí es el primer pensamiento de Dios.

Todo lo que Dios creó está más allá de nuestro pleno entendimiento, pero esto es en especial cierto cuando se trata de las *personas*. Cada persona en el mundo es enteramente única, desde sus huellas digitales a su ADN, y necesitamos responder a la grandeza de Dios como *Creador* nuestro alabándole por todas esas personas que ha creado. Esto no es adorar a la criatura en lugar de al Creador (Romanos 1:24-25). Es *adorar* al Creador, y *apreciar* sus criaturas.

Piensa en eso la próxima vez que estés en un parque de diversiones, esperando durante una hora en la fila junto a mil personas más, intentando que tu hijo pueda subir a un juego. O cuando estés en un evento deportivo, en un concierto o reunión, y todo esté lleno de gente y haya algunos que no huelan tan bien como otros. O cuando estés en el almacén justo antes de una tormenta, o después de un terremoto, y se hayan acabado todas las baterías, las botellas de agua, el pan y la leche. Piensa en esto cuando estés atascado en el tráfico y no haya señal de movimiento porque hay muchos autos y camiones delante. Estos son momentos en que debemos esencialmente agradecer a Dios por toda la gente que él creó, y porque cada una tenga un llamado especial, un propósito único que es importante para Él.

También necesitamos apreciar todo lo demás en la creación de Dios. ¡Podemos a veces enfrascarnos tanto en alabar las creaciones del *hombre* que ignoramos a *Dios* por completo! Si no hubiera más razón para nuestra alabanza, el hecho de que Dios es el Creador de todo bastaría. «Los cielos cuentan la gloria de Dios, y el firmamento anuncia la obra de sus manos» (Salmos 19:1). Toda la creación de Dios es expresión de su amor por nosotros.

Cada vez que veo un atardecer sobre el mar, con sus explosiones de rojos, rosados, amarillos, violetas y anaranjados danzando en ricas combinaciones sobre el agua hasta donde me da la vista, siento el amor de Dios y descubro que la alabanza surge automáticamente. Pero Dios quiere que veamos la belleza de su creación en *todo* momento y en *todo* lugar. No importa dónde miremos. Hasta en la depravación del mundo que nos rodea, todavía puede verse y apreciarse su creación. Su amor también puede encontrarse allí.

Cuando atravieses tiempos de dificultad, no dejes que tus preocupaciones te venzan y te enceguezca tu situación al punto de no poder ver nada más que eso. Alaba a Dios como tu Creador y agradécele por su creación. Es importante para nuestro bienestar reconocer que todo lo que hay bajo el cielo es de Dios (Job 41:11) y alabarle por ello. «En aquel día mirará el hombre a su Hacedor, y sus ojos contemplarán al Santo de Israel» (Isaías 17:7). Cuando no pensamos en Dios como nuestro Creador y no le damos el respecto debido, hay consecuencias. «Porque aquel no es pueblo de entendimiento; por tanto, su Hacedor no tendrá de él misericordia, ni se compadecerá de él el que lo formó» (Isaías 27:11).

Esto es grave. No es buena idea perder la compasión y el favor de Dios. Dios ama a su creación. Y claro que no le gusta todo lo que le ha pasado a ella, pero conoce cómo quiso que fuera cuando la creó. Ve su potencial. Conoce su propósito. Y quiere que tú también lo veas.

Lo mismo sucede contigo. Tú eres su creación y Él te ama. Quizá no le guste todo lo que te ha sucedido o todo lo que has hecho, pero te ama y sabe cómo quiso que fueras cuando te creó. Ve tu potencial y conoce tu propósito. Y lo que puede hacer en tu vida ahora, no tiene límites.

El poder oculto de alabar a Dios como tu Creador le libera para crear nueva vida en ti.

LA ADORACIÓN ES

… celebrar a Dios como nuestro Creador y agradecerle por todo lo que ha creado.

Ofrezcamos alabanza a Dios

Dios, te adoro como Creador del cielo y la tierra. Todas las cosas fueron creadas por ti y todo lo que creaste es bueno. Te alabo por tu bellísima creación. Pusiste a la tierra en sus cimientos para que nunca sea movida (Salmo 104:5). Tu mano derecha extendió los cielos (Isaías 48:13). Gracias porque nos has bendecido con la luz y la oscuridad, el sol y la lluvia, la comida y el agua, la tierra y el mar, los árboles y las flores, los días y las estaciones. «Tuyos son los cielos, tuya también la tierra; el mundo y su plenitud, tú lo fundaste» (Salmo 89:11).

«Cuando contemplo tus cielos, obra de tus dedos, la luna y las estrellas que allí fijaste, me pregunto: "¿Qué es el hombre, para que en él pienses? ¿Qué es el ser humano, para que lo tomes en cuenta?" Pues lo hiciste poco menos que un dios y lo coronaste de gloria y de honra: lo entronizaste sobre la obra de tus manos, todo lo sometiste a su dominio» (Salmo 8:3-6, NVI). Sé que «así como la mujer procede del varón, también el varón nace de la mujer; pero todo procede de Dios» (1 Corintios 11:12). «¡Cuán innumerables son tus obras, oh Jehová! Hiciste todas ellas con sabiduría; la tierra está llena de tus beneficios» (Salmo 104:24).

Oh Señor, gracias porque me creaste y me diste la vida. «Porque tú formaste mis entrañas; tú me hiciste en el vientre de mi madre» (Salmo 139:13). Te alabo, «porque formidables, maravillosas son tus obras; estoy maravillado, y mi alma lo sabe muy bien» (Salmo 139:14). Te alabo porque respiro y te agradezco que me hayas creado para cosas buenas. Ayúdame a renovarme a tu imagen, mi Creador (Colosenses 3:10). Sé que me creaste para ser mucho más de lo que soy ahora, y que me ayudarás a llegar a ser todo aquello para lo que me creaste.

Te alabo por las personas que creaste, cada una única, valiosa, con su ADN espiritual, con un propósito que es invalorable y distinto en sí mismo. Te agradezco por el potencial de lo bueno que has puesto dentro de cada uno. Ayúdame a valorar a los demás como creación tuya y a verlos como los ves. Gracias, Jesús, porque eres «la imagen del Dios invisible, el primogénito de toda creación» (Colosenses 1:15).

«Señor, digno eres de recibir la gloria y la honra y el poder; porque tú creaste todas las cosas, y por tu voluntad existen y fueron creadas» (Apocalipsis 4:11). Te adoro como mi Creador, y te alabo por todo lo que has creado.

Dios nos da su Palabra

Porque en él fueron creadas todas las cosas, las que hay en los cielos y las que hay en la tierra, visibles e invisibles; sean tronos, sean dominios, sean principados, sean potestades; todo fue creado por medio de él y para él.

COLOSENSES 1:16

En ti he sido sustentado desde el vientre; de las entrañas de mi madre tú fuiste el que me sacó; de ti será siempre mi alabanza. Como prodigio he sido a muchos, y tú mi refugio fuerte. Sea llena mi boca de tu alabanza, de tu gloria todo el día.

SALMO 71:6-8

De modo que los que padecen según la voluntad de Dios, encomienden sus almas al fiel Creador, y hagan el bien.

1 PEDRO 4:19

¡Ay del que contiende con su Hacedor!
    ¡Ay del que no es más que un tiesto entre los tiestos de la tierra! ¿Acaso el barro le reclama al alfarero: «¡Fíjate en lo que haces! ¡Tu vasija no tiene agarraderas!»?

ISAÍAS 45:9 (NVI)

Por cuanto no atendieron a los hechos de Jehová, ni a la obra de sus manos, Él los derribará, y no los edificará.

SALMO 28:5

Pensemos un poco más en esto

1. Escribe una oración de alabanza a Dios, adorándole como tu Creador y agradeciéndole por su creación. Dedica un momento para sentir la creación de Dios allí donde estés. ¿Qué reconoces de la creación de Dios en el mundo que te rodea que te haga sentir especial agradecimiento? ¿Qué hay en la creación de Dios que revela su amor por ti? Escribe una alabanza a Dios por esas cosas específicas.

2. Lee el Salmo 104:1-24 en tu Biblia. Escribe una oración de alabanza por las cosas creadas por Dios que enumera el Salmo.

3. Lee el Salmo 28:5 en tu Biblia. ¿Qué sucede con las personas que no muestran consideración alguna por lo que Dios ha creado?

4. Lee Romanos 1:24-25 en tu Biblia. ¿Por qué entregó Dios a esta gente a su propia lujuria? ¿Qué es lo que debes recordar siempre como acción de tu parte?

5. Lee Génesis 1:27-31 en tu Biblia. ¿A quién creó Dios y qué les dijo que hicieran? ¿Cómo se sentía Dios con respecto a su creación?

2
Porque es mi Padre celestial

───────────── ❧ ─────────────

Siempre me asombra ver cómo a muchos les cuesta relacionarse con Dios como su Padre *celestial*. Y a menudo es porque tampoco tienen una buena relación con su padre *terrenal*. Si su padre siempre estaba ocupado o preocupado, sentirán que también sucede lo mismo con Dios. Si su padre era distante emocionalmente, verán quizá a su Padre celestial como un ser aislado. Si su padre nunca estaba en casa o no se encontraba cada vez que lo necesitaban, dudarán que su Padre Dios esté allí para ellos. O si tuvieron un padre abusivo y cruel, quizá vean a su Padre celestial como alguien sin amor, sin interés por ellos.

Conozco a alguien cuya madre era drogadicta. Su padre se fue de casa, y nunca más lo vio. Terminó en una serie de hogares adoptivos, en uno de los cuales abusaron de ella sexualmente. Como resultado de esto, cuando conoció al Señor y creyó en Él, le costó mucho relacionarse con Dios como Padre amoroso. Después de un tiempo de asistir a reuniones de consejería cristiana, finalmente pudo vencer esa barrera y perdonar a su padre por haberla abandonado. Fue algo esencial para su sanidad y para que iniciara su relación con Dios como su Padre celestial. Cuando pudo por fin recibir su amor e ir a Él como un niño a su padre amoroso, inició su proceso de sanidad que la llevó a la plenitud que Dios tenía para ella.

Todos necesitamos el amor de un padre. Algunos jamás lo hemos tenido... o al menos no lo conocimos. Quizá hayas tenido a tu padre pero no sentías que te amaba y aceptaba. O aun peor, sentías que no te respetaba, que no le gustabas y que no se interesaba por ti, o hasta que te odiaba. La verdad es que no podemos desarrollar nuestro pleno potencial sin el amor de un padre. Siempre nos faltará algo. Siempre habrá algo en el fondo de nuestra mente que solo podemos confiarle a Él hasta cierto punto. (¿Ven, padres, lo importantes que son y cuánto significa su amor para sus hijos?) Es por eso que Dios quiere que sepas que Él es tu Padre celestial y que te ama de forma incondicional, como debe hacerlo un padre, con fuerza, protección, guía, firmeza y reglas para tu propio bien.

Muchas veces pasamos por alto todo lo que Dios tiene para nosotros porque no podemos relacionarnos con Él como nuestro Padre celestial.

Perdón para tu padre terrenal

El día que comencé a confiar verdaderamente en Dios como mi Padre celestial fue el día en que reconocí que no había perdonado a mi papá. Fue en la oficina de la consejera, mientras hablaba con ella sobre la inquietud y ansiedad que sentía en el alma. Fue ella quien me había enseñado cómo perdonar a mi madre. Pero esta vez sentía que no había perdonado a mi padre. Le dije que eso era imposible, que estaba totalmente equivocada. Porque aunque mi padre no había sido muy afectuoso, yo sabía que me amaba. Además, nunca había sido malo ni abusivo conmigo. Ella insistió, diciendo: «Solo pregúntale a Dios sobre esto y escucha qué es lo que Él te dice».

De camino a casa después del trabajo le pregunté a Dios sabiendo que Él seguramente diría que una sierva tan buena y fiel como yo jamás podría albergar sentimientos tan terribles hacia mi padre. Pero sucedió lo opuesto. Sentí como si una espada me hubiera atravesado el corazón. Tuve que detener el auto al costado del camino porque comencé a sollozar de forma incontrolable. Allí, con las lágrimas cegándome y sin poder seguir conduciendo, Dios me reveló cómo me había sentido abandonada por mi padre porque él no me había ayudado. Nunca me protegió del abuso de mi madre. Nunca abrió la puerta del armario, ni vino a rescatarme cuando ella era violenta conmigo. No me había dado cuenta de cuánto rencor sentía hacia mi padre. Y en lo profundo de mi ser creía que quizá Dios tampoco acudiría en mi auxilio.

Perdonar a mi padre me liberó para poder llorar una vida entera de lágrimas que no había llorado, y también para amarle más que antes. Me liberó para poder amar a mi Padre celestial y recibir *todo* su amor *para mí*. Fue una gran sanidad y llegué a un nuevo lugar de paz y reposo en mi vida. Poco después inicié mi ministerio como escritora y creo que hubo una conexión muy importante entre ambas cosas.

Para poder recibir la sanidad, plenitud y restauración que quieres para tu vida, debes ser capaz de perdonar a tu padre terrenal por todo lo que hizo o dejó de hacer, y recibir el amor de tu Padre celestial. Si no eres capaz de ver al Señor plenamente como tu Padre celestial, esto afectará todas las esferas de tu vida, desde tus relaciones hasta la percepción que tienes de ti.

Para poder vivir una vida larga y fructífera, y entrar en todo lo que Dios tiene para nosotros, debemos honrar a nuestro padre y nuestra madre. Algunos hemos tenido padres que estaban con nosotros, proveyendo alimentos y un lugar donde vivir —y por eso por supuesto, necesitamos agradecer— pero que nunca pusieron nada de sí en nuestras vidas. No podíamos esperar que mamá o papá nos apoyaran, alentaran o enseñaran nada. No obstante, aun así tenemos que honrarlos, respetarlos. Aunque sea solo porque nos dieron la vida. Sin ellos, no estaríamos aquí.

Sin embargo, no podemos respetar plenamente a nuestro padre y nuestra madre si no los hemos perdonado. No hay padres perfectos. Ningún padre o madre hace todo bien. Y aun si tus padres *fueron* perfectos, perdónales por darte parámetros de vida imposibles de seguir. Pídele a Dios que te muestre si hay algo que necesitas perdonar. Y aunque no estén vivos ya, perdonarles despejará el camino para que veas a Dios plenamente como tu Padre celestial y sientas su amor por ti. Él sanará y restaurará lo que hayas sufrido o perdido en tu relación con ellos. «Aunque mi padre y mi madre me dejaran, con todo, Jehová me recogerá» (Salmo 27:10).

Si alguna vez te sentiste solo en la vida porque uno de tus padres, o ambos, no estaba allí, debes saber que tu Padre Dios *sí estará*. Tu Padre celestial no es como un padre terrenal. Nunca te abandonará, ni te maltratará o ignorará, ni estará demasiado ocupado como para dedicarte tiempo. Él siempre está allí para ti. *Siempre* te ama y *siempre* busca lo mejor para ti.

Conoce a Aquel a quien perteneces

Jamás comprenderás de veras tu identidad real a menos que puedas establecer para siempre en tu corazón que eres un verdadero hijo de Dios. La Biblia dice de Jesús que «a todos los que le recibieron, a los que creen en su nombre, les dio potestad de ser hechos hijos de Dios» (Juan 1:12). Una vez que aclares esto y llegues a conocer a Dios como tu Padre celestial, tu vida cambiará. Comenzarás a sentirte parte de una familia. Tendrás además un parecido con todos los de esta familia. Tendrás los ojos, el corazón y la mente de tu Padre.

¿Alguna vez oíste hablar a alguien sobre Dios de manera que se viera tan severo y exigente que aparentara ser intocable? Era como alguien a quien había que evitar porque estar cerca de Él te recordaba eres un fracaso. Si esto es así, es entonces otra buena razón para que aprender a ver a Dios como tu Padre celestial. Él asusta solamente cuando no lo conoces, no lo amas y no le tienes reverencia porque te ama. Él quiere tener una relación íntima contigo.

Cuando Jesús nos enseñó a orar nos dijo primero que estableciéramos nuestra relación con Dios como nuestro Padre celestial y que

La razón por la que Dios desea nuestra adoración es porque desea una relación personal con cada uno de sus hijos.

Patrick Kavanaugh

luego alabáramos y exaltáramos su nombre. Dijo que oráramos: «Padre nuestro que estás en los cielos, santificado sea tu nombre. Venga tu reino. Hágase tu voluntad, como en el cielo, así también en la tierra» (Lucas 11:2). Y dijo: «Mas tú, cuando ores, entra en tu aposento, y cerrada la puerta, ora a tu Padre que está en secreto; y tu Padre que ve en lo secreto te recompensará en público» (Mateo 6:6).

Como hijos de Dios tenemos privilegios que otras personas no tienen. Hemos llegado a formar parte de una gran familia. Tenemos un lugar especial donde vivir por toda la eternidad. Tenemos provisión. Recibimos muchas maravillosas bendiciones y dones. Tenemos seguridad. Tenemos una posición importante en el «negocio de la familia». Y tenemos una asombrosa herencia. Dios dice que los pensamientos suyos hacia nosotros son «pensamientos de paz, y no de mal, para daros el fin que esperáis» (Jeremías 29:11).

Una de las formas en que un padre ama a su hijo es estableciendo reglas para su protección y beneficio. Las reglas de Dios son señal de su amor por nosotros. Porque somos sus hijos, hay cosas que se esperan de nosotros. Una de las maneras en que le amamos y reconocemos como nuestro Padre es viviendo según sus reglas. Una de sus reglas es que le honremos con adoración y alabanza. De esta manera también llegamos a conocerle mejor.

Cuando adoras a Dios como tu Padre celestial obtienes mayor entendimiento de lo que es ser su hijo, y será el medio mismo por el cual tu relación Padre-hijo con Él se hará más profunda. Este es el poder oculto de alabar a Dios.

El amor incondicional de un padre terrenal quizá no lo hayas tenido. Pero el amor incondicional de tu Padre celestial es algo que no tiene por qué faltarte. Tu Padre celestial está esperando que lo llames, así que, llama a casa ahora.

LA ADORACIÓN ES

... la forma en que honramos a nuestro Padre celestial y le agradecemos por ser uno de sus amados hijos.

Ofrezcamos alabanza a Dios

Padre celestial, te adoro en este día. Te agradezco tanto porque no eres un Padre remoto o distante, sino amoroso y cercano. Estás más cerca de mí de lo que podría estarlo un padre terrenal. Tu amor por mí es incondicional y eterno. Sé que no hay padre terrenal que sea perfecto, pero tú si lo eres. Gracias porque como Padre mío te ocupas de lo que me sucede. Provees para mí, me enseñas, haces planes para mi futuro, satisfaces todas mis necesidades y porque me amas nunca permitirás que logre salirme con la mía si desobedezco tus reglas. Gracias porque «me has dado la heredad de los que temen tu nombre» y he heredado grandes y eternas riquezas de ti (Salmo 61:5). «Tú, Señor, eres mi porción y mi copa; eres tú quien ha afirmado mi suerte. Bellos lugares me han tocado en suerte; ¡preciosa herencia me ha correspondido!» (Salmos 16:5-6, NVI).

Señor, ayúdame a perdonar a mi padre terrenal por cualquier cosa que haya hecho u omitido hacer. Muéstrame si hay algo que no he perdonado y que no puedo ver. No quiero que mi falta de perdón sea un impedimento en el camino hacia mi relación íntima contigo. Como hijo tuyo, anhelo hacer que puedas enorgullecerte de mí. Ayúdame a hacer siempre lo que sea agradable a tus ojos. Quiero apartarme de todo aquello que pudiera separarme de ti (2 Corintios 6:17-18). Gracias porque me predestinaste a ser adoptado como hijo tuyo por medio de Jesús, porque te agrada y porque es tu voluntad para mi vida (Efesios 1:5). Te alabo y honro como mi Padre Dios, y doy gracias siempre por todas las cosas, en especial por tu amor de Padre (Efesios 5:20).

Dios nos da su Palabra

No os hagáis, pues, semejantes a ellos; porque vuestro Padre sabe de qué cosas tenéis necesidad, antes que vosotros le pidáis. Vosotros, pues, oraréis así: Padre nuestro que estás en los cielos, santificado sea tu nombre.

MATEO 6:8-9

Pues si vosotros, siendo malos, sabéis dar buenas dádivas a vuestros hijos, ¿cuánto más vuestro Padre celestial dará el Espíritu Santo a los que se lo pidan?

LUCAS 11:13

Mas buscad el reino de Dios, y todas estas cosas os serán añadidas. No temáis, manada pequeña, porque a vuestro Padre le ha placido daros el reino.

LUCAS 12:31-32

Vuestro Padre celestial sabe que tenéis necesidad de todas estas cosas.

MATEO 6:32

Y todo lo que hacéis, sea de palabra o de hecho, hacedlo todo en el nombre del Señor Jesús, dando gracias a Dios Padre por medio de él.

COLOSENSES 3:17

Pensemos un poco más en esto

1. ¿Cómo describirías tu relación con tu padre terrenal? Por ejemplo, ¿distante, cercana, o en un punto medio? ¿Hubo amor o abuso en algún momento? ¿Cómo te hace sentir hoy la relación que tuviste con tu padre?

2. ¿Qué sientes que es lo que más faltó o falta en tu relación con tu padre terrenal? Descríbelo en oración al Señor y pídele que supla lo que falta en tu vida a causa de esto. Si no hechas nada de menos en tu relación con tu padre terrenal escribe una oración de alabanza y agradecimiento a Dios por el hecho de que él fuera todo lo que necesitabas.

3. Enumera los mejores atributos de tu padre terrenal. Si nunca lo conociste, o apenas, entonces enumera los atributos que hubieras deseado en un padre. ¿Qué nombres y atributos de Dios se corresponden mejor con lo que has escrito? ¿Crees que tu Padre Dios puede ser todo eso para ti ahora?

4. Escribe una oración de alabanza agradeciendo a Dios porque Él es tu Padre celestial. Pídele al Señor que te muestre cualquier momento en que le hayas culpado por algo que en realidad se debía a una carencia o defecto en tu padre terrenal.

5. Lee 2 Corintios 6:17-18 en tu Biblia. Aunque el amor de Dios por ti como hijo o hija es incondicional, Él mantiene intactas sus reglas y requisitos, como lo haría todo buen padre con sus hijos. ¿Cuáles son los requisitos que indican estos versículos?

3

Porque me ama

———— ❧ ————

Cuando mi hijo tenía unos tres años, yo solía decirle que le amaba más que a ningún otro niño sobre la tierra. Y él respondía: «Yo también te amo, mamá». Luego me mostraba, extendiendo sus brazos lo más posible y decía: «Te amo *así* de mucho».

Cada vez que hacía eso, extendía sus brazos más y más, hasta que sus manos se tocaban a sus espaldas. Entonces comenzó a decir: «Te amo dos manos detrás de mi espalda».

Durante varios años fue nuestra expresión privada de amor entre nosotros. Una expresión que representaba amar a alguien con todo nuestro ser. Significaba: «Te amo con todo lo que tengo y todo lo que soy». Era un círculo completo.

Así es como Dios quiere que le amemos. Con todo lo que tenemos y somos. Con todo nuestro ser. Incondicionalmente. El círculo completo. De forma plena.

Y así es como Dios nos ama *a nosotros*.

Pero, ¿qué pasa si nunca nos han amado incondicionalmente? O al menos si nunca sentimos que nos amaban así. ¿Realmente podemos devolver amor si nunca se han invertido amor en nosotros? ¿Se puede dar algo que no se obtuvo primero? En otras palabras, ¿cómo sabes de qué forma amar plenamente si nunca te han amado de esa manera?

Solía preguntarme eso. Yo sentía que no me amaban, y que no merecía amor. Así fue durante la mayor parte de mi vida, y siempre buscaba alguien que me amara. Me agotaba a mí misma y quizá a todos los que me rodeaban en fútiles y patéticos intentos por encontrar un amor incondicional. Creo que en realidad quizá lo haya encontrado más de una vez, pero como estaba tan necesitada no era capaz de devolver el mismo tipo de amor. Sentía que cuando uno ama a alguien tiene que ofrecerse por completo. Y yo sabía que no estaba completa.

Cuando llegué al Señor podía percibir el amor de Dios. Lo sentía en la iglesia cuando entraba. En la gente alrededor de mí que confiaba en Él. Me era fácil creer que Dios *los amaba* porque sentía su amor *en los demás*. Pero no creía que Dios pudiera amarme tanto como los amaba a ellos. Convencida de que no merecía amor según los parámetros humanos, por cierto no podía creer que merecía el amor de *Dios*.

Sin embargo, cuando llegué a conocer mejor a Dios y aprendí quién es en realidad, pude entender más y más de la profundidad de su amor por cada uno de nosotros. Incluyéndome. No nos ama porque lo merezcamos. Nos ama porque Él es un Dios de amor. Eso es lo que es. No puede ser otra cosa más que lo que es. Y te ama porque eres creación suya y Él es tu Padre celestial. No hay manera de que no pudiera amarte.

Los padres aman a sus hijos aun antes de verlos. He amado a cada uno de mis hijos mientras crecían dentro de mí. Tu Padre, Dios, te amó de la misma manera. Te amó incondicionalmente *antes* de que nacieras, mientras todavía te estabas formando. Mucho antes de que lo conocieras. «Nosotros le amamos a él, porque él nos amó primero» (1 Juan 4:19). Es por eso que podemos amarle hoy.

Dios dice que no hay nada que pueda separarnos de su amor. Nada, ni en la vida ni en la muerte (Romanos 8:38). El amor del hombre siempre será poco profundo y limitado, pero el amor de Dios es profundo e infinito. A veces podemos encontrarnos en el valle más bajo y deprimido, cuestionando el amor de Dios porque estamos allí. Pero su amor no se minimiza en los tiempos en que transitamos por los valles. No importa qué tan difíciles sean nuestros momentos, no reflejan el amor de Dios por nosotros de la manera en que lo entendemos. Porque decimos: *Si Dios realmente me amara, no permitiría que yo sufra de esta manera.* La verdad es que aun en el valle más bajo y en los tiempos de mayor dificultad, no podemos estar separados de su amor. Él nos amará también *mientras* dure el mal tiempo. Y nosotros hemos de dejar que nos ame.

Pero muchas veces no se lo permitimos.

No permitimos que Dios nos ame cuando *dudamos* de su amor por nosotros. No le permitimos amarnos plenamente cuando no nos permitimos amarle *a Él*.

No le permitimos amarnos cuando no lo *adoramos*. Porque la adoración es el momento de mayor significado en nuestra demostración de amor hacia Dios, cuando Él derrama su amor en nosotros. La adoración es nuestra manera de devolverle amor a Dios.

Por supuesto, hay otras formas en que necesitamos mostrarle a Dios que le amamos, como por medio de la obediencia: «El que guarda su palabra, en éste verdaderamente el amor de Dios se ha perfeccionado; por esto sabemos que estamos en él» (1 Juan 2:5). La obediencia no es intentar que Dios nos ame porque somos buenos. No funciona así. Él nos amó primero, ¿recuerdas? Cuando éramos de lo peor. Nos amó así como somos. Es que cuando uno ama a alguien quiere hacer todo lo posible por darle felicidad. La obediencia da felicidad a Dios. Vivir a la manera de Dios es agradarle, hacerle sentir feliz. Y uno de los pasos de obediencia que Él quiere que demos es hacer de la adoración y la alabanza una prioridad, un estilo de vida.

El tema del amor

Este es un tema importante. No hay nadie que no quiera o necesite amor, especialmente si le faltó por completo durante algún período de su desarrollo como ser humano. Pero no hace falta que vivamos sin amor porque Dios nos ama de forma completa y continua. No hay nada que podamos hacer que pueda causar que Él te ame más o menos de lo que te ama ahora mismo. Y el amor de Dios es igual para todos.

Cuando piensas en la peor persona del mundo, ¿quién viene a tu mente? ¿En un malvado dictador? ¿Un asesino en serie? ¿Un abusador de niños? ¿Un marido golpeador? Bien. Dios ama a cada una de estas personas. Aborrece sus pecados, así como aborrece los tuyos y los míos. Pero ama a la persona. Es difícil de imaginar, pero así es.

Cuando un niño hace algo que a sus padres no les gusta, siguen amándolo igual. Lo mismo pasa con tu Padre celestial. Su amor siempre está allí para ti, no importa qué hayas hecho. El *amor de las personas* por nosotros podría cambiar, según lo que hagamos, si les agrada o no. Pero *el amor de Dios* no cambia. Él te ama con un amor eterno, inconmovible, interminable, incondicional. El amor que nos ofrecen las personas depende muchas veces de cuánto valemos para ellas en ese momento. Dios dice que somos valiosos a sus ojos siempre.

Los momentos en que más percibo el amor de Dios por mí es cuando adoro en un grupo de personas que se reúnen para ese propósito. Se da una dinámica extremadamente poderosa cuando las personas adoran juntas. No hablo solo de juntarse a cantar lindas canciones sobre Dios. Hablo de adorar a Dios por quién es Él, con todo lo que somos. No hay nada más sanador, restaurador o transformador. Una vez que percibes el amor de Dios en esos momentos de alabanza y adoración colectiva, no querrás vivir sin ello.

El Señor no quiere que le alabemos solamente con los labios; quiere que le alabemos con todo el corazón. No quiere que le alabemos porque alguien nos lo dice; quiere que le alabemos porque le amamos: «Porque este pueblo se acerca a mí con su boca, y con sus labios me honra, pero su corazón está lejos de mí, y su temor de mí no es más que un mandamiento de hombres que les ha sido enseñado» (Isaías 29:13). Cuando entiendes cuánto te ama Dios, no puedes sino alabarlo por eso.

Ser un adorador es enamorarse de Dios, el autor del amor, y aceptar el amor que siente por ti. Él te adora. Dios te dio su Palabra como carta de amor viviente, la cual contiene todo lo que jamás puedas llegar a necesitar para vivir esta vida y la por venir.

Darlene Zschech

Una de las cosas maravillosas que suceden cuando adoramos al Dios de amor es que *Él nos llena* con su amor y luego nos convertimos en conducto de *este amor* hacia los demás. Su amor *por nosotros* hace que en nuestro interior crezca *el amor* por otras personas, gente a la que quizá nunca se nos habría ocurrido amar. «El que no ama, no ha conocido a Dios; porque Dios es amor» (1 Juan 4:8).

El poder oculto de la alabanza es que cuanto más alabamos al Dios de amor, tanto más se libera su amor en nuestros corazones y vidas.

Una de las cosas que tiene el estar enamorado de alguien que también nos ama, es que no importa cuánto tiempo estén juntos jamás les será suficiente. Uno siempre quiere más. Una vez que percibas el amor de Dios *por ti, en ti* y *alrededor de ti*, querrás estar en su presencia todo el tiempo.

Jesús dijo: «Amarás al Señor tu Dios con todo tu corazón, y con toda tu alma, y con toda tu mente» (Mateo 22:37). *Y eso es mucho amor.*

Es amar con todo lo que tenemos dentro

Con todo nuestro ser.

Amor incondicional. El círculo completo. Pleno.

Son «dos manos detrás de la espalda».

LA ADORACIÓN ES

… abrir el canal por medio del cual comunicamos nuestro amor a Dios y Dios nos transmite su amor.

Ofrezcamos alabanza a Dios

Señor, te adoro y te agradezco porque eres el Dios del amor. Gracias por amarme aun antes de que te conociera. Te alabo especialmente por haber sacrificado por mí a tu único Hijo. No hay mayor amor que ese. Tu amor me trae sanidad para todos los momentos y modos en que me sentí despojada de amor por parte de los demás en mi vida. Sé que no importa qué pase en mi vida, o qué pueda suceder, tu amor por mí jamás acabará. A causa de tu amor: «Te alabaré, oh Jehová, con todo mi corazón; contaré todas tus maravillas. Me alegraré y me regocijaré en ti; cantaré a tu nombre, oh Altísimo» (Salmo 9:1-2).

Gracias, Señor porque anotas «en tu libro todas las veces que he huido» y porque «tú bien sabes las veces que he llorado» (Salmo 56:8, BLS). Gracias porque «cuando yo te pida ayuda, huirán mis enemigos» (versículo 9, NVI). Sé que estás ahí para mí. Jesús, sé que lo que pida en tu nombre lo harás, para que Dios Padre pueda ser glorificado. Te pido que derrames tu amor sobre mí de manera que yo lo pueda sentir hoy. Oro porque esté tan lleno de tu amor que rebose hacia otros y todos lo puedan ver. Que tu amor sea evidente de forma abundante en todo lo que diga y haga. Que tu gracia, tu amor, y tu Espíritu Santo estén conmigo siempre (2 Corintios 13:14).

Es asombroso que me ames tanto aunque yo no haya hecho nada para merecer tu amor. «¿Qué es el hombre, para que lo engrandezcas, y para que pongas sobre él tu corazón?» (Job 7:17). Gracias porque «ves todos mis caminos y cuentas todos mis pasos» (Job 31:4). Gracias porque «tu favor dura toda la vida» (Salmos 30:5). Oh Señor, «porque mejor es tu misericordia que la vida; mis labios te alabarán. Así te bendeciré en mi vida; en tu nombre alzaré mis manos» (Salmo 63:3-4). Señor, te amor con todo mi corazón, toda mi mente y mi alma, y te adoro como mi Dios de amor.

Dios nos da su Palabra

Por lo cual estoy seguro de que ni la muerte, ni la vida, ni ángeles, ni principados, ni potestades, ni lo presente, ni lo por venir, ni lo alto, ni lo profundo, ni ninguna otra cosa creada nos podrá separar del amor de Dios, que es en Cristo Jesús Señor nuestro.

ROMANOS 8:38-39

En esto consiste el amor: no en que nosotros hayamos amado a Dios, sino en que él nos amó a nosotros, y envió a su Hijo en propiciación por nuestros pecados.

1 Juan 4:10

Y nosotros hemos conocido y creído el amor que Dios tiene para con nosotros. Dios es amor; y el que permanece en amor, permanece en Dios, y Dios en él.

1 Juan 4:16

¿Se olvidará la mujer de lo que dio a luz, para dejar de compadecerse del hijo de su vientre? Aunque olvide ella, yo nunca me olvidaré de ti. He aquí que en las palmas de las manos te tengo esculpida; delante de mí están siempre tus muros.

Isaías 49:15-16

Amados, si Dios nos ha amado así, debemos también nosotros amarnos unos a otros. Nadie ha visto jamás a Dios. Si nos amamos unos a otros, Dios permanece en nosotros, y su amor se ha perfeccionado en nosotros. En esto conocemos que permanecemos en él, y él en nosotros, en que nos ha dado de su Espíritu.

1 Juan 4:11-13

Pensemos un poco más en esto

1. ¿Estás convencido de que Dios es un Dios de amor? ¿Sientes que Dios te ama tanto como a todos los demás en el mundo? ¿Por qué o por qué no?

2. Lee 1 Corintios 13:1-3 en tu Biblia. ¿Qué nos pasa cuando no tenemos el amor de Dios dentro y fluyendo a través de nosotros?

3. Lee Jeremías 31:3 en tu Biblia. A la luz de este pasaje de las Escrituras, ¿durante cuánto tiempo nos amará Dios? ¿Cómo nos ha traído Dios a Él? Escribe tu respuesta como alabanza a Dios (Por ejemplo: «Señor, te amor por tu amor y porque...»)

4. Lee Efesios 2:4 en tu Biblia. ¿Por qué nos muestra Dios misericordia?

5. Lee Romanos 5:5 en tu Biblia. ¿Por qué nunca hemos de perder la esperanza? ¿Cómo recibimos el amor de Dios en nuestros corazones?

4

Porque dio su vida por mí

─────────୭୭─────────

¿Conoces a alguien que te ame tanto como para dar su vida por ti? ¿Alguien que muriera en tu lugar? ¿Alguien que pagara con su cuerpo y su persona por tus errores y pecados? ¿Alguien que cayera por ti? ¿Sufriendo lo que tú mereces? ¿Y que lo hiciera con amor, con disposición, voluntariamente? Sabiendo que en cualquier momento podría librarse de eso y decir: «Olvidémoslo. Envíen a los ángeles. Yo me salgo de aquí».

Solo conozco a una persona que moriría por mí. Y ya lo hizo. ¡Eso sí me quita la presión de encima! ¡Y también a mi familia y amigos cercanos!

Si no puedes pensar en nadie que moriría por salvarte, piensa otra vez. Dios envió a su único Hijo, Jesús, «imagen del Dios invisible» (Colosenses 1:15), manifestación de sí mismo en la carne. Él vino. Enseñó. Mostró su poder en los milagros que obró. Entregó su vida en inimaginable sufrimiento y tortura, enfrentando la muerte en agonía, crucificado sobre una cruz, para soportar todas las consecuencias de nuestros errores, defectos y equivocaciones. Y luego resucitó de entre los muertos y quebró para siempre el poder de la muerte y el infierno en nuestras vidas.

Todo esto lo hizo por ti y por mí.

Pagó tu precio. Cayó por ti. Sufrió las consecuencias, tomando tu lugar. Y todo porque te ama. Una de las mayores demostraciones de amor de parte de Dios es que aunque éramos pecadores Jesús igualmente murió por nosotros (Romanos 5:8). ¿Habrá alguien que pudiera amarte más que eso?

Lo mejor de la película *La Pasión de Cristo*, de Mel Gibson, es que mostró de manera patente la magnitud del sacrificio que Jesús *voluntariamente* hizo por todos nosotros. Pagó un precio enorme para que nosotros no tuviéramos que pagarlo. Yo había *leído* innumerable cantidad de veces el relato de la vida de Jesús, y valoraba plenamente lo que logró con su sufrimiento y muerte. Pero al verlo en la pantalla, se hizo tan real que sentí como si hubiera estado allí como testigo, presenciándolo.

La emoción más profunda que sentí cada vez que veía la película —y sentí muchas cosas— fue que con todo dolor lamenté las veces en que tomé con liviandad lo que Jesús hizo por mí. Sentí un profundo remordimiento por las veces en que tomé las leyes de Dios a la ligera, y anduve en desobediencia o descuido. Pensé en la ocasión en que como adolescente intenté suicidarme porque no quería despertar un día más con el dolor que sentía dentro de mí. ¿Qué era mi dolor comparado con *el de Él*? Y si hubiera logrado suicidarme, jamás habría llegado a conocer a Dios ni la maravillosa vida que Él tenía planeada para mí. Habría pasado la eternidad separada de Dios. Y sin embargo, aun antes de que le conociera, Él ya me había rescatado.

Hay un plano en el que Dios opera al que somos incapaces de entrar hasta que aceptamos a Jesús en nuestra vida. Él dijo: «Yo soy la puerta; el que por mí entrare, será salvo; y entrará, y saldrá, y hallará pastos» (Juan 10:9). No podemos comenzar a entender la realidad del reino de Dios hasta que pasamos por esa puerta y nacemos de nuevo en nuestro espíritu. Porque Jesús pagó el precio por nosotros, tenemos entrada gratis al reino al recibir su vida en la nuestra. No es que Dios dice: «Veo tu pecado, pero me voy a olvidar de eso». Es que lo borra totalmente del registro, como si nunca hubiera sucedido.

Jesús nos salvó de una eternidad separada de Dios. Dijo: «El que cree en mí tiene vida eterna» (Juan 6:47). Podemos ir a estar con Dios cuando morimos porque Jesús tomó sobre sí la penalidad por nuestro pecado. También nos salvó de una existencia sin sentido aquí en la tierra. Una vez que recibimos a Jesús, tenemos al Espíritu

Santo de Dios habitando en nosotros y podemos entrar en una vida fructífera, llena de propósito y sentido. Con Él tenemos más vida *en esta vida*, así como en la eternidad.

Todos los días necesitamos enamorarnos otra vez de Jesús.

Siete buenas razones para alabar a Jesús como Señor

1. *Gracias a Jesús tengo perdón:* «A quien Dios puso como propiciación por medio de la fe en su sangre, para manifestar su justicia, a causa de haber pasado por alto, en su paciencia, los pecados pasados, con la mira de manifestar en este tiempo su justicia, a fin de que él sea el justo, y el que justifica al que es de la fe de Jesús». (Romanos 3:25-26)

2. *Gracias a Jesús tengo paz con Dios:* «Justificados, pues, por la fe, tenemos paz para con Dios por medio de nuestro Señor Jesucristo». (Romanos 5:1)

3. *Gracias a Jesús no tengo que vivir con culpa o condena:* «Ahora, pues, ninguna condenación hay para los que están en Cristo Jesús, los que no andan conforme a la carne, sino conforme al Espíritu». (Romanos 8:1)

4. *Gracias a Jesús tengo una gran herencia:* «Y si hijos, también herederos; herederos de Dios y coherederos con Cristo, si es que padecemos juntamente con él, para que juntamente con él seamos glorificados». (Romanos 8:17)

5. *Gracias a Jesús siempre tengo a alguien que intercede por mí:* «Cristo es el que murió; más aun, el que también resucitó, el que además está a la diestra de Dios, el que también intercede por nosotros». (Romanos 8:34).

6. *Gracias a Jesús tengo vida eterna con Él:* «Pero si Cristo está en vosotros, el cuerpo en verdad está muerto a causa del pecado, mas el espíritu vive a causa de la justicia. Y si el Espíritu de aquel que levantó de los muertos a Jesús mora en vosotros, el que levantó de los muertos a Cristo Jesús vivificará también

vuestros cuerpos mortales por su Espíritu que mora en vosotros». (Romanos 8:10-11).

7. *Gracias a Jesús puedo tener más vida en esta vida:* «El ladrón no viene sino para hurtar y matar y destruir; yo he venido para que tengan vida, y para que la tengan en abundancia». (Juan 10:10)

Recuerda lo que hizo Jesús en la cruz

Jesús nos mostró quién es Dios y qué significa el gobierno de Dios. Demostró su autoridad por sobre la muerte, la enfermedad, la desesperanza, el quebranto, la pobreza y el enemigo de nuestras almas. Llevó sobre su cuerpo la penitencia por nuestro pecado para que no tengamos que soportarla nosotros. Cuando dijo sobre la cruz: «Consumado es» (Juan 19:30), no hablaba solo de que su vida en la tierra había acabado, sino de que también estaba completo todo lo que había cumplido sobre la cruz. Terminado. Nada puede cambiar eso. El poder de la muerte y el infierno fue conquistado sobre la cruz, derrotado para siempre. Cuando permitimos que nuestros corazones se llenen de esa realidad, la alabanza y la adoración son incontenibles. Sobrevienen como un amanecer en el corazón, y fluyen desde nosotros de alguna manera u otra. Cuando esto sucede, podemos dejar de lado la idea de la adoración como una liturgia formal predeterminada u orden predecible, y entonces conocemos lo nuevo del Cristo viviente en nosotros.

Lo que la gente necesita es a Jesucristo, no a la religión cristiana. La religión es solo otro fútil intento por llegar a Dios tratando de ser buenos. Jesucristo es la vida de Dios en nosotros, y no hay ser humano que pueda lograrlo sin Él. Así es como la gente común vive vidas extraordinarias.

Jim May

Jesús no quiere que olvidemos lo que Él hizo. Jamás. Quiere que lo recordemos a diario. Instruyó a sus discípulos sobre cómo el sacrificio de su cuerpo y su sangre debía recordarse al beber vino y comer pan. Y debemos hacer eso a menudo también. Pero cuando le adoramos y alabamos por su sufrimiento, muerte y resurrección, estamos dándole la reverencia y el valor que merece. Nos recordamos a nosotros mismos todo lo que Él sacrificó y logró. Hay intimidad en compartir la comida con otros. Hay una conexión, algo profundo, que se da en la relación. Jesús espera que le invitemos a nuestras vidas para que podamos hacer lo mismo con Él. Dice: «He aquí, yo estoy a la puerta y llamo; si alguno oye mi voz y abre la puerta, entraré a él, y cenaré con él; y él conmigo (Apocalipsis 3:20). Que diga que vendrá y cenará con nosotros es una promesa de intimidad. Cada vez que alabamos a Dios estamos abriendo esa puerta, profundizando nuestra relación con Él.

El poder oculto de alabar a Jesús es que por medio de esa alabanza el Señor aumenta nuestro conocimiento de Él y de todo lo que logró sobre la cruz. Esto tiene un impacto indeleble en nuestra alma, que nos permite entrar en toda la libertad que Cristo ganó para nosotros.

A menudo he oído decir: «¡Qué aburrido va a ser el cielo, vestidos todos de blanco y cantando canciones de adoración todo el día!». En realidad, para mí parece algo bueno. No habrá más dolor ni enfermedad, ni miedo, ni nadie que nos lastime, no habrá que preocuparse por obtener alimento o dinero para pagar las cuentas. Además, ¡me encanta el color blanco! Y en cuanto a si la alabanza es aburrida o no, ¡de ninguna manera lo es! Estaremos tan impresionados con el maravilloso Dios que no podremos contener nuestra alabanza. Derramaremos adoración todo el tiempo, y sentiremos perpetuo entusiasmo y excitación.

Le debemos mucho a Jesús. Le pagamos cuando le amamos y adoramos para siempre. ¡Comencemos desde hoy! ¿Quieres?

LA ADORACIÓN ES

… honrar, adorar, glorificar y agradecer a Jesús por todo lo que hizo por nosotros en la cruz.

Ofrezcamos alabanza a Dios

Señor, gracias por enviar a tu Hijo Jesús para que sea mi Salvador y Redentor. Te alabo, Jesús, por el precio que pagaste, el sacrificio que hiciste y el impensable sufrimiento y muerte que voluntariamente soportaste en la cruz por mi causa. Gracias a ti tengo perdón y he hecho las paces con mi Creador. Te adoro, Señor, y te agradezco porque aun antes de la creación del mundo elegiste que a tus ojos yo no tuviera pecado alguno, y que anduviera en santidad. Te agradezco por tu gran amor que me predestinó a ser adoptado como hijo tuyo por medio de Jesús según tu voluntad. Gracias, Jesús porque debido a ti he sido redimido a través de tu sangre. Señor, sé que he pecado y que estoy destituido de tu gloria (Romanos 3:23). Gracias por perdonarme. Gracias porque aunque había muerto en el pecado me has hecho vivir en Cristo (Efesios 2:4-5). Gracias por la riqueza de tu misericordia y gracia derramada sobre mí.

Te alabo, Jesús, como roca que me sustenta. Gracias por darme nuestro nacimiento a una vida de esperanza a causa de tu resurrección. Ahora tengo una herencia eterna, herencia indestructible, incontaminada e inmarchitable (1 Pedro 1:3-4, NVI). «Tú me cubres con el escudo de tu salvación; tu bondad me ha hecho prosperar. Me has despejado el camino; por eso mis tobillos no flaquean» (2 Samuel 22:36-37, NVI). Señor, te agradezco porque me has salvado y reconciliado contigo a través de tu Hijo, Jesús (Romanos 5:10-11).

~~∞~~

Ora esta oración si quieres
recibir a Jesús

Querido Dios, gracias por enviar a tu Hijo Jesús a morir por mí. Gracias, Jesús, porque debido a que sufriste y moriste por mí puedo tener perdón completo por mis pecados y vida eterna contigo para siempre. Perdóname por todo lo que haya hecho en contra de tu voluntad y tu camino para mi vida. Límpiame con tu perdón para que esté libre de culpa, vergüenza y sentimiento de fracaso. Creo que después de ser crucificado resucitaste de entre los muertos y ahora vives en los corazones de todo el que te recibe. Creo que «no hay bajo el cielo otro nombre dado a los hombres mediante el cual podamos ser salvos» (Hechos 4:12). Recibo tu amor y tu vida y te invito a vivir en mí hoy por el poder de tu Espíritu Santo. Ayúdame a vivir de manera agradable siempre a tus ojos para que pueda llegar a ser todo aquello para lo que me creaste. Toda gloria sea a tu nombre, y «exaltado sea Dios, mi Salvador» (Salmo 18:46).

Dios nos da su Palabra

¡Alabado sea Dios, Padre de nuestro Señor Jesucristo! Por su gran misericordia, nos ha hecho nacer de nuevo mediante la resurrección de Jesucristo, para que tengamos una esperanza viva y recibamos una herencia indestructible, incontaminada e inmarchitable. Tal herencia está reservada en el cielo para ustedes.

1 Pedro 1:3-4, NVI

De hecho, en ningún otro hay salvación, porque no hay bajo el cielo otro nombre dado a los hombres mediante el cual podamos ser salvos.

Hechos 4:12, NVI

Antes de recibir esa circuncisión, ustedes estaban muertos en sus pecados. Sin embargo, Dios nos dio vida en unión con Cristo, al perdonarnos todos los pecados y anular la deuda que teníamos pendiente por los requisitos de la ley. Él anuló esa deuda que nos era adversa, clavándola en la cruz. Desarmó a los poderes y a las potestades, y por medio de Cristo los humilló en público al exhibirlos en su desfile triunfal.

Colosenses 2:13-15

Porque tanto amó Dios al mundo, que dio a su Hijo unigénito, para que todo el que cree en él no se pierda, sino que tenga vida eterna.

Juan 3:16, NVI

Pero Dios demuestra su amor por nosotros en esto: en que cuando todavía éramos pecadores, Cristo murió por nosotros. Y ahora que hemos sido justificados por su sangre, ¡con cuánta más razón, por medio de él, seremos salvados del castigo de Dios!

Romanos 5:8-9, NVI

Pensemos un poco más en esto

1. Lee Efesios 1:3-6 en tu Biblia. Escribe estos versículos en tus propias palabras como alabanza a Dios por todas las cosas que contienen por las que debemos agradecer.

2. Lee Efesios 2:4-5 en tu Biblia. ¿Cómo demostró Dios su amor por ti?

3. Lee Efesios 5:2 en tu Biblia ¿Qué debemos hacer y por qué?

4. Lee 1 Pedro 3:18 en tu Biblia ¿Por qué sufrió Jesús? Escribe una oración de alabanza agradeciendo a Jesús por todo lo que Él ha hecho por ti. Pídele que revele aspectos de lo que Él logró en la cruz y que todavía no has llegado a ver del todo.

5. Lee Romanos 5:1-2 en tu Biblia. ¿Qué se nos ha dado a través de Jesús? ¿Cuáles son las razones enumeradas aquí, por las que debemos alabarle? Escribe tu respuesta como oración de alabanza a Dios.

5

Porque me ha perdonado

———— ❧ ————

Una de las razones por las que podemos andar por la vida sintiéndonos mal con nosotros mismos y no viviendo la intimidad que queremos tener con Dios es que nunca nos libramos de la culpa de nuestros propios errores.

Pensamos que lo hacemos.

Después de todo, fuimos perdonados por nuestros pecados pasados cuando recibimos a Jesús, ¿verdad? Entonces, ¿por qué a veces seguimos sintiéndonos condenados en presencia de Dios? ¿Por qué es que a veces sospechamos que Él no se alegra demasiado al vernos cuando vamos ante Él en oración? ¿Proviene esta sensación de Dios o de nosotros?

Creo que sucede porque arrastramos la culpa como si fuera una pesada maleta o mochila, cargada sobre nuestras espaldas.

A veces no sabemos que es culpa lo que arrastramos porque no nos sentimos mal por nada que hayamos hecho específicamente. Pero tampoco nos sentimos buenos por completo ante Dios. Nos vemos arrastrándonos hasta su trono para hablar con él y tenemos miedo de que nos aplaste con el pie como a un insecto, y entonces, nos arrastramos hacia la salida sin lograr hacer contacto verdadero. ¿Qué es todo eso?

Durante toda mi vida antes de conocer al Señor, siempre me sentía como si fuera un fracaso. Como si tuviera que disculparme cada día solamente por existir. Nunca estaba en paz con relación a quién era y a cómo vivía mi vida. Sabía que había hecho muchas cosas de las que no me enorgullecía, pero no me parecía que lo que hubiera hecho fuera peor de lo que hacía todo el mundo. La única diferencia entre ellos y yo era que me sentía mal por eso todo el tiempo, y los otros no.

Cuando recibí a Jesús también recibí perdón por todos mis pecados. Fue parte del paquete. El regalo de la gracia de Dios. Una tarjeta «para salir de la cárcel». Una recompensa no merecida por tomar una buena decisión. Y todo el tiempo sentía que me habían quitado un enorme peso de encima. Pero aunque no me sentía tan mal como antes, todavía no me sentía completamente bien. Miraba a otros que parecían sentirse libres por completo y me preguntaba cómo lo hacían.

Por supuesto, la culpa era mi MO. Mi *modus operandi*. La forma en que me conducía. La forma en que vivía. Había crecido con eso. Mi madre siempre me decía que yo no hacía nada bien, no importa qué y cómo me enseñaran. Me castigaba por cosas que yo *no hacía* y pasaba por alto las cosas que *sí hacía* sabiendo que estaban mal. Con los años, aun después de entender que su mente no estaba sana, seguía confundida sobre el tema del pecado. Y por eso la culpa se convirtió en mi forma de vida.

Un día, sin embargo, al leer la Palabra de Dios, supe que tenía que decidir si iba a responsabilizar a mi madre siempre con respecto a mi paz, mi felicidad y mi futuro. ¿Iba a aceptar como evangelio las palabras de *mi madre* o las *de Dios*? Recordaba muy bien las palabras de mi madre porque las repetía en mi cabeza a diario. Tenía que lograr que sucediera lo mismo con las palabras de Dios.

Ese día leí: «Por lo tanto, ya no hay ninguna condenación para los que están unidos a Cristo Jesús, pues por medio de él la ley del Espíritu de vida me ha liberado de la ley del pecado y de la muerte» (Romanos 8:1-2). A menudo había leído estos versículos, pero esta vez se grabaron en mi alma. Y dije para mis adentros: «Si no hay condenación para los que están en Cristo Jesús y yo estoy en Cristo Jesús, ¿por qué siento condenación? Y si el Espíritu Santo está en mí debo estar andando en el Espíritu así que, ¿por qué doy lugar a la carne? ¿Qué cosas digo y hago que luego lamento? ¿Cuán a menudo puedo seguir yendo ante Dios a confesar las mismas cosas esperando que Él siga perdonándomelas? Si me arrepiento y las vuelvo a hacer, ¿quiere decir que no me arrepentí de veras la primera vez? Pero este versículo dice que no he de vivir con culpa. No por lo que hice en el pasado. Ni por lo que hice anoche, o esta mañana, o hace unos minutos. Ni por las cosas que haré en el futuro. Puedo ir ante Dios tan a menudo como lo necesite y pedir perdón siempre y cuando lo haga con corazón arrepentido. Y Él me liberará de toda culpa y sensación de fracaso».

¡Qué revelación transformadora de vida! *Nunca* tenemos que vivir con culpa.

Sabía que esto no era una licencia para conducir por la vida haciendo lo que se me antojara siempre y cuando estuviera dispuesta a pagar la multa del arrepentimiento cuando me atraparan y detuvieran. En cambio, era Dios que decía: «He dado a mi Espíritu para que viva en ti. Si viajas por la vida conmigo, te enseñaré qué hacer y te ayudaré cuando estés a punto de desviarte del camino, y te podré en la dirección correcta cuando tomes un curso errado».

No digo que jamás volví a sentir culpa por nada después de eso, pero tampoco seguí viviendo con la sensación de culpa todo el tiempo. Ya no permití que la culpa se interpusiera entre Dios y yo. Y ahora entiendo que si hay algo que hace que me sienta apartada de él, es por lo que yo hago, no por lo que Él hace. Tengo que hacer lo que sea necesario para entrar en el perdón que Jesús —después de pagar tan alto precio— aseguró para mí.

Bien. Sé que esto puede sonar a «Escuela Dominical» para muchos, pero fue una gran revelación para mí. Y me liberó. He conocido a muchas personas que aprobaron el curso de la Escuela Dominical y continúan viviendo una relación menos que satisfactoria con Dios porque arrastran consigo demasiada culpa. Estoy hablando de creyentes comprometidos. Esto no es lo que Dios tiene para nosotros.

Perdón como modo de vida

Dios quiere que su perdón sea algo que respiremos como el aire. Un modo de vida. No un suceso de una sola vez en la vida. No algo como «pagar por pecar cada vez». No como un acuerdo de «pórtate bien y te amaré». Dios es un Dios que perdona, así como es un Dios que ama. Perdonarnos es algo que eligió hacer hace mucho tiempo, y Jesús hizo lo que era necesario para que sucediera. Le herimos una y otra vez si no lo recibimos.

El tema es que no tenemos que vivir en la culpa. Y lo hacemos muchas veces. Reciban esto de una experta en culpas: Dios no quiere que vivamos la vida con una sensación de culpa. Quiere que vivamos en libertad para poder seguir adelante.

El cristiano no es aquel que nunca hace nada mal, sino el que ha recibido la capacidad de arrepentirse, levantarse y comenzar de nuevo luego de cada tropiezo, porque la vida de Cristo está en su interior, reparándole todo el tiempo, dándole la capacidad de repetir (en cierto grado) el tipo de muerte voluntaria que Cristo mismo sufrió.

C. S. Lewis

Enfrentémoslo. Aunque nos esforcemos todos cometemos errores. No vivimos al modo de Dios en todo lo que pensamos y hacemos. La Biblia dice: «No hay en la tierra nadie tan justo que haga el bien y nunca peque» (Eclesiastés 7:20, NVI). ¿Ves? ¿No te hace sentir mejor? Estás en buena compañía.

Todos lidiamos con la culpa por algo en algún momento. Es parte de la vida. Los padres, por ejemplo, saben que los hijos son un continuo viaje de culpa. ¿Quién de nosotros es el padre perfecto que nunca se ha equivocado? Y si algo sale mal con alguno de nuestros hijos, sentimos que hemos fracasado. Y si eres divorciado y con hijos, la culpa puede llegar a ser tu modo de vida. Aunque no debe ser así.

Las razones para la culpa y la condenación pueden encontrarse dondequiera que estés, y el enemigo de tu alma está decidido a ver que te agobien. Cuando tiene éxito la culpa controla tu vida. Da color a tus decisiones y acciones. Se interpone entre tú y Dios, y mina tu relación con Él.

Dios no quiere esto. Quiere que vivas libre de condenación. El perdón que Él tiene para ti es un don, un regalo que le costó muy caro.

Un gran sacrificio. Si no recibes su regalo es como si su sacrificio hubiera sido en vano. No estoy intentando hacer que te sientas culpable también por eso. Lo único que digo es: ¡RECIBE EL REGALO!

Otra señal de su amor

¿Cuántos de *nosotros* podríamos decirle a todo aquel que conocemos que sin importar qué nos *hagan*, les perdonaremos? Dios hace esto por ti. Perdonarte es una de las muchas maneras en que Dios demuestra su amor por ti. Cuando no le permites hacerlo no puedes recibir todo su amor. La culpa siempre será un obstáculo en tu modo de percibir el amor de Dios por ti.

El amor de Dios para ti es tan grande que su perdón no solamente te libera de tu pasado sino que además te liberará de los errores que cometas en el futuro. Dios perdona una y otra vez cuando vienes ante Él con corazón humilde y confiesas. ¡Eso sí es amor!

Una de las mejores maneras de recibir el amor de Dios es a través de la adoración, y también es una de las formas más efectivas para recibir el perdón que Dios tiene para ti. Y específicamente alabarle porque Él es el Dios del perdón.

Cuando adoramos a Dios se nos da la capacidad de recibir su amor y perdón de manera más profunda.

El rey David hizo algunas cosas muy malas —peores de las que espero que tú o yo hagamos alguna vez— pero cuando enfrentó su pecado hizo tres cosas muy buenas: se arrepintió, oró y adoró a Dios. Como resultado Dios le perdonó y la situación fue al final redimida.

Lo mismo hará con nosotros.

Una y otra vez los israelitas desobedecieron a Dios y le fueron infieles —y habían visto muchos más milagros de los que tú y yo hayamos podido ver— y, sin embargo, Dios siempre estuvo dispuesto a volver a recibirlos cuando sus corazones se volvían a Él en arrepentimiento y adoración.

También hará esto con nosotros.

Dios no está sentado en el cielo esperando fulminarnos con un relámpago si no le obedecemos. Cuando nos humillamos ante Él en arrepentimiento, Dios es rápido para perdonar. Porque quiere salvarnos, no condenarnos. «Dios no envió a su Hijo al mundo para condenar al mundo, sino para salvarlo por medio de él» (Juan 3:17, NVI). Cuando confesamos, nos arrepentimos y adoramos a Dios, Él es rápido para restaurar. No importa cuánto nos hayamos apartado de su camino, ni qué tan malo haya sido lo que hicimos. Él siempre nos recibe de vuelta.

El problema es que olvidamos que su perdón siempre está allí para nosotros. Y en cambio corremos con la culpa. Pensamos que *nosotros* tenemos que *hacer algo* para compensar lo malo que hicimos. No es posible. Porque *ya lo hizo Él.*

Si siempre hay dudas en tu corazón con relación a si has sido perdonado esto entorpecerá tu relación con el Señor, porque sentirás todo el tiempo que no puedes acercarte a Él.

Si has hecho algo malo confiésalo y pídele a Dios que te ayude a no volver a hacerlo. Si no has hecho algo malo y solo sufres del «síndrome de la culpa por hábito», eleva tu alabanza a Dios, el Perdonador de tu alma, y deja que Él derrame la maravillosa libertad del perdón sobre ti.

El poder oculto de la alabanza a Dios radica en que cuando le alabamos por quién es Él y le adoramos como Dios del perdón, abrimos los canales por los que llegamos a poder entender y recibir su perdón en nuestra mente, corazón y vida.

─LA ADORACIÓN ES─

… no solamente una canción, sino un modo de vida. No es para los músicos y los cantantes. Es para todos. No es para veinte minutos a la semana. Es una actitud diaria y permanente que nos recuerda su grandeza y nuestra dependencia de Él.

Ofrezcamos alabanza a Dios

Señor, te adoro como Dios maravilloso de mi vida. Tú eres el guardián de mi corazón y el perdonador de mi alma. Te alabo por enviar a tu Hijo a morir por mí para que yo tuviera perdón. Gracias porque perdonas mi maldad y nunca más te acordarás de mis pecados

(Hebreos 8:12). Sé que había muerto en el pecado, pero tú, oh Dios, me has dado vida con Cristo y me has perdonado todas mis faltas (Colosenses 2:13) Te agradezco porque no hay condenación para quienes están unidos a Cristo Jesús (Romanos 8:1)

Gracias porque la ley del Espíritu de la vida me ha librado de la ley del pecado y la muerte (Romanos 8:2). Te alabo como mi Señor y maravilloso Dios de perdón. Gracias porque continuamente estás dispuesto a perdonarme y a hacer de mí una persona plena. Gracias por la convicción de mis pecados, porque puedo venir ante ti y confesarlos. Gracias porque no importa cuánto me aleje de tus caminos siempre me recibirás de vuelta cuando me arrepienta y clame a ti por perdón. Perdóname por mis pecados hoy. Recuérdamelo cuando me alejo de tus leyes, para que pueda yo confesar, arrepentirme y recibir tu perdón. No quiero que ningún pecado mío se interponga entre nosotros. No quiero vivir lejos de ti jamás. Límpiame de todo lo que no sea tuyo. Te adoro, oh Señor, mi Perdonador y Redentor.

Dios nos da su Palabra

Si confesamos nuestros pecados, Dios, que es fiel y justo, nos los perdonará y nos limpiará de toda maldad.

1 JUAN 1:9, NVI

En él tenemos la redención mediante su sangre, el perdón de nuestros pecados, conforme a las riquezas de la gracia que Dios nos dio en abundancia con toda sabiduría y entendimiento.

EFESIOS 1:7-8, NVI

A quien poco se le perdona, poco ama.

LUCAS 7:47, NVI

De hecho, la ley exige que casi todo sea purificado con sangre, pues sin derramamiento de sangre no hay perdón.

Hebreos 9:22

Y cuando estén orando, si tienen algo contra alguien, perdónenlo, para que también su Padre que está en el cielo les perdone a ustedes sus pecados.

Marcos 11:25-26

Pensemos un poco más en esto

1. Lee el Salmo 103:12 en tu Biblia. ¿Hasta dónde nos perdona Dios? ¿Crees estar completamente perdonado o luchas contra la culpa por algo? Explica tu respuesta.

2. ¿Hay esferas en tu vida donde sientes que necesitas que Dios te perdone específicamente? Si es así, escríbelo como confesión ante Dios y alábale por su perdón.

3. Lee Hechos 2:38-39 en tu Biblia. ¿Qué nos dicen estos versículos que debemos hacer? ¿Qué sucede cuando lo hacemos? ¿Quién está incluido?

4. Escribe una oración de alabanza y adoración a Dios porque te perdonó. Dile qué significa para ti su perdón específicamente. ¿Qué es lo que te ha perdonado que te inspira más agradecimiento?

5. Lee Efesios 1:7-8 en tu Biblia. ¿Por qué tenemos el privilegio de ser perdonados? ¿Quién merece nuestra alabanza y por qué?

6
Porque me ha dado su Espíritu Santo

———— ❧ ————

Hace unos quince años soñé algo terrible. Desperté sin poder casi respirar. Mi corazón latía muy fuerte. Y me había invadido un sentimiento de desesperación, enfermedad y desesperanza. Lo que ocurrió en ese sueño era tan real que cambió mi vida para siempre.

En el sueño había caído en la tentación de la inmoralidad. No había actuado según la tentación, pero sabía que ya había sucumbido a ella. Es decir, que aunque no había hecho nada malo hasta entonces, había decidido en mi corazón que lo haría. En el momento que me tomó hacer esa decisión de un instante, el Espíritu Santo salió de mi vida y me invadió un horrible sentimiento de pérdida. El más horrible sentimiento de terror y remordimiento se apoderó de mí, como una muerte inevitable. Me había entregado a algo que apenaba al Espíritu Santo.

La Biblia nos instruye con claridad: «*Y no contristéis al Espíritu Santo de Dios, con el cual fuisteis sellados para el día de la redención*» *(Efesios 4:30).*

Había desobedecido gravemente a Dios, perdiendo la unción del Espíritu Santo que había en mi vida. No era que hubiese cometido el «pecado imperdonable» y que nunca sería perdonada. Y tampoco que no tuviera posibilidad de reconciliarme ante Dios. Pero sabía que mi vida no volvería a ser igual que antes. Jamás podría llegar a ser todo lo que Dios quería que fuese.

El incidente era tan real y vívido, y tuvo un impacto tan profundo en mí, que supe que no era simplemente un sueño. Era una señal. Una advertencia para que anduviera con cautela. Lo que significó para mí fue que vendrían cosas en el futuro que se presentarían como una gran tentación para dejar el camino que Dios tenía para mí. Y tenía que ser diligente en extremo para que no solo *no hiciera* algo malo sino que ni siquiera *aparentara* hacerlo.

Durante bastante tiempo sentí que Dios enviaba un llamado a mi vida y que Él me estaba preparando. No sabía exactamente qué sería, pero sí que vendría un momento en que tendría la oportunidad de hablar a las personas con un mensaje de esperanza para sus vidas. Y sabía que cualquier claudicación de mi parte debilitaría ese mensaje.

Cuando vi que había despertado de un sueño y que no era realidad, alabé a Dios una y otra vez. Me vino a la mente la oración de David y la oré reiteradas veces: «No me eches de delante de ti, y no quites de mí tu santo Espíritu. Vuélveme el gozo de tu salvación, y espíritu noble me sustente» (Salmo 51:11).

¿Habría orado David esto si no fuera posible?, pensé.

Mi ruego desesperado era que no perdiera jamás la cosa más valiosa que tenía en la vida. No puedo imaginar algo más terrible que vivir otra vez sin el Espíritu Santo. No es de extrañar que blasfemar contra el Espíritu Santo es el pecado imperdonable, el único que jamás puede perdonarse (Lucas 12:10). Si alguien habla en contra de Jesús, aun así será perdonado. Pero si habla contra el Espíritu Santo, no lo será. Creo que la razón es que no hay forma en que uno pueda conocer el Espíritu Santo de Dios y rechazarle, a menos que esa persona sea mala más allá de toda esperanza.

Una vez que hemos conocido el toque del Espíritu Santo en nuestra vida no hay nada más precioso en el mundo entero: «*Porque es imposible que los que una vez fueron iluminados y gustaron del don celestial, y fueron hechos partícipes del Espíritu Santo, y asimismo gustaron de la buena palabra de Dios y los poderes del siglo venidero, y recayeron, sean otra vez renovados para arrepentimiento, crucificando de nuevo para sí mismos al Hijo de Dios y exponiéndole a vituperio*» (Hebreos 6:4-6).

El Espíritu Santo es el más maravilloso de todos los dones que nos da el Señor. Y a su vez, el Espíritu Santo nos da dones que son más valiosos que cualquier otro que podamos recibir. Tratar *este don* y *sus dones* con liviandad sería una trasgresión. Rechazar al Espíritu Santo, blasfemar en su contra o hablar mal de Él sería algo impensable para cualquiera que le conociera. Apenarle con nuestras acciones es algo que hay que evitar cueste lo que cueste. Una vez que hemos sentido la presencia del Espíritu Santo habitando en nosotros y guiando nuestra vida, jamás podríamos tolerar la vida sin Él.

El Espíritu Santo —simbolizado mediante muchas cosas en las Escrituras, incluyendo una paloma (Mateo 3:16) y agua (Juan 7:38)— le es dado a todo aquel que lo pida de Dios (Lucas 11:13). Hay incontables razones para pedir y alabar a Dios por su Espíritu Santo. Las que siguen son solo algunas.

Veinte buenas razones para alabar a Dios por su Espíritu Santo

1. *El Espíritu Santo nos consuela.* Jesús lo llamó el Consolador (Juan 14:26). ¡Qué maravilloso es que Dios nos ame lo suficiente como para enviar a su Espíritu para que nos consuele! «Eran edificadas, andando en el temor del Señor, y se acrecentaban fortalecidas por el Espíritu Santo» (Hechos 9:31).

2. *El Espíritu Santo nos convence del mal.* Nos convence del mal pero no nos condena por ello. Hay una gran diferencia. Una cosa lleva a la restauración, y la otra a la derrota. «Y cuando él venga, convencerá al mundo de pecado, de justicia y de juicio» (Juan 16:8).

3. *El Espíritu Santo nos da la capacidad de obedecer a Dios.* Es imposible obedecer a Dios en todas las cosas si el Espíritu Santo no nos capacita para hacerlo. «Pero ahora estamos libres de la ley, por haber muerto para aquella en que estábamos sujetos, de modo que sirvamos bajo el régimen nuevo del Espíritu y no bajo el régimen viejo de la letra» (Romanos 7:6).

4. *El Espíritu Santo nos guía.* No podemos ir donde debemos sin la guía del Espíritu Santo. «Pero cuando venga el Espíritu de verdad, él os guiará a toda la verdad; porque no hablará por su propia cuenta, sino que hablará todo lo que oyere, y os hará saber las cosas que habrán de venir» (Juan 16:13).

5. *El Espíritu Santo nos enseña.* Lo que el Espíritu Santo nos enseña está mucho más allá de lo que podemos aprender del hombre. «Mas el Consolador, el Espíritu Santo, a quien el Padre enviará en mi nombre, él os enseñará todas las cosas, y os recordará todo lo que yo os he dicho» (Juan 14:26).

6. *El Espíritu Santo nos da poder.* Somos completamente impotentes en la vida sin el Espíritu Santo. «Y el Dios de esperanza os llene de todo gozo y paz en el creer, para que abundéis en esperanza por el poder del Espíritu Santo» (Romanos 15:13).

7. *El Espíritu Santo nos da dones espirituales.* Los dones del Espíritu nos ayudan a vivir con éxito y a dar fruto para el reino de Dios. «Testificando Dios juntamente con ellos, con señales y prodigios y diversos milagros y repartimientos del Espíritu Santo según su voluntad» (Hebreos 2:4).

8. *El Espíritu Santo nos santifica.* Limpia la pizarra para que siempre podamos comenzar de nuevo. «Para ser ministro de Jesucristo a los gentiles, ministrando el evangelio de Dios, para que los gentiles le sean ofrenda agradable, santificada por el Espíritu Santo» (Romanos 15:16).

9. *El Espíritu Santo nos ayuda a orar.* No podemos orar con eficacia sin que nos capacite para ello el Espíritu Santo. «Y de igual manera el Espíritu nos ayuda en nuestra debilidad; pues qué hemos de pedir como conviene, no lo sabemos, pero el Espíritu mismo intercede por nosotros con gemidos indecibles» (Romanos 8:26).

10. *El Espíritu Santo nos lleva a Jesús.* Si hemos hecho de Jesús el Señor de nuestras vidas, el Espíritu Santo nos trajo hasta allí, llenándonos de sí mismo. «Por tanto, os hago saber que nadie que hable por el Espíritu de Dios llama anatema a

Jesús; y nadie puede llamar a Jesús Señor, sino por el Espíritu Santo» (1 Corintios 12:3).

11. *El Espíritu Santo nos hace fuertes.* Nos dará fuerza añadida cuando más la necesitemos. «Para que os dé, conforme a las riquezas de su gloria, el ser fortalecidos con poder en el hombre interior por su Espíritu» (Efesios 3:16).

12. *El Espíritu Santo nos resucita de entre los muertos.* El mismo Espíritu que resucitó a Jesús de entre los muertos también nos resucitará para pasar la eternidad con el Señor. «Porque también Cristo padeció una sola vez por los pecados, el justo por los injustos, para llevarnos a Dios, siendo a la verdad muerto en la carne, pero vivificado en espíritu» (1 Pedro 3:18).

13. *El Espíritu Santo obra milagros.* A causa de la obra del Espíritu Santo en nuestras vidas podemos vivir lo milagroso. «Con potencia de señales y prodigios, en el poder del Espíritu de Dios; de manera que desde Jerusalén, y por los alrededores hasta Ilírico, todo lo he llenado del evangelio de Cristo» (Romanos 15:19).

14. *El Espíritu Santo nos da palabras que decir.* Podemos ser guiados por el Espíritu Santo cada vez que hablamos con alguien. «Porque el Espíritu Santo os enseñará en la misma hora lo que debáis decir» (Lucas 12:12).

15. *El Espíritu Santo nos renueva.* La capacidad de ser renovados y revividos proviene enteramente de la obra del Espíritu en nuestras vidas. «Nos salvó, no por obras de justicia que nosotros hubiéramos hecho, sino por su misericordia, por el lavamiento de la regeneración y por la renovación en el Espíritu Santo» (Tito 3:5).

16. *El Espíritu Santo nos ayuda cuando somos débiles.* Nos da la capacidad de hacer lo que no podríamos hacer solos. «Y de igual manera el Espíritu nos ayuda en nuestra debilidad» (Romanos 8:26).

17. *El Espíritu Santo nos da conocimiento y entendimiento.* Hay cosas que solamente pueden conocerse y entenderse mediante

el poder del Espíritu Santo. «Y reposará sobre él el Espíritu de Jehová; espíritu de sabiduría y de inteligencia, espíritu de consejo y de poder, espíritu de conocimiento y de temor de Jehová» (Isaías 11:2).

18. *El Espíritu Santo nos da revelación y sabiduría.* El Espíritu Santo nos revela cosas y nos da sabiduría sin la cual no podemos sobrevivir: «Para que el Dios de nuestro Señor Jesucristo, el Padre de gloria, os dé espíritu de sabiduría y de revelación en el conocimiento de él» (Efesios 1:17).

19. *El Espíritu Santo revela las cosas de Dios.* La única forma en que podemos entender las cosas de Dios es mediante el poder del Espíritu Santo. «Pero Dios nos las reveló a nosotros por el Espíritu; porque el Espíritu todo lo escudriña, aun lo profundo de Dios» (1 Corintios 2:10).

20. *El Espíritu Santo nos asegura que somos hijos de Dios.* Necesitamos estar seguros de que somos amados hijos de Dios porque esto afectará todo lo que hagamos en la vida, y el Espíritu Santo nos ayuda a reconocer esto. «El Espíritu mismo da testimonio a nuestro espíritu, de que somos hijos de Dios» (Romanos 8:16).

Valora al Espíritu Santo en ti

En los años que siguieron a mi sueño, cada vez que estaba por iniciar por fin mi obra para el Señor el enemigo traía alguna tentación a mi vida para que me apartara del camino que Dios tenía para mí. Pero yo recordaba de manera vívida cómo me había sentido en ese sueño y sabía que nada ni nadie en la tierra valía esa pena. La presencia y unción del Espíritu Santo es demasiado preciosa como para arriesgar cualquier cosa que pusiera en riesgo su pleno impacto en mi vida.

La Biblia dice que nuestros dones y llamados son irrevocables (Romanos 11:29). Pero la unción plena del Espíritu Santo no lo es. Un buen ejemplo fue cuando «el Espíritu de Jehová se apartó de Saúl» porque violó los mandamientos de Dios (1 Samuel 16:14). ¡Qué triste fin a una prometedora carrera! También he visto muchas personas que tenían la poderosa unción del Espíritu Santo en sus vidas pero luego cayeron en la tentación y se entregaron al adulterio, y entonces ese poder y unción los dejaron. No digo que no fueran restaurados o perdonados. No digo que no conservaran sus dones. Pero la extensión de la unción que tenían nunca estuvo de vuelta con el mismo poder.

Tampoco digo que hayan perdido al Espíritu Santo porque, ¿a dónde huir de la presencia de su Espíritu? (Salmo 139:7). No digo que no haya manera de recuperar lo perdido. Dios puede restaurar lo que sea, cualquier cosa. Es solo que nunca vi que nadie recuperara la misma poderosa unción una vez que le hubiera dejado.

¿Valió la pena para estas personas? Jamás les pregunté. Sé que para mí no lo valdría.

No critico a los que pasan por ese tipo de tentación. En realidad, mi corazón se conmueve por ellos. Todos tenemos necesidades. Y la de ser amados y apreciados es una de las más fuertes. En un momento de debilidad cuando desesperadamente necesitamos que alguien nos ame, puede haber atracción entre dos personas. La atracción no es lo que conforma el pecado. Significa que uno es humano. Lo que cuenta es lo que hacemos y cómo actuamos.

Si caemos en la inmoralidad hay un alto precio que pagar. Dios nos perdonará cuando nos arrepentimos y dejamos de hacerlo. Pero si el Espíritu Santo se apena al punto de retirar la unión y gracia especial que hay en nuestra vida, entonces no vale la pena. Resiste con todas tus fuerzas. Aférrate a Dios con cada fibra de tu ser. Adora a Dios y agradécele por haberte dado su Espíritu Santo para que habite en ti. Di: «Es tu amor lo que necesito más que nada, Señor. Renueva un espíritu recto dentro de mí» (Salmo 51:10).

Si no podemos decir que Jesús es Señor sin Él, ¿cómo podemos adorar en espíritu sin el poder del Espíritu Santo? El Espíritu Santo ha de impartirse en el nuestro, permitiéndonos adorar en espíritu a Dios, que es Espíritu.

Sam Hinn

El poder oculto de la alabanza a Dios radica en que el mismo acto de adorar al Padre, al Hijo y al Espíritu Santo abre el canal por el cual el Espíritu Santo derrama más de sí mismo en ti. Más de su poder, fuerza, potencia, revelación y capacidad para resistir a la tentación.

Hay mucho que agradecer con respecto al Espíritu Santo, y la alabanza a Dios por *darnos* su Espíritu es el punto de inicio. Alaba a Dios cada día por la presencia en tu vida. Agradécele porque eres «templo de Dios, y el Espíritu de Dios mora en [ti]» (1 Corintios 3:16). Haz lo que haga falta para poder mantener puro tu templo y no apenar al Espíritu Santo.

Pregúntate: «¿Qué sería de mi vida sin el Espíritu Santo? ¿Cómo viviría?»

LA ADORACIÓN ES

... la llave que abre el candado de nuestras vidas. Nos ayuda a encontrar la vida que Dios tiene planeada para nosotros, de la manera en que Él quiere que la vivamos.

Ofrezcamos alabanza a Dios

Señor, te adoro y alabo y te agradezco por tu Espíritu Santo en mi vida. Gracias, Jesús, por enviarme al Consolador y Auxiliador para que me enseñe y guíe cada día. Gracias, Espíritu Santo, porque me das la capacidad de hacer lo que no podría hacer sin ti. Te alabo por la sabiduría, la revelación y el conocimiento que impartes en mí. Te amo y al gozo que traes a mi vida (1 Tesalonicenses 1:6).

Señor, renueva en mí tu Espíritu en este día. Dejo aparte todo lo demás y me abro a ti. Espíritu Santo, que yo nunca te apene (Efesios 4:20). Dame la capacidad de siempre resistir a las tentaciones de la carne que harían que me aparte del camino que tú tienes para mí. No quiero minimizar nunca todo lo que quieres hacer en mi vida. Ayúdame a tener siempre presente tu presencia en mí y que siempre escuche tu guía clara.

Gracias porque he sido «sellado con el Espíritu Santo de la promesa» (Efesios 1:13). Sé que no puedo entender las cosas de Dios en la carne, pero puedo discernirlas en mi espíritu porque tú habitas en mí. Gracias, Señor, por el don de tu Espíritu Santo en mí. Gracias, Espíritu Santo, por tus dones manifiestos en mi vida. Quiero mostrar mi amor por ti abrazándote con mi adoración y tocándote con mi alabanza. Enséñame todo lo que debo saber sobre cómo adorarte de manera agradable a tus ojos.

Dios nos da su Palabra

Y yo rogaré al Padre, y os dará otro Consolador, para que esté con vosotros para siempre.

JUAN 14:16

Y la esperanza no avergüenza; porque el amor de Dios ha sido derramado en nuestros corazones por el Espíritu Santo que nos fue dado.

ROMANOS 5:5

Y nosotros somos testigos suyos de estas cosas, y también el Espíritu Santo, el cual ha dado Dios a los que le obedecen.

HECHOS 5:32

Pero recibiréis poder, cuando haya venido sobre vosotros el Espíritu Santo, y me seréis testigos en Jerusalén, en toda Judea, en Samaria, y hasta lo último de la tierra.

HECHOS 1:8

De cierto, de cierto te digo, que el que no naciere de agua y del Espíritu, no puede entrar en el reino de Dios.

JUAN 3:5

Pensemos un poco más en esto

1. ¿Cuáles crees que son los elementos más importantes que el Espíritu Santo trae a tu vida? ¿Qué aspectos de la obra del Espíritu Santo necesitas y aprecias en mayor medida?

2. Lee 1 Corintios 3:16 y 1 Corintios 6:19 en tu Biblia. Sabiendo que el Espíritu Santo de Dios reside en ti, y pensando en las cosas que el capítulo enumera como obra del Espíritu Santo, ¿qué dones serían los que más quisieras recibir de Él ahora mismo? (Por ejemplo: «Necesito la guía del Espíritu Santo», «Necesito ver más del poder del Espíritu Santo obrando en mí...»).

3. Lee romanos 8:14 en tu Biblia. ¿Cuál es una indicación importante de que eres hijo de Dios? ¿En qué maneras has sentido que te guía el Espíritu de Dios?

4. Lee 1 Corintios 2:12-14 en tu Biblia. ¿Por qué hemos recibido al Espíritu Santo? ¿Por qué necesitamos discernimiento espiritual en nuestras vidas?

5. Lee Isaías 63:8-10 en tu Biblia. ¿De qué modo mostró Dios su amor por su pueblo? ¿Qué pasó para que Él se volviera en contra de ellos?

7
Porque me dio su Palabra

—————— ❧ ——————

En la década de 1960 antes de conocer al Señor intenté todo lo que se me ocurrió para poder abrirme camino en el mundo. Pero no me fue bien. Vivía con una tremenda tristeza, depresión, miseria espiritual y confusión. Tomé muchísimas decisiones equivocadas. Y eso fue porque no había absolutos. Había distintos niveles de moralidad —o falta de ella— dependiendo con quién estuviera en ese momento. Era todo tan confuso. Hacíamos cosas en nombre de la libertad, por ejemplo, bebiendo hasta estar totalmente borrachos, o drogándonos al punto de casi llegar a un coma. Esos momentos pasajeros de éxtasis químico a veces aliviaban de manera temporal el terrible dolor de mi alma, pero después sentía que caía en un infierno. Cada vez más profundo.

¿Qué tan libre era entonces?

Alguien dijo una vez: «Si recuerdas la década del sesenta es que en realidad no estuviste allí». Creo que no estuve allí entonces, porque recuerdo mucho más de lo que querría recordar. Por ejemplo, me acuerdo muy bien que una noche estaba en casa de mi novio con él, justo antes de que saliéramos de gira para un concierto. Era el cantante principal de una conocida banda del momento y otra joven y yo cantábamos con ellos. Era el mejor momento en la carrera de esta banda, y la agenda era intensa, por lo que en los últimos meses habíamos estado recorriendo y cantado tanto que estábamos exhaustos. Habíamos preparado una bandeja de bizcocho de chocolate, y le agregamos una gran cantidad de marihuana que habíamos comprado de un vecino. No sé qué cantidad era exactamente, porque volcamos todo lo que había en el paquete. Horneamos el bizcocho y lo comimos directamente de la bandeja. Era algo muy popular en esos días. El problema es que yo era adicta al chocolate. Cuando empezaba no podía parar hasta terminar lo que tuviera delante. Cada vez que alguien me regalaba una caja de chocolates no podía comer solo uno, como una persona normal. Tenía que comer todos los que había en la caja. Siempre me costaba caro, pero estaba dispuesta a soportar las consecuencias. Mientras comíamos el bizcocho mi novio puso el nuevo álbum de los Beatles. El tan esperado *Sergeant Pepper's Lonely Hearts Club Band* acababa de salir a la calle y la casa disquera le había enviado una copia. Casi todos en mi generación podemos decir dónde estábamos cuando mataron a John Kennedy, o la primera vez que oímos cantar a Barbra Streisand, y lo mismo sucede con *Sergeant Pepper's Lonely Hearts Club Band*. Allí, sentados escuchando el nuevo álbum, mi novio se comió tres pedazos de bizcocho, y yo devoré el resto. Sabía delicioso, pero a mitad del álbum comencé a sentirme muy mareada, tanto que sabía que quedaría inconsciente. A los tumbos fui hasta el sillón y me acosté boca abajo, abrazándome a un almohadón lo más fuerte que podía. Me sentía tan mal, tan mareada y deshecha que ni siquiera pude responder cuando mi novio me llamó por mi nombre. Me dejó en el sillón y fue al dormitorio. Se echó sobre la cama con la ropa puesta.

Jamás logré dormir. Solo permanecí allí, abrazada al almohadón. En medio de la noche levanté la cabeza y lo vi durmiendo en la cama. Lo llamé varias veces para que viniera a ayudarme, pero no despertó. En silencio le rogué a algún Dios del universo que si me dejaba sobrevivir a esta noche no volvería a drogarme. Habíamos comido el bizcocho de chocolate como a las ocho de la noche, y permanecí en la misma posición sobre el sillón hasta las cinco de la mañana siguiente. Finalmente cuando pude ponerme de pie supe que una vez más había engañado a la muerte.

Toda mi vida busqué algo o alguien que me hiciera sentir mejor conmigo misma por lo menos durante una noche, o tan siquiera una hora. El problema es que cada una de las cosas que intentaba destruía algo en mí. Esta vez casi me destruyeron por completo. Sabía que casi me había matado haciendo algo que prometía solo un alivio temporal del dolor que sentía. Y todo porque no tenía absolutos.

La Palabra de Dios hace que la vida funcione

Durante años estuve metida en serio en diversas prácticas ocultas que me enseñaban que no existía el mal, solo el bien. La única maldad que existe está en tu mente, me decían. Así que si puedes controlar tu mente y convencerte de que todo lo malo que hiciste en realidad era bueno, podrás sentirte bien contigo misma y con tu vida, razonaba. El problema es que nunca lograba que esto diera resultado. Aunque intentaba justificar mis acciones nunca sentía paz con relación a nada de lo que hiciera. Lo hacía solamente porque los que me rodeaban también lo hacían. Y si no existía la maldad, lo que hiciera estaría bien siempre y cuando no lastimara a nadie más que a mí.

¿Ves lo confusa que puede ser una vida sin límites? No fue sino hasta que recibí al Señor y empecé a leer la Biblia con ojos nuevos que pude ver qué era lo que estaba bien y lo que estaba mal. Jamás había podido entender la verdad antes porque mis ojos espirituales estaban cegados a ella. Así sucede con todos nosotros. Podemos sentir que algo no está bien en nuestra vida, pero somos incapaces de identificar qué es.

Sin la Palabra de Dios siempre estaremos más influidos por el relativismo que invade al mundo que por la revelación del Espíritu Santo.

Dios nos dio su Palabra para que pudiéramos saber cómo vivir de la forma correcta. Por eso me gusta tanto. Porque todo lo dice con claridad. Nos dice qué está bien y qué está mal. Cuando vivimos *de esta manera*, la vida funciona. Cuando vivimos *de aquella manera*, no funciona. La Palabra de Dios nos edifica, alimenta nuestra alma y nos da fuerza, dirección, guía, esperanza, aliento y fe.

Las leyes de Dios son para *nuestro* beneficio. Dios no nos da reglas para que Él pueda entonces tener una razón para fulminarnos con un rayo si no las obedecemos a la perfección. Él quiere mostrarnos cómo evitar las cosas que nos dañarán o arruinarán nuestra vida.

Por eso nos ha brindado este recurso tan maravillosamente confiable. Para que siempre conozcamos la verdad. Y en ella siempre encontraremos consuelo y fuerza. Sabiduría y conocimiento. Amor y fe. Paz y gozo. Liberación y libertad. Claridad y dirección. Plenitud y restauración. Fructificación y propósito.

Hay consecuencias ante la desobediencia continua y adrede a los caminos de Dios. Quienes hemos probado de esas aguas y pagado las consecuencias conocemos el dolor que causa el probarlas. Los que probamos los modos de Dios y vimos que son buenos entendemos lo maravilloso que es tener a Dios guiándonos día tras día. Cuando nos negamos a buscar consejo en el mundo y en cambio encontramos todo lo que necesitamos en la Palabra de Dios, nos plantamos con firmeza donde el río de la vida de Dios fluye continuamente hacia la nuestra (Salmo 1:1-3). Y ese tipo de vida da fruto que perdura.

Dios nos habla por medio de la lectura y predicación de su palabra en las Escrituras. Es importante que adoremos para reconocer que cuando oímos o leemos la Palabra de Dios, encontramos a Dios mismo.

John M. Frame

Creer en las promesas de Dios nos permite escapar de la corrupción que la lujuria de nuestros ojos y cuerpos de carne traen a nuestra vida. La palabra de Dios nos ha dado «preciosas y grandísimas promesas, para que por ellas llegaseis a ser participantes de la naturaleza divina, habiendo huido de la corrupción que hay en el mundo a causa de la concupiscencia» (2 Pedro 1:4). Su Palabra nos eleva por encima de nosotros mismos y nos ayuda a lograr una naturaleza santa como la suya. Nos saca de la vida que no tiene salida, el callejón en el que estaba viviendo yo en el pasado.

La Palabra de Dios nos protege

La palabra de Dios es un arma de guerra espiritual que podemos usar para protegernos. «Tomad el yelmo de la salvación, y la espada del Espíritu, que es la palabra de Dios» (Efesios 6:17). Claro que para poder usarla como arma debemos *leer* su Palabra, *meditar* en su Palabra, *hablar* su palabra y *alabar* a Dios por su Palabra todos los días.

La Palabra de Dios nos dice cuánto nos ama él y nos muestra hasta qué punto llegó Dios para probarnos su amor. Es por eso que llega a lo más profundo de nuestro corazón. Nada penetra nuestras almas o cambia nuestras vidas tan profundamente como el amor sincero. Y el amor de Dios es el más sincero de todos. Cuando leemos la carta de amor de Dios podemos entender mejor su corazón amoroso hacia nosotros.

La primera vez que leí la Palabra de Dios luego de convertirme en creyente supe que por fin había encontrado algo que tenía sentido. Algo en lo que podía confiar, que no me fallaría. Ahora había límites en mi vida que me ayudarían a vivir como es debido. Algo a lo que podía recurrir en cualquier momento si necesitaba corregir mis pensamientos o llenar el vacío de mi alma.

Hace poco hablé con un amigo mío del pasado, de quien yo sospechaba que estaba buscando a Dios. Él ya sabía dónde me encontraba con relación a este tema porque había leído algunos de mis libros. Sentía frustración porque nada parecía dar resultado en sus relaciones con las mujeres. Su matrimonio había fracasado y no había encontrado otra mujer con quien tener una relación comprometida. Le dije que si entregaba su vida al Señor, Dios traería la persona indicada a su vida.

«Si entrego mi vida a Dios, ¿no significa esto que la relación sexual fuera del matrimonio estará mal?», preguntó.

«Sí», le dije, «la relación sexual fuera del matrimonio no es el plan de Dios para nuestras vidas. Pero cuando encuentras a la persona indicada y te casas con ella, ya no quieres tener relaciones sexuales fuera del matrimonio».

Es lamentable, pero no estaba dispuesto a dejar eso. No podía ver que cuando abandonamos algo de nuestros deseos carnales para vivir al modo de Dios, el Señor lo reemplazará con algo mucho mejor. Este tipo de visión se enciende solo en el espíritu. Y solo en el espíritu podemos reconocer su Palabra como una verdad confiable.

Necesitamos alabar a Dios cada día por su Palabra. Sin la Palabra de Dios hacemos cosas que destruyen nuestras vidas. Sin la Palabra de Dios intentamos encontrar satisfacción en cosas que no perduran. Sin la Palabra de Dios intentamos vivir la vida según nuestros propios términos y luego nos preguntamos por qué no somos felices. Sin la Palabra de Dios terminamos echados en un sillón durante nueve horas una noche.

Cuando alabamos a Dios porque su Palabra es confiable y nunca falla, esto nos da vida, satisfacción, plenitud, absoluta dirección, alimenta nuestros espíritus vacíos y enriquece nuestras vidas al máximo, y entonces el poder oculto de la alabanza a Dios hará que su Palabra penetre más profundo en nuestra alma, mucho más profundo que antes.

LA ADORACIÓN ES

… venir ante Dios y alabarle por su Palabra, su gran carta de amor a nosotros. En sus páginas encontramos todo sobre por qué y cómo hemos de adorarle.

Ofrezcamos alabanza a Dios

Señor, te adoro y alabo tu nombre. Te alabo y agradezco por tu palabra. ¡Cómo me gusta que me dé la guía que necesito en mi vida! Mi deleite está en tu ley. Ayúdame a meditar en ella día y noche (Salmo 1:2). «Tus testimonios son mis delicias y mis consejeros» (Salmo 119:24).

Ayúdame a entender plenamente todo lo que leo en tu palabra. Revela todo lo que me haga falta saber. «Abre mis ojos y miraré las maravillas de tu ley» (Salmo 119:18). Gracias porque cada vez que leo tu palabra te conozco más y más.

Señor, tu ley es perfecta. Ella cambia mi corazón, enriquece mi alma y me hace sabio. Todos tus mandamientos son verdaderos, rectos, puros, confiables, edificantes y dadores de vida, y eso me alegra. Me instruyen y encuentro mucha paz cuando los obedezco (Salmo 19:7-11). Ayúdame a estar asido «de la palabra de vida, para que en el día de Cristo yo pueda gloriarme de que no he corrido en vano, ni en vano he trabajado» (Filipenses 2:16). «Me postraré hacia tu santo templo, y alabaré tu nombre por tu misericordia y tu fidelidad; porque has engrandecido tu nombre, y tu palabra sobre todas las cosas» (Salmo 138:2). Gracias porque tu Palabra permanecerá para siempre, porque tú, Señor, eres la Palabra Viva que ha existido siempre y siempre existirá. Me gusta que pueda confiar en tu Palabra para siempre. Jamás me abandona ni me desvía. Siempre me consuela y me guía. Siempre edifica mi alma. tu Palabra es tu carta de amor a mí, la cual me muestra cuánto me amas. Y cada vez que la leo, te amo más.

Dios nos da su Palabra

Bienaventurado el varón que no anduvo en consejo de malos, ni estuvo en camino de pecadores, ni en silla de escarnecedores se ha sentado; sino que en la ley de Jehová está su delicia, y en su ley medita de día y de noche. Será como árbol plantado junto a corrientes de aguas, que da su fruto en su tiempo, y su hoja no cae; y todo lo que hace, prosperará.

SALMO 1:1-3

Porque la palabra de Dios es viva y eficaz, y más cortante que toda espada de dos filos; y penetra hasta partir el alma y el espíritu, las coyunturas y los tuétanos, y discierne los pensamientos y las intenciones del corazón.

HEBREOS 4:12

Bendeciré a Jehová que me aconseja; aun en las noches me enseña mi conciencia. A Jehová he puesto siempre delante de mí; porque está a mi diestra, no seré conmovido.

SALMOS 16:7-8

Procura con diligencia presentarte a Dios aprobado, como obrero que no tiene de qué avergonzarse, que usa bien la palabra de verdad.

2 Timoteo 2:15

La ley de Jehová es perfecta, que convierte el alma; el testimonio de Jehová es fiel, que hace sabio al sencillo.

Salmo 19:7

Pensemos un poco más en esto

1. Lee Santiago 1:21-25 en tu Biblia. ¿Cómo se supone que hemos de responder a la Palabra de Dios? ¿Qué sucede cuando no respondemos de esa manera? ¿Qué pasa cuando no solo oímos la Palabra sino que también la ponemos en acción? ¿Por qué es esta una razón por la que debemos alabar a Dios?

2. Lee romanos 4:20-22 en tu Biblia. ¿Por qué eligió creer Abraham? ¿Cómo respondió Dios a su fe?

3. Lee el Salmo 19:7-11 y Mateo 24:35 en tu Biblia. Escribe una alabanza a Dios por todo lo que es bueno de su Palabra como se describe en estos versículos. Incluye aquello por lo que estás más agradecido en tu vida ahora mismo.

4. Lee Josué 1:8 en tu Biblia. ¿Qué debemos hacer en respuesta a la Palabra de Dios? ¿Qué sucederá cuando lo hagamos?

5. Lee 2 Timoteo 3:16-17 en tu Biblia. ¿Cómo se nos dieron las Escrituras? ¿Cómo nos benefician? ¿Qué logran en nosotros?

8

Porque es un Dios de bondad

⟡

Vivía en un lugar que parecía una pocilga cuando era niña. En realidad, *era* una pocilga. Todo estaba sucio, viejo, feo, gastado, no había amor en nada. Era un terreno casi pelado, con una choza en el medio. No se le declaró oficialmente pocilga hasta que nos mudamos y derribaron la choza. Vivir en ese entorno lastima el espíritu. Eso ocurre porque Dios no creó ese tipo de ambiente para que viviéramos. El hombre es quien lo crea.

Todo lo que Dios crea es hermoso y bueno. El lugar donde vivo ahora es bello y bueno. No solo la casa, sino el área que la rodea. Hay muchos árboles, arbustos y flores, y un césped tan verde que alimenta el alma. El aire siempre está limpio y el cielo azul. Cada estación del año me maravilla. Aun en invierno cuando la mayoría de los árboles están pelados, hay una belleza gris muy especial. Se puede ver que la gente ama sus casas porque están cuidadas. Este lugar es el opuesto exacto del lugar en el que crecí.

Lo asombroso es que jamás olvido la fealdad del horrible lugar donde pasé mi infancia. Sin embargo, olvido muy rápidamente lo bello que es el lugar donde vivo ahora. No olvido que es bello. Pero sí *cuán* bello es.

La verdadera belleza tiene algo: nos sorprende siempre. Invariablemente es más bella de lo que uno recuerda. ¿Has conocido a alguien tan bello o bella que olvidas lo atractiva que es la persona hasta que la vuelves a ver? Esa es la belleza de verdad. Por alguna razón nuestra mente no puede retener su plenitud.

Hay un lugar así en Big Sur, California. Allí uno puede pararse sobre un acantilado, mirando el vasto océano azul majestuoso y los enormes pinos. Es como estar en lo mejor de las montañas y lo mejor del mar al mismo tiempo. Jamás puedo retener cuán totalmente asombrosa es la belleza de ese lugar, y entonces cada vez que voy me quedo sin aliento, como si fuera la primera vez.

¿Cuáles son algunas de las cosas más bellas que hayas visto? ¿Un campo con flores de brillantes colores? ¿Una cascada? ¿La sonrisa de alguien amado? ¿Un lago cristalino? ¿Una pintura? ¿El rostro de un bebé? ¿Una joya brillante? ¿Un acto de amor hacia otra persona? Toma todo lo que te haya tocado profundamente con su belleza, reúne todas esas cosas, y solo tendrás una fracción de la belleza del Señor. Es difícil de imaginar.

Todo lo que Dios *es*, es hermoso y bueno.

Cuando uno piensa en la *bondad* del Señor, ¿qué viene a nuestra mente? ¿La perfección? ¿La pureza? ¿La grandiosidad? ¿La santidad? ¿El amor? ¿La gracia? ¿La misericordia? Nuestras mentes no pueden llegar a comprenderlo todo. Así como sucede con su belleza, la bondad de Dios es tan grande que nos cuesta comprenderla. Sabemos que Dios es bueno, pero olvidamos *qué tan* bueno. Cuando nos pasa algo que nos duele, a menudo olvidamos recordar qué bueno es Dios. Comenzamos a dudar y nos preguntamos: *Si Dios es bueno, ¿por qué permite que esto suceda?* Olvidamos que Dios es bueno aunque las cosas sean malas.

Recuerda la bondad de Dios en los malos momentos

Una vez oí a la madre del pastor Jack pronunciar un mensaje simple pero profundo. Dijo: «Dios es un Dios bueno». Para cuando terminó de hablar, me había convencido. Nunca lo olvidé. Y esto es algo bueno porque hubo muchos instantes en que necesité aferrarme a esa verdad con todo mi ser para atravesar momento difíciles, incluyendo una situación de vida o muerte en particular.

Hace algunos años había estado yendo y viniendo por los hospitales durante casi seis meses porque me dolía muchísimo el estómago y sentía náuseas todo el tiempo. Vi a varios doctores y especialistas pero ninguno pudo encontrar qué mal me aquejaba. No sabían qué hacer. Una noche me dolía tanto el estómago y era tan fuerte la sensación de náuseas que no pude dormir. Cerca de las tres de la mañana sentí que algo dentro de mí había explotado. Mi esposo me llevó con precipitación a la sala de emergencias porque sabíamos que no habría tiempo para esperar a la ambulancia. Una vez más, nadie pudo encontrar qué era lo que estaba mal. Estuve en la sala de emergencias durante ocho horas, sufriendo mucho dolor y casi sin poder respirar. No podía hablar, por supuesto. Sabía que moriría si alguien no hacía algo. «Ayúdame, Señor», fue lo único que pude decir.

Dios, ¿ya es mi hora?, pregunté en silencio. *Todavía no quiero. Quiero ver a mis hijos casados y conocer a mis nietos. Pero si esta es mi hora, por favor, dame paz.*

Estaba cada vez más débil. Me puse de color amarillo a causa de las toxinas que había en mi cuerpo. El dolor insoportable no cedía y creí que mi corazón se detendría solamente a causa de este dolor si alguien no hacía algo pronto. La situación no se veía prometedora. Sin embargo, seguí recordándome a mí misma esa verdad: Dios es un Dios bueno. Dios es un Dios bueno. No dejará que nada malo me pase a menos que algo bueno resulte de ello.

«Te alabo, Señor. Gracias porque eres un Dios bueno», susurré.

Finalmente entró un cirujano con el coraje suficiente como para decir que aunque todos los análisis arrojaban resultados que no conducían a nada me llevaría a la sala de operaciones para ver si mi apéndice había estallado, como él y yo sospechábamos. Si ese no era el problema, entonces intentaría ver qué sucedía para corregirlo. Resultó ser que no solo había estallado mi apéndice sino que además —como dijo luego el cirujano— el veneno se había esparcido por mi sistema a tal punto que si hubieran esperado una hora más no habrían podido salvarme la vida. Dijo que aun después de la operación seguía en peligro. Tuvo que dejar una incisión de unos treinta centímetros abierta, sin suturas, para colocar un drenaje que conectado a una máquina permitiera que el veneno fuera succionado para eliminarlo. Y todos los días había que volver a abrir la herida para que un equipo de médicos y enfermeros limpiaran todo de nuevo.

El dolor de la recuperación fue terrible. Aun con morfina y Demerol cada vez que me quitaban el vendaje sufría mucho. Además tenían que quitar el tubo de drenaje e insertar esponjas e instrumentos para limpiar la incisión. Era tan horrendo, en realidad, que lloraba cada vez que lo hacían. A lo largo del proceso, en especial en los peores días, continuamente me recordaba a mí misma que Dios es un Dios bueno. Y que el sufrimiento que Él permite en nuestras vidas es utilizado para bien. Su gloria se revelará en ello. Y le alabé por eso. Pasaron cinco meses antes de que se cerrara la herida, y luego quedé con una cicatriz fea, larga, dispareja. Y aunque me disgusta verla he llegado a considerarla una señal de la bondad de Dios. Si no fuera por esa herida no estaría aquí. Todo mi sufrimiento cambió mi perspectiva de lo que era importante y lo que significaba una pérdida de tiempo en mi vida. Creía que ya lo había aprendido, pero por lo visto no del todo. Dios también quería que comprendiera mejor su bondad hacia mí, de la cual su misericordia y gracia conforman la mayor parte. A causa de su gracia y misericordia —su bondad— es que todavía estoy viva.

Aprender a confiar en su bondad

Quizá estés pensando: *Todo el mundo sabe que Dios es bueno. No me estás diciendo nada que no haya oído ya.* Pero la verdad es que muchos sabemos *en nuestra mente* que Dios es bueno, aunque no lo sabemos del todo *en nuestros corazones* cuando las cosas salen mal. Allí es cuando la fe en la bondad de Dios realmente se pone a prueba. Si alguna vez tienes dudas acerca de que Dios es bueno entonces no lo crees de veras.

En otras palabras, si de verdad crees que Dios es bueno, nunca dudarás de ello independientemente de lo que esté sucediendo.

Una de las maneras en que podemos aprender a confiar por completo en que Dios es un Dios bueno es alabándole por su bondad. Cada vez que lo hacemos abrimos los canales por los que se derrama ese particular aspecto de su naturaleza en nuestro corazón. Cuanto más alabamos a Dios por su bondad, tanto más la veremos manifestada en nuestra vida. Ese es el poder oculto de la alabanza.

Cuando ores de este modo te asombrarás de cómo Dios abrirá tus ojos para que veas cosas que nunca antes viste. El Señor ha hecho y está haciendo tantas cosas buenas que ni siquiera pensamos en darle crédito por ellas. O no las vemos o las damos por sentadas.

> La alabanza no está completa hasta haber sido expresada. La bondad de Dios nos da grandes oportunidades para ser agradecidos.
>
> Tony Evans

Solamente *Dios* es bueno.

Hasta Jesús dijo: «¿Por qué me llamas bueno? Ninguno hay bueno sino uno: Dios» (Mateo 19:17). David dijo: «Tú eres mi Señor; no hay para mí bien fuera de ti» (Salmo 16:2). La Biblia dice: «Gustad, y ved que es bueno Jehová; dichoso el hombre que confía en él» (Salmo 34:8).

En momentos difíciles podemos tener dudas de que Dios sea realmente bueno. Quizá lo sepamos en la mente, pero lo olvidamos en el corazón. Eso es porque sucede lo mismo que con su belleza: su bondad es más grande de lo que podemos imaginar. Nuestras mentes ni siquiera pueden llegar a comprender la magnitud y profundidad de su bondad. Por eso, cuando estamos pasando malos momentos, tenemos que *recordarnos* a nosotros mismos sobre la bondad de Dios. De otro modo lo olvidaremos con facilidad. El modo en que podemos siempre recordarnos a nosotros mismos sobre la bondad de Dios es leyendo su palabra, adorándole como maravilloso Señor nuestro, alabándole por su bondad. Esto nos ayudará a recordar que no importa qué suceda, Dios es un Dios de misericordia y gracia: «Porque tú, Señor, eres bueno y perdonador, y grande en misericordia para con todos los que te invocan» (Salmo 86:5).

La misericordia y la gracia de Dios son lo que yo recibí en el hospital el día en que no morí. Su misericordia significa que Él tiene compasión por nosotros. Su gracia significa que nos da lo que no merecemos. Su misericordia y gracia son señales de su bondad. Su bondad es señal de su infinito amor. Y eso es lo que me gusta de Él.

David dijo: «Una cosa he demandado a Jehová, ésta buscaré; que esté yo en la casa de Jehová todos los días de mi vida, para contemplar la hermosura de Jehová, y para inquirir en su templo» (Salmo 27:4). Por sobre todas las cosas David quería mirar el esplendor radiante, santo, bueno y glorioso de Dios y estar cerca de Él por siempre.

¿No es lo que *nosotros* queremos también?

Y gracias a Jesús podemos vivir la bondad de Dios cuando venimos a él y le adoramos. Nuestra alabanza magnifica su bondad en nuestras vidas. ¡Y eso es hermoso!

LA ADORACIÓN ES

... exaltar a Dios y afirmar nuestro amor y lealtad por Él, para siempre.

Ofrezcamos alabanza a Dios

Señor, te adoro como Dios del cielo y la tierra. Te alabo por tu grandeza y bondad. Gracias porque eres un Dios bueno y tu misericordia y gracia hacia mí perdurarán para siempre (Salmo 118:1). Que nunca olvide yo todo lo bueno que has hecho por mí y cómo llenaste mi vida de cosas buenas.

Señor, ansío como deseó David, poder habitar en tu casa todos los días de mi vida, para ver tu belleza y estar en tu templo (Salmo 27:4)

Hoy entraré por tus puertas con agradecimiento y en tu atrio con alabanza. Bendeciré tu nombre porque tú eres bueno. Tu misericordia es eterna y tu verdad perdura en todas las generaciones (Salmo 100:4-5). Eres mi Dios y Señor, eres amoroso y paciente y abundas en bondad y verdad (Éxodo 34:6).

Ayúdame a confiar en que eres un Dios bueno independientemente de lo que esté sucediendo en mi vida. Ayúdame a creer sin duda alguna que aunque sucedan cosas malas tu bondad reinará en medio de todo lo que acontezca. Gracias porque tus planes para mí son buenos. Gracias porque el futuro que tienes para mí es bueno. Gracias porque traes cosas buenas a mi vida. Revela tu bondad ante mis ojos, más y más, para que yo pueda alabarte por ello. ¡Qué grande es tu bondad para quienes confían en ti y te temen! (Salmo 31:19).

Oh Señor, qué excelente es tu nombre en toda la tierra (Salmo 8:1). Doy gracias porque la tierra está llena de tu bondad, y porque esta perdura por siempre (Salmo 52:1). Eres bueno y todo lo que haces es bueno. Enséñame tus caminos porque sé que también son buenos (Salmo 119:68). Seguramente tu bondad y misericordia me seguirán todos los días de mi vida; y viviré contigo por siempre (Salmo 23:6).

Dios nos da su Palabra

Alaben la misericordia de Jehová, y sus maravillas para con los hijos de los hombres.

SALMO 107:8

———————— ✺ ————————

Él ama justicia y juicio; de la misericordia de Jehová está llena la tierra.

SALMO 33:5

———————— ✺ ————————

Bueno es Jehová a los que en él esperan, al alma que le busca.

LAMENTACIONES 3:25

———————— ✺ ————————

Alabad a Jehová, porque él es bueno; porque para siempre es su misericordia.

SALMO 107:1

———————— ✺ ————————

Hubiera yo desmayado, si no creyese que veré la bondad de Jehová en la tierra de los vivientes.

SALMO 27:13

Pensemos un poco más en esto

1. Lee el Salmo 118:1 en tu Biblia. Escribe una oración de alabanza a Dios por todas las cosas buenas que te ha dado en la vida.

2. Lee el Salmo 65:4 en tu Biblia. Dios te eligió y ahora puedes venir ante Él en oración y alabanza cada vez que quieras. Como resultado, ¿dónde puedes esperar vivir tu vida? ¿Qué es lo que siempre satisfará tu alma?

3. Lee el Salmo 145:8-9 en tu Biblia. Escribe una oración de alabanza y agradecimiento a Dios por todas las cosas buenas enumeradas en estos versículos.

4. Lee el Salmo 31:19 en tu Biblia. ¿Por quién ha dado Dios su bondad? ¿Te incluye esto? Explica la razón de tu respuesta.

5. Lee el Salmo 23:6 en tu Biblia. ¿Durante cuánto tiempo extenderá el Señor a nosotros su bondad y misericordia? Escribe una oración de alabanza y agradecimiento a Dios por su bondad que se manifestará en tu futuro. Agradécele porque sin importar qué suceda puedes confiar en que él es un Dios bueno y su bondad siempre será extendida hacia ti.

9

Porque es santo

———— ❧ ————

¿Alguna vez despertaste una mañana y viste que la vida que has estado viviendo está fuera de foco? Tus ojos se abren de repente y ves que estás a kilómetros del lugar y el propósito que Dios tiene para ti. Has estado ocultando los pedazos rotos de tu vida, barriéndolos bajo la alfombra durante tanto tiempo que ahora, solo al andar el camino de cada día, la acumulación se ha convertido en un obstáculo. Y tropiezas con él cada vez que intentas moverte. Tu propio sentido de la falta de realización y plenitud se ha vuelto muy evidente a tus ojos, en especial cuando estás en presencia de la plenitud de otras personas. Ahora entiendes el valor de la santidad de Dios y te entristece que este falte en tu vida.

Sentí eso una vez. Hubo un momento en que la vida que vivía se desnudó exactamente junto a la vida que se suponía que debía vivir. Fue un despertar triste en un aspecto, pero también contenía esperanza. Hacía poco que había conocido a Dios y todavía no había aprendido sobre su restauración. Es difícil escribir la profundidad de mi arrepentimiento cada vez que entraba en contacto con alguien que conocía al Señor y jamás había hecho ninguna de las cosas que yo solía hacer antes de recibirlo en mi vida. Sentía su pureza, lo recto de sus vidas, y me dolía terriblemente el no haber sabido valorarlo. Me sentía enferma de tristeza por haber vivido tan alejada de Dios. Me rompía el corazón. Me apenaba. No puedo imaginar cuánto habrá apenado a Dios.

Por otro lado, sin embargo, aprendí que la santidad de Dios es algo que Él quiere compartir con nosotros. Que *desee impartirnos* quién es, constituye una de las señales más grandes de su amor. La santidad es el atributo esencial de Dios. Todos los demás atributos del Señor se ven a la luz de su santidad. Este es el atributo que afecta a todos los demás. Quiere decir que cada parte de Dios es santa. La santidad se atribuye a cada Persona en la Deidad: el Padre (Juan 17:11), el Hijo (Hechos 4:30), y el Espíritu Santo, que nos imparte la santidad de Dios. Solo Dios es moralmente excelente, libre por completo de cualquier cosa que pudiera limitar este aspecto de su naturaleza. «No hay santo como Jehová» (1 Samuel 2:2). *La santidad es lo que Dios irradia.*

Cuando estaba en presencia de quienes vivían vidas de santidad, sentía arrepentimiento por el modo en que había vivido tan alejada de los caminos de Dios. Esto me hacía sentir sucia, y deseaba más que nada limpiarme de todo defecto y poder vivir del modo santo que Dios quería que viviera. *Cuando entramos en contacto con algo puro después de haber sido llenados con el Espíritu Santo, nos volvemos muy conscientes de todo lo que en nosotros no sea puro.*

Cuando Isaías, uno de los grandes profetas de Dios, tuvo una visión del Señor con los ángeles adorándole alrededor de su trono, vio su propia pequeñez y pecado. Dijo: «¡Ay de mí! que soy muerto; porque siendo hombre inmundo de labios, y habitando en medio de pueblo que tiene labios inmundos, han visto mis ojos al Rey, Jehová de los ejércitos» (Isaías 6:5). Cuando Isaías confesó su pecado Dios lo tocó y purificó. La santidad de Dios le hizo ver su propia carencia de ella. Y también le hizo pleno.

El pecado resquebraja nuestra alma por partes. Con la suficiente cantidad de pecado nos convertimos en una pila de añicos. Sin embargo, la santidad de Dios es lo que nos purifica y nos ayuda a separarnos de todo *lo que no sea santo.*

Hay una correlación entre la santidad de Dios y nuestra plenitud. Por eso cuanto estamos en su presencia somos más plenos. *La santidad de Dios nos hace plenos.*

Cada vez que los grandes hombres de fe de la Biblia, como Job, Abraham y Moisés, tuvieron un encuentro cercano con Dios, vieron sus propios defectos. Eso nos sucede a nosotros también. Estarás pensando: *¿Para qué necesito ser consciente de mis propios defectos? Ya los conozco bien. Pensar en ellos solo me hará sentir peor acerca de mí mismo, más de lo que ya me sucede.*

Pero entender la santidad de Dios no te hace sentir mal contigo mismo del modo en que se siente mal quien termina en la depresión. Hace que nos sintamos atraídos a su santidad de un modo que lleva a la restauración. Nos convence en lugar de condenarnos. En realidad es liberador.

¿De qué manera puedo ser santo?

Dios nos llama a reflejar su santidad: «Como aquel que os llamó es santo, sed también vosotros santos en toda vuestra manera de vivir; porque escrito está: Sed santos, porque yo soy santo» (1 Pedro 1:15-16).

Dios no está diciendo: «¡Sean santos!», como un padre puede decirle a su hijo: «¡Quédate quieto!». Él dice: «Estoy invitándote a compartir mi santidad. Deja que mi santidad viva en ti. Ven aparte, y sepárate de todo lo que no sea santo y deja que mi santidad crezca en ti. Que sea un manantial en tu alma del que puedas tomar tu propia santidad de carácter».

Esta es la diferencia entre decirle a alguien: «¡Ven conmigo!» con tono de mandato y obligación, y decirlo con gentileza y suavidad, invitando: «Ven conmigo». Con Dios siempre es una gentil invitación. Él no nos obliga ni manda a hacer algo que no podríamos hacer. ¿Cómo podríamos llegar a ser santos como Dios por nuestros propios medios? Sin Él, es imposible.

Adorar es acelerar la conciencia mediante la santidad de Dios, purgar la imaginación por medio de la belleza de Dios, abrir el corazón al amor de Dios y dedicar la voluntad al propósito de Dios.

William Temple

Jesús es el mayor ejemplo sobre la tierra de una vida santa, de un carácter santo. Estuvo totalmente dedicado a Dios y a la voluntad del Padre en su vida. Lo que hizo Jesús al morir en la cruz por nosotros y enviarnos al Espíritu Santo fue asegurar que tuviéramos la garantía de un camino para ser liberados de nuestra propia impiedad y así poder ser santos como Dios. Gracias a Él nuestro pecado no nos impide acercarnos al trono de Dios. Si nos los impidiera, ¿cómo podríamos llegar ante Él? En cambio, nuestro pecado es la *razón* por la que venimos ante el Señor en confesión y arrepentimiento, y para alabarle por su santidad.

Cuanto más adoramos a Dios, tanto más podemos ver su santidad, plenitud, pureza y bondad que nos hace santos, plenos, puros y buenos. Venir ante Dios en adoración revela el pecado en nuestras vidas que jamás podríamos haber llegado a reconocer. ¿Qué mejor modo de lavarnos que estando en su presencia?

Cuando encontramos la santidad de Dios y la reconocemos como lo que es, aparece en ese momento lo que somos y nos revela aquello que deberíamos ser.

Ser santos debiera ser el objetivo de nuestras vidas, porque nos distingue. Esto no significa que debamos adoptar una posición petulante y sentirnos *superiores* a los demás. Significa que aspiramos a un estilo de vida santo como el Señor para poder ser de *bendición* para los demás.

No es que nos levantamos un día y decimos: «Voy a ser santo», y de repente lo somos. Es absolutamente necesario el profundo reconocimiento de la santidad de Dios y el deseo de hacer lo que haga falta para llegar a ser parecidos a Él. No podemos *hacernos* santos, pero sí podemos buscar ser santos, como Dios es santo.

¿Cómo buscamos tal cosa cuando la santidad parece ser tan elusiva? ¿Tan inasequible? Lo hacemos adorando a Dios. Y específicamente alabándole por su santidad. Esto es lo que han estado haciendo los ángeles alrededor de su trono, todo el tiempo. Isaías les oyó decir: «Santo, santo, santo, Jehová de los ejércitos; toda la tierra está llena de su gloria» (Isaías 6:3). Cuando alabamos a Dios por su santidad tenemos mayor entendimiento de lo que significa ser santo. Es como si su santidad se nos pegara un poco a causa de la proximidad con Dios. Nos volvemos parecidos al objeto de nuestra adoración, ¿recuerdas?

El poder oculto de la alabanza radica en que cuanto más adoramos a Dios y le alabamos por su santidad, habrá más de su santidad que obrará en nuestras vidas. Él nos imparte su santidad cuando le alabamos.

Por supuesto, hay otros pasos que debemos dar también.

Cómo ser santos en siete pasos no tan fáciles

1. *Ir por ello.* «Seguid la paz con todos, y la santidad, sin la cual nadie verá al Señor» (Hebreos 12:14). Tenemos que *desearlo*. Y desearlo tanto como para hacer lo que haga falta para conseguirlo.

2. *Reclamar lo que Dios nos dio.* «Y vestíos del nuevo hombre, creado según Dios en la justicia y santidad de la verdad» (Efesios 4:24). Dios nos ha brindado todo lo necesario para que podamos ser santos así como Él es santo. No permitas que el enemigo de tu alma te diga que porque no eres perfecto y has cometido errores jamás podrás ser santo.

3. *No denigres tu cuerpo.* «Si alguno destruyere el templo de Dios, Dios le destruirá a él; porque el templo de Dios, el cual sois vosotros, santo es» (1 Corintios 3:17). Tenemos la posibilidad de elegir, y debemos elegir bien para no contaminar nuestras vidas. Valora a tu cuerpo porque el Espíritu Santo vive en él. Valora tu vida porque es el instrumento de Dios para que sus propósitos se cumplan en la tierra.

4. *Copia a Dios.* «Sed, pues, imitadores de Dios como hijos amados» (Efesios 5:1). Estudia a Dios. Permanece en su presencia tanto como te sea posible, en oración, alabanza y adoración. Conoce muy bien todos sus nombres y atributos para poder entender mejor quién es Él.

5. **Sé misericordioso y afectuoso:** «Como escogidos de Dios, santos y amados, de entrañable misericordia, de benignidad, de humildad, de mansedumbre, de paciencia» (Colosenses 3:12). Si hay dos virtudes que te harían parecerte más a Cristo son el amor y la misericordia hacia los demás. En toda situación pregúntate cuál es la acción de misericordia, amor, humildad, paciencia y amabilidad a realizar.

6. **Permanece en el camino de la obediencia.** «Y habrá allí calzada y camino, y será llamado Camino de Santidad; no pasará inmundo por él, sino que él mismo estará con ellos; el que anduviere en este camino, por torpe que sea, no se extraviará» (Isaías 35:8). El camino es angosto y hemos de ser vigilantes para no tropezar y salirnos de él. Lee la Palabra de Dios y pídele que te ayude a seguir este camino. Comunícate con Dios con frecuencia todos los días en oración y alabanza.

7. **Sé como Jesús.** «El que dice que permanece en él, debe andar como él anduvo» (1 Juan 2:6). En Jesús tenemos el modelo perfecto. Estúdialo en las Escrituras. Examina cada una de sus palabras. Camina con Él. Habla con Él. Que viva en ti y te haga parecerte más a Él cada día.

Alábale en la belleza de su santidad

Cuando Josafat estaba frente al pueblo que tenía por delante el mayor desafío de sus vidas, instruyó a los adoradores para que fueran delante del ejército cantando al Señor y alabándole por *la belleza de su santidad*. Cuando lo hicieron ganaron la batalla, derrotaron a su enemigo y fueron bendecidos con más de lo que podían tener (2 Crónicas 20:1-27).

Ese tipo de alabanza es poderosa. La Biblia nos instruye: «Dad a Jehová la gloria debida a su nombre; adorad a Jehová en la hermosura de la santidad» (Salmos 29:2). Cuando hacemos esto, suceden grandes cosas en nuestra vida. La santidad de Dios es hermosa. La belleza de Dios es reflejo de su santidad. Cuando le adoramos, la belleza de su santidad nos hace bellos. Lo he visto una y otra vez tanto en hombres como en mujeres. Cuanto más están en presencia de Dios y le alaban por su santidad, tanto más atractivos son. Por eso el rostro de Moisés irradiaba luz cuando bajó de la montaña con los Diez Mandamientos. Había estado en presencia de Dios. Había sido testigo presencial de su santidad y gloria.

Cuando pasamos tiempo en presencia del Señor en adoración y alabanza, cuando adoramos a Dios en la belleza de la santidad, nuestro rostro también cambia. El cambio que tiene lugar en tu alma se verá en tu rostro. Cuando te regodeas en la belleza de su santidad esto transpirará en un brillo que te inunda más profundamente que cualquier otra cosa. Y será un imán que atraerá a otros en un mundo que anhela lo que tú tienes aunque no sepan identificar qué es.

LA ADORACIÓN ES

… entrar en contacto con la santidad de Dios mediante el poder del Espíritu Santo, haciendo que la belleza de su santidad te contagie y te haga hermosamente santo y maravillosamente pleno.

Ofrezcamos alabanza a Dios

Santo, santo, santo eres tú, Señor, y digno de alabanza. Te adoro y te agradezco porque eres perfecto, amoroso, puro y maravilloso. La belleza de tu santidad me deja sin palabras. Gracias por querer impartirme tu santidad.

Señor, necesito que tu santidad penetre en mi vida y lave todo lo que no sea santo en mí. Llévate cualquier actitud, cualquier pecado oculto en la mente, cualquier actividad o acción que hago y que no es lo que tú quieres que haga. Sé que no me has llamado a no ser puro, sino a la santidad (1 Tesalonicenses 4:7). Muéstrame el camino a la santidad en mi vida. Hazme una persona santa, separada de lo que me separe de ti. Permíteme rechazar lo que no sea tu plan para mi vida para que pueda participar de tu santidad (Hebreos 12:10).

No quiero limitar lo que deseas hacer en mí a causa de un pecado o impureza de carácter. Ayúdame a ser santo, así como tú eres Santo. Establece que mi corazón sea «santo y sin mancha» ante ti (Colosenses 1:22). Dame manos limpias y un corazón puro y humilde.

Tú que eres poderoso has hecho grandes cosas para mí; santo es tu nombre (Lucas 1:49) Exalto tu santo nombre por sobre todos los nombres y te adoraré y agradeceré cada vez que piense en ello (Salmo 30:4). ¿Quién no te reverencia, Señor, y glorifica tu nombre? Porque solo tú eres santo (Apocalipsis 15:4). Te doy la gloria que tu nombre merece y te adoro en la belleza de tu santidad (Salmo 29:2). «Jehová, tú eres mi Dios; te exaltaré, alabaré tu nombre, porque has hecho maravillas» (Isaías 25:1).

Dios nos da su Palabra

¿Quién subirá al monte de Jehová? ¿Y quién estará en su lugar santo? El limpio de manos y puro de corazón; el que no ha elevado su alma a cosas vanas, ni jurado con engaño.

Salmo 24:3-4

———————— ❧ ————————

Porque así dijo el Alto y Sublime, el que habita la eternidad, y cuyo nombre es el Santo: Yo habito en la altura y la santidad, y con el quebrantado y humilde de espíritu, para hacer vivir el espíritu de los humildes, y para vivificar el corazón de los quebrantados.

Isaías 57:15

———————— ❧ ————————

¿Quién como tú, oh Jehová, entre los dioses? ¿Quién como tú, magnífico en santidad, terrible en maravillosas hazañas, hacedor de prodigios?

Éxodo 15:11

———————— ❧ ————————

Alaben tu nombre grande y temible; Él es santo. Exaltad a Jehová nuestro Dios, y postraos ante el estrado de sus pies; Él es santo

SALMO 99:3,5

———— ∽◇∾ ————

¡Gloríense en su nombre santo! ¡Alégrense de veras los que buscan al Señor!

1 CRÓNICAS 16:10 (NVI)

———— ∽◇∾ ————

Pensemos un poco más en esto

1. Lee Romanos 6:6,13 y 19 en tu Biblia. ¿Qué es lo que *no* debemos hacer? ¿Y qué es lo que *sí* debemos hacer?

2. Lee Apocalipsis 4:8 en tu Biblia. ¿Cuánto se alaba a Dios en el cielo? ¿Qué crees que haremos la mayoría del tiempo en la eternidad? Escribe o pronuncia estas mismas palabras de adoración como alabanza a Dios.

3. Lee Efesios 1:4 en tu Biblia. ¿A quién ha elegido Dios? ¿Cuándo tomó Él esa decisión?

4. Lee 2 Corintios 7:1 en tu Biblia. ¿De qué debemos limpiarnos? ¿A qué hemos de aspirar?

5. Lee Lucas 1:74-75 en tu Biblia. ¿Cómo serviremos a Dios? ¿Cuánto tiempo debemos servir a Dios?

10
Porque es Todopoderoso

———— ⚮ ————

Viajé por primera vez en avión cuando tenía poco más de veinte años. Fue de lo más asombroso para mí. Como no entendía nada sobre aerodinámica, creía que si me aferraba al apoyabrazos de mi butaca podría lograr que el avión despegara y aterrizara sin problemas. Y ya que no podía entender de dónde venía la potencia y cómo funcionaba, pensé que podía de algún modo contribuir al funcionamiento. Al final vi que aunque me quedaran los nudillos blancos por el esfuerzo, toda mi fuerza no contribuiría en nada. En realidad, dentro de mí lo sabía todo el tiempo, claro. Solo era que no podía hacer otra cosa para sentir que tenía cierto control sobre lo que sucedía.

¿Cuántas veces hacemos lo mismo con Dios?

Dios está intentando llevarnos a un lugar en nuestras vidas, y justo cuando está por despegarnos de nuestra situación para ayudarnos a levantar vuelo por encima de los obstáculos, las montañas y el terreno pedregoso que hay entre nosotros y nuestro destino, hacemos un esfuerzo por controlar la situación y contribuir. Se nos ponen los nudillos blancos por aferrarnos demasiado a lo que conocemos, en lugar de confiar en aquello que nos puede llevar donde necesitamos ir. Es porque no entendemos su poder ni cómo obra.

¡Cuánto mejor habría sido para mí el viaje en avión si me hubiera relajado! O aun más, si hubiera orado, entregándome en manos de Dios, soltando el apoyabrazos y elevando mis manos al cielo, alabando a Dios por su protección, amor y poder de sustento. ¡Cuánto mejor si hubiera confiado en que Dios no solo conocía cómo debía viajar, sino que además sabía y tenía el poder de llevarme a mi destino!

No necesitaba comprender *cómo* funcionaba el avión. Solo tenía que *confiar* en que funcionaría. Por cierto, habría disfrutado del viaje mucho más si hubiera dejado de aferrarme, dejando que el avión me llevara tranquilamente. ¡Cuánto nos cuesta a veces dejar de lado las cosas materiales, físicas y terrenales a las que nos aferramos y permitir que Dios se ocupe de todo!

Ha habido muchas veces en mi vida en las que me he agotado intentando ayudar a Dios a llevarme a donde yo creía que debía ir. Me he preocupado por cómo iba a suceder, o por si realmente *podía* suceder, o por si el poder de Dios era lo suficientemente fuerte como para llevar a alguien con tanto equipaje como llevaba yo. Pero cuanto más aprendí a alabar al todopoderoso Dios del universo, tanto más pude sentir su poder obrando en mi vida. Mi carga se alivió. Y pude disfrutar del viaje.

Cuando adoramos a Dios como nuestro Señor todopoderoso, comenzamos a ver que su maravilloso poder está allí para nosotros, como una de las muchas señales de su amor.

Un buen padre utiliza su fuerza y poder para proteger a sus hijos. Lo utiliza para levantarlos, transportarlos y quitarlos de la presencia del mal, para ayudarles a hacer lo que no pueden hacer solos, para darles ventajas que sin él no tendrían (las madres también hacen esas cosas, pero como estoy haciendo una analogía, señoras, les pido que me sigan de todos modos). Nuestro Padre celestial utiliza su poder de la misma manera. No lo usa para destruirnos, aunque podría hacerlo. Lo usa para beneficiarnos.

Recuerdo una vez, cuando tenía unos cuatro años, que fui a visitar a mi tía Jean y mi tío Jack. Me gustaba mucho visitarlos porque la tía Jean era divertida y siempre me sentía querida allí. El tío Jack era alto y fuerte, y me hacía sentir segura. Cada vez que me levantaba en sus brazos lo hacía con un movimiento ágil y deliberado, y me emocionaba que me elevaran a tal altura en apenas un momento. Desde su hombro yo veía el mundo desde una perspectiva diferente.

Su fuerza me impresionaba. Su fuerza podría haberme aplastado en un instante, pero esa posibilidad jamás se me ocurrió porque me sentía amada y aceptada por él. Dios tiene poder para destruir y aplastar. Pero a causa de su amor, lo usa para nuestro beneficio.

Esperar a que llegue el poder

Una de las cosas más maravillosas acerca de Dios es que Él se comparte a sí mismo con nosotros. Nos da una porción de todo lo que es Él. Hasta comparte su poder, y nos da un camino para hacer y ser lo que no podríamos hacer y ser sin Él ¿Quién más lo haría, sino Dios? Y lo hace porque nos ama.

Dios nos ama lo suficiente como para ser fuerte por nosotros. Ser fuerte donde somos más débiles. «El da esfuerzo al cansado, y multiplica las fuerzas al que no tiene ningunas ... los que esperan a Jehová tendrán nuevas fuerzas ... correrán, y no se cansarán» (Isaías 40:29-31).

> La adoración trasciende nuestra debilidad al tiempo que reconoce el poder de Dios.
>
> Jack Hayford

Lo interesante en el poder de Dios es que tenemos que esperar en Él por su poder. No es que lo encendemos con un interruptor, como encendemos la luz. No lo controlamos. Lo controla Él. Es su poder, y Él lo dispensa a voluntad. Quiere que esperemos en Él por ello. Pero el problema es que no nos gusta esperar. Queremos lo que queremos cuando lo queremos. ¿Y qué significa esperar en todo caso? ¿Cómo se supone que debamos hacerlo?

Esperar no significa no hacer nada. No es como esperar el bus o un taxi. No estamos tamborileando los dedos, mirando el reloj. Aunque puede haber desesperación en la oración cuando buscamos a Dios por algo que necesitamos, mientras esperamos al Señor nuestra alma encuentra reposo en Él. Encontramos paz en medio de la pelea.

El modo en que esperamos en el Señor es pasando tiempo con Él en adoración y alabanza. Significa pensar y meditar en la grandeza de Dios y alabarle por quién es Él y por todo lo que ha hecho. Es acercarnos a Dios y decirle cuánto le amamos y respetamos. Es alabarle porque es nuestro Señor Todopoderoso. Así es como podemos correr la carrera y no cansarnos. Y mientras lo hacemos Él nos elevará y volaremos.

Pagar el precio

El poder de Dios no es barato. Así como hay que pagar por la electricidad que llega a nuestras casas, hay un precio que pagar por este. Solo que el precio no es monetario. El precio consiste en pasar tiempo llenándonos con la Palabra de Dios para que podamos *entender* el poder. Es orar para poder *acceder* al poder. Es vivir en obediencia para poder *maximizar* el poder. Es adorar y alabar a Dios para poder *abrir los canales* por los que fluye el poder de Dios hacia nuestras vidas.

Vemos gente en todas partes que ni siquiera quiere reconocer el poder de Dios porque no quieren pagar el precio que corresponde. Quieren vivir la vida a *su* modo, no al modo de Dios. Quieren aferrarse a su dominio y no tener que entregar nada a Dios. Pero viven vidas increíblemente sin poder alguno.

Pablo dijo: «También debes saber esto: que en los postreros días vendrán tiempos peligrosos. Porque habrá hombres amadores de sí mismos, avaros ... amadores de los deleites más que de Dios, *que tendrán apariencia de piedad, pero negarán la eficacia de ella*; a éstos evita» (2 Timoteo 3:1-5). No queremos ser quienes neguemos el poder de Dios en nuestras vidas. Queremos reconocer plenamente su poder y la mejor forma de hacerlo es alabándole como Dios Todopoderoso del universo.

Pídele a Dios que te muestre «la supereminente grandeza de su poder para con nosotros los que creemos, según la operación del poder de su fuerza, la cual operó en Cristo, resucitándole de los muertos y sentándole a su diestra en los lugares celestiales, sobre todo principado y autoridad y poder y señorío, y sobre todo nombre que se nombra, no solo en este siglo, sino también en el venidero» (Efesios 1:19-21).

¿No parece como el tipo de poder sin el cual no podemos vivir?

Jesús no resucitó de entre los muertos para que podamos tener una vida linda y feliz. Resucitó para salvarnos de la muerte y el infierno para que vivamos una vida de *poder*. El mismo poder que dividió en dos el Mar Rojo, que abrió los ojos que no veían, que rompió la maldición de la muerte y creó el cielo y la tierra, ese mismo poder puede transformar tu vida y las de quienes te rodean. Ninguno de nosotros quiere vivir una vida sin poder. Tampoco lo quiere Dios. Él quiere darnos poder para que vivamos la vida que Él tiene para nosotros. Y eso vale el precio que tengamos que pagar.

Poder ilimitado, acceso limitado

Lo más emocionante del hecho de que Dios es todopoderoso es que esto significa que *con Dios, todo es posible*. No hay nada demasiado difícil para Él. Gabriel le dijo a María que «nada hay imposible para Dios», y mira lo que le sucedió a ella (Lucas 1:37). Jesús dijo que «todas las cosas son posibles para Dios», y mira lo que Él logró (Marcos 10:27). No hay nada que Dios no pueda hacer. El poder de Dios no es limitado.

Cuando mi familia y yo vivíamos en Los Ángeles, soportamos algunos terremotos muy fuertes. El poder de un terremoto es sobrecogedor, y asusta. Si alguna vez estuviste en un tornado, un huracán o terremoto, sabrás de qué estoy hablando. Sin embargo, Dios tiene poder absoluto sobre todas esas cosas. ¿Puedo sugerir que en realidad *no queramos* sentir la *plena magnitud* del poder de Dios?

Baste con decir que Él tiene mucho más poder que el necesario para satisfacer tus necesidades y levantarte por encima de tu situación. Tiene poder más que suficiente para rescatarte de tus circunstancias y para ayudarte a hacer cosas que sin Él no podrías hacer. Si Dios es tan poderoso que puede crear de la nada, o dar vida a los muertos, o llamar a «las cosas que no son, como si fuesen» (Romanos 4:17), piensa entonces lo que Dios puede hacer en tu vida. Él tiene poder para hacer lo que haga falta, y no quiere que lo pongas en duda.

Job, a pesar de todo lo que sufrió, nunca dudó del poder de Dios. Sabía que era ilimitado. Al referirse a la capacidad de Dios para calmar una tormenta dijo: «He aquí, estas cosas son solo los bordes de sus caminos; ¡y cuán leve es el susurro que hemos oído de él! Pero el trueno de su poder, ¿quién lo puede comprender?» (Job 26:14).

¿«Solo los bordes»? ¿«Leve susurro»? ¿Quién, entonces, puede siquiera imaginar la magnitud de su poder? Si Dios creó no solamente el universo, sino además «sustenta todas las cosas con la palabra de su poder» (Hebreos 1:3), ¿qué podría ser imposible o demasiado difícil para Él?

Cuando entras en contacto con el magnífico poder de Dios no puedes sino postrarte ante Él. No puedes evitar darle la gloria que merece. Por eso el poder de Dios es algo por lo que debes alabarle cada día, no importa qué esté sucediendo en tu vida o en el mundo que te rodea.

Dios utiliza su poder según su voluntad. Por eso es que no podemos pedirle que fulmine con un rayo a alguien que no nos gusta. (En realidad, podríamos dañarnos a nosotros mismos haciendo esto). «De Dios es el poder» (Salmo 62:11). Así que, no podemos nada más llamar a Dios y exigirle más poder para nuestros propios propósitos. Solamente tenemos acceso a su poder según su voluntad, para su gloria, y a su tiempo. Él hace con su poder lo que desea.

Estarás pensando: «*Si Dios es todopoderoso, ¿por qué no hace algo ahora mismo con respecto a mi situación?* La respuesta es: quizá no has estado esperando en Dios. O quizá Él esté esperando que pagues el precio… en oración… en alabanza… en su Palabra… en obediencia. Quizá no sea su perfecta voluntad intervenir en este momento. Quizá lo que estás viviendo sea para tu propio bien.

¿Alguna vez te has encontrado con un niño que quería saber *por qué* no le permitías hacer algo? Y tu respuesta habrá sido que era porque en última instancia sería malo para él, o porque necesitaba aprender el dominio propio, la paciencia, la humildad, la compasión, la responsabilidad u otro tipo de cualidades que construyen el carácter. ¿Le satisfizo al niño tu respuesta?

«No hay problema, mamá. Siempre quise aprender a tener dominio propio».

«Muy bien, papá, yo también pienso que necesito aprender a ser paciente».

Nunca oí que mis hijos dijeran algo así. Y tampoco nosotros se lo decimos a Dios.

«Señor, estoy tan contento de que no hayas respondido a mi oración por provisión este mes, porque en realidad necesito trabajar más sobre mi fe».

«Señor, gracias porque no permitiste que me dieran el ascenso por el que oré porque en realidad quiero aprender a ser más humilde».

¿Cuándo fue la última vez que alguno de nosotros dijo algo parecido?

No siempre vemos el valor y la necesidad de las cosas que Dios nos enseña durante nuestros períodos de espera. Pero Él sí lo ve.

Lo más grande acerca de saber que Dios es todopoderoso es entender que aunque no podamos ver una solución para nuestro problema Él sí la ve. Y no solo puede verla, sino que tiene el poder de hacer que suceda.

Muchas mujeres solteras me han dicho: «Quiero casarme y tener hijos, pero estoy envejeciendo y no hay nadie a la vista con quien pueda llegar al matrimonio. ¿Qué puedo hacer? ¿Por qué no responde Dios a mi oración por un esposo?».

Yo les digo: «Solamente haz lo que Dios te dice que hagas, ve donde Dios te dice que vayas y sé lo que Dios quiere que seas, y todo lo que Dios tiene para tu vida llegará. Mientras sigas viva, todavía hay esperanza. He visto gente que aparece casi de la nada. Prácticamente parecen caer del cielo o materializarse del aire. Un día aparecen en tu puerta y has encontrado tu destino. Pero esto no sucede sin oración, alabanza, fe, obediencia, *paciencia* y la Palabra de Dios. En otras palabras, viviendo a la manera de Dios».

Y si lo que pides no es la voluntad de Dios para tu vida, al buscar a Dios y alabarle en medio de tu situación, Él te dará paz y el poder de vivir la vida que tiene preparada para ti. Jamás sabes lo que Dios va a hacer, porque es un Dios que puede hacerlo todo.

Cuando adoras al todopoderoso Dios del universo para quien nada es imposible, el poder oculto de la alabanza hará que sucedan en tu vida cosas que jamás soñaste o creíste posibles.

```
┌─────────────────────────────────────────┐
│ ____ LA ADORACIÓN ES _____               │
│                                          │
│   … entregarle tu vida a Dios para que   │
│   Él pueda ser poderoso en tu vida y     │
│   demostrar su poder a través de ti.     │
│                                          │
└─────────────────────────────────────────┘
```

Ofrezcamos alabanza a Dios

Señor, alabo tu santo nombre. Tú eres el Dios Todopoderoso. Eres el Señor omnipotente y todopoderoso del cielo y la tierra. Nada hay demasiado difícil para ti. No hay nada que no puedas hacer. Grande eres, Señor, y de mucho poder. Tu entendimiento es infinito (Salmo 147:5). «Tuyo es el brazo potente» (Salmo 89:13), y gobiernas con tu poder (Salmo 65:6). Eres el alfarero y yo soy el barro (Isaías 64:8), y te doy pleno poder sobre mi vida, para moldearme según veas que es necesario. Entrego mi vida en tus manos. Eres «sabio de corazón y poderoso en fuerzas». ¿Quién se endureció contra ti y prosperó? (Job 9:4).

Señor, has dicho más de una vez que el poder te pertenece (Salmo 62:11). «Tuyos son, Señor, la grandeza y el poder, la gloria, la victoria y la majestad en el cielo y en la tierra. Tuyo también es el reino, y tú estás por encima de todo» (1 Crónicas 29:11, NVI). Sé que por el poder de tu Espíritu todas las cosas son posibles. Sé que cuando llegue al final de mi vida, tú, que resucitaste al Señor Jesús, también me resucitarás por tu poder (1 Corintios 6:14). Te doy gracias, «Señor Dios Todopoderoso, el que eres y que eras y que has de venir, porque has tomado tu gran poder, y has reinado». (Apocalipsis 11:17). «Engrandécete, oh Jehová, en tu poder; cantaremos y alabaremos tu poderío» (Salmos 21:13). A Dios mi Salvador «sea gloria y majestad, imperio y potencia, ahora y por todos los siglos. Amén» (Judas 1:25). Te alabo y exalto como todopoderoso Señor de mi vida. Tuyo es el reino, el poder y la gloria, por todos los siglos (Mateo 6:13).

Dios nos da su Palabra

Mirándolos Jesús, les dijo: Para los hombres esto es imposible; mas para Dios todo es posible.

MATEO 19:26

Porque los ojos de Jehová contemplan toda la tierra, para mostrar su poder a favor de los que tienen corazón perfecto para con él.

2 CRÓNICAS 16:9

Porque aunque fue crucificado en debilidad, vive por el poder de Dios. Pues también nosotros somos débiles en él, pero viviremos con él por el poder de Dios para con vosotros.

2 CORINTIOS 13:4

Que vuestra fe no esté fundada en la sabiduría de los hombres, sino en el poder de Dios.

1 CORINTIOS 2:5

He aquí que yo soy Jehová, Dios de toda carne; ¿habrá algo que sea difícil para mí?

JEREMÍAS 32:27

Pensemos un poco más en esto

1. ¿Hay alguna situación en tu vida ahora en la que no sabes qué se puede hacer sin la milagrosa intervención de Dios?

Explícalo en oración a Dios y pídele que se mueva en poder por ti.

2. ¿Puedes recordar un momento en tu vida cuando Dios se movió poderosamente por ti? Descríbelo en una oración de alabanza a Él.

3. Lee Isaías 40:28-31 en tu Biblia. Describe en una oración de alabanza todo lo que en estos versículos inspira una esperanza de que Dios te dará el poder que necesitas para tu vida.

4. Lee Jeremías 5:22 en tu Biblia. La magnificencia del poder de Dios, ¿qué debiera causar que hagamos?

5. ¿Cuál es tu mayor sueño sin importar qué tan imposible parezca? Escríbelo como oración a Dios y dile que sabes que Él es lo suficientemente poderoso para hacer que suceda. Luego alábale por ello y entrégalo en sus manos, diciendo: «Sin embargo, hágase no mi voluntad sino la tuya».

11

Porque está conmigo

———— ❧ ————

Conoces la sensación. Ese anhelo vacío. Esa hambre profunda en tu corazón que espera más. Esa necesidad que languidece por satisfacerse en el más profundo nivel de tu ser.

Muchas personas intentan llenar este vacío con cosas que *piensan* que van a dar resultado. Suben el volumen de la música. Asisten a más reuniones sociales. Ven todos los estrenos de cine. Encienden la televisión. Satisfacen toda fantasía de su mente. Compran cosas. Muchas cosas: ropa, autos, vacaciones, casas, juguetes. Buscan el éxito y el reconocimiento en su trabajo. Buscan satisfacción en las relaciones y luego exprimen a las personas intentando que satisfagan sus necesidades. Pero ninguna de todas estas cosas en realidad alcanzan a llenar ese espacio vacío. Esto es porque el espacio vacío que hay dentro de cada uno de nosotros fue creado por Dios para que se llene únicamente con Él. Esta hambre en nuestro corazón y nuestra alma solo puede satisfacerse con la presencia de Dios. Veo a los que no creen, a las personas que no conocen a Dios, que *no quieren* conocerle y dicen que no lo necesitan, y me pregunto cómo lo hacen. Parecen no darse cuenta de que algo falta en sus vidas. Parecen totalmente felices haciendo las cosas que para mí no tienen sentido alguno sin Dios. Y sin embargo, yo también estuve allí, e hice las mismas cosas.

He visto que llega un momento en que hay que apagar la música, un momento en que termina la fiesta o la política, en que la televisión aburre, en que la ropa y los juguetes pierden sentido, se terminan las vacaciones, el éxito se esfuma, las relaciones no son todo lo que esperamos y las fantasías son solo eso: fantasías. Solo se puede comprar una determinada cantidad de cosas, y solo se puede trabajar duro hasta cierto punto. Entonces un día, despertamos y todavía sentimos esa sensación de vacío. Aunque busquemos enmascararla, está siempre allí, acechando.

Al final todo se resume en ti mismo. En ti, nada más. No hay nada a lo que puedas aferrarte y que sea perdurable, a excepción de la presencia de Dios.

Quizá estés pensando *¿Qué quieres decir con «perdurable»? La presencia de Dios parece de lo más elusiva. ¿Cómo puedes aferrarte al viento? ¿O a un rayo de luna?* Pero la verdad es que la presencia de Dios es mucho más asequible que cualquiera de esas otras cosas.

Esto es porque Él es Emanuel, que significa «Dios con nosotros». ¿Qué otro dios sobre la tierra promete eso? Antes de conocer a Jesús me involucré con muchas otras religiones buscando la respuesta a mi sensación de vacío, una salida de mi dolor. Ninguna de ellas presentaba un dios que prometía su presencia. Que quisiera *estar conmigo*. Que prometiera *acercarse* a mí cada vez que yo me acercara a él.

Si bien es verdad que Dios está en todas partes, esa maravillosa, satisfactoria y abarcadora presencia de Dios que tanto necesitamos solamente puede ser hallada cuando lo buscamos. Dios quiere que *lo queramos*. Que *lo busquemos*. Que *lo anhelemos*. Su presencia está con nosotros en diversos grados según cuánto lo queramos y hasta dónde estemos dispuestos a ir para buscarlo.

Si te parece que la presencia de Dios es elusiva es porque Él quiere que vayas más lejos para buscarle. Que busques más profundo. Que lo busques más. Que anheles más de Él.

Sabes lo que se siente cuando uno está enamorado. Quieres que la otra persona te anhele. Que te extrañe. Así que a veces te vuelves un poco reticente. No demasiado disponible. Para ver si realmente te van a buscar. No llamas, y esperas que la otra persona *te llame*. Y cuando te llama, esto significa que le importas. Pero si no te llama, esto indica que no eres tan importante para él o ella.

Lo mismo hace Dios con nosotros. A veces espera para darnos la porción de su presencia que querría darnos para ver si le consideraremos lo suficiente importante como para dejar todo lo demás de lado y buscarle. Quiere que *vayamos por Él*, porque quiere que *le queramos*.

Y lo hace porque nos ama.

¿Qué satisface tu hambre y tu sed?

Me considero una experta en soledad. El haber estado encerrada en un oscuro armario, en una casa aislada a millas de cualquier vecino, sin amigos y sin nadie más que una madre enferma de la mente que está emocionalmente desconectada, es algo que te hace solitario. Y la profunda soledad es devastadoramente dolorosa. Duele todo el tiempo. Uno está siempre buscando algo que alivie el dolor. Es cuestión de supervivencia. Causa que reacciones a la vida. Hace que te involucres con gente y cosas con las que no debieras, solo para ver si te deja de doler. Solo para calmar la angustia.

Si estuvieras perdido en el desierto sin nada que comer o beber, buscarías comida y agua donde fuera, aun si no te hiciera bien. No te importaría qué impurezas tuviera o si sabe mal. Pero Dios tiene muchísimo más para nosotros, mucho más que solo raciones de supervivencia.

¿Qué hambre sientes? ¿Hambre de qué? ¿Sed de qué?

Cuando el rey David sentía hambre y sed del Señor dijo: «Como el ciervo brama por las corrientes de las aguas, así clama por ti, oh Dios, el alma mía. Mi alma tiene sed de Dios, del Dios vivo; ¿cuándo vendré, y me presentaré delante de Dios?» (Salmo 42:1-2). Quería al Señor, más que a cualquier otra cosa. La presencia de Dios era alimento y agua para él.

Dijo: «Dios, Dios mío eres tú; de madrugada te buscaré; mi alma tiene sed de ti, mi carne te anhela, en tierra seca y árida donde no hay aguas, para ver tu poder y tu gloria, así como te he mirado en el santuario» (Salmos 63:1-2).

¿Alguna vez sentiste tal sed de Dios?

David buscaba a Dios. Iba en su búsqueda. Lo *buscaba hasta que lo encontraba*.

Y entonces presentaba ante Dios sus sentimientos y anhelos: «Señor, delante de ti están todos mis deseos, y mi suspiro no te es oculto» (Salmo 38:9). No escondía nada de lo que había en su alma.

David encontraba a Dios porque lo buscaba.

La forma en que nos acercamos a Dios y buscamos su presencia es adorándole y alabándole. Este es el primer paso para dejar todo lo demás que el mundo nos ofrece. Es la manera en que nos disociamos de las cosas a las que normalmente nos aferramos para poder aferrarnos a Él. No podemos tener las dos cosas. No podemos aferrarnos a Dios con una mano y al mundo con la otra, y encontrar plenitud profunda en nuestra alma.

No hace falta ser perfecto para llegar a Dios. Si fuera así, ¿quién podría acercarse a Él? Yo digo: *Vengan tal como son*. Y *en realidad* tal como son. Deja todas las trampas, tretas, pensamientos, miedos, esperanzas, posesiones, actividades y formas de preservación de la identidad y échate en sus brazos. No hace falta ser más de lo que eres en este momento. Dios te recibirá con gusto con todas tus imperfecciones. Entonces permite que su río de agua viva fluya sobre ti y entre en tu alma.

Para que el agua permanezca fresca necesita fluir. Si no fluye, se estanca. Cuando adoramos a Dios una nueva corriente fresca de su agua viva se vierte dentro de nuestra alma. Jesús dice: «Si alguno tiene sed, venga a mí y beba. El que cree en mí, como dice la Escritura, de su interior correrán ríos de agua viva» (Juan 7:37-38). Cuando tenemos dentro de nuestro corazón un río de agua viva que fluye, jamás sentiremos sed otra vez.

Sé amigo de Dios

Dios quiere ser tu amigo. Moisés era amigo de Dios: «Hablaba Jehová a Moisés cara a cara, como habla cualquiera a su compañero» (Éxodo 33:11). Cuando Moisés quería saber hacia dónde ir, le decía a Dios: «Si he hallado gracia en tus ojos, te ruego que me muestres ahora tu camino, para que te conozca» (Éxodo 33:13). Su deseo era conocer a Dios, y no solamente llegar a algún lugar. Y Dios prometió que su presencia iría con él y le daría reposo (Éxodo 33:14).

¿No te encanta eso? ¿No quieres eso más que ninguna otra cosa en tu vida? ¿Qué Dios estuviera siempre contigo y te diera reposo?

Después de que Dios hizo esa promesa Moisés dijo una de las frases mejores en toda la Biblia: «Si tu presencia no ha de ir conmigo, no nos saques de aquí» (Éxodo 33:15).

Moisés no quería ir a ninguna parte si la presencia de Dios no iba con él. Sentía hambre de Dios. No solo por lo que Dios pudiera hacer por él. Sentía hambre de su presencia. También nosotros sentimos hambre como Moisés, lo sepamos o no. Sentimos hambre de conocer a Dios y a la plenitud de su presencia.

Dios está buscando a alguien que entienda que el palacio es solo una enorme casa vacía si no está el rey… Está buscando el apasionado adorador que no está tan interesado en habitar el palacio y disfrutar de sus comodidades como en habitar en la presencia del Rey mismo.

Tommy Tenney

Dios sabe que no podemos contener su presencia completa. No podríamos, así que solo nos da la porción que podemos contener. Cuando el rey Salomón construyó un palacio para que Dios permaneciera allí, el templo, lo dedicó al Señor y le alabó, y pidió que su presencia habitara entre ellos. Luego dijo: «Pero ¿es verdad que Dios morará sobre la tierra? He aquí que los cielos, los cielos de los cielos, no te pueden contener; ¿cuánto menos esta casa que yo he edificado?» (1 Reyes 8:27).

Salomón sabía que nada en la tierra podía contener la presencia de Dios, cuanto menos su precioso templo, pero también sabía que era la misericordia de Dios lo que permitía que su pueblo viviera tanto de su presencia como pudiera. Dios tiene tanto poder que quiere darnos de sí mismo. Desea cercanía con nosotros. La adoración es el camino por el que nos acercamos a Dios.

Cuanto más adoramos a Dios y le alabamos por su presencia, tanto más tenemos de esta presencia en nuestras vidas. Es nuestra alabanza la que le brinda un lugar para habitar y reposar en nosotros. Y ese es el poder oculto de la alabanza.

No importa cuánto logremos en la vida, siempre sentiremos hambre de algo más. Eso es porque «nuestra alma espera a Jehová» (Salmos 33:20). Es por esto que el don más grande que Dios nos da es su presencia. Nuestros más profundos deseos solo pueden satisfacerse con Él, y nada más que con Él. Nuestro Creador. Nuestro padre. El verdadero amor de nuestra vida.

Si no sientes su presencia en tu vida, alábalo y adóralo hasta que la sientas. No se trata de intentar manipular a Dios, sino de romper tus propias barreras para permitirle el acceso a tu corazón que espera.

LA ADORACIÓN ES

… llegar ante Dios e invitar a su presencia a habitar en nosotros en mayor medida que nunca antes.

Ofrezcamos alabanza a Dios

Oh Señor, te alabo y adoro como Emanuel, mi Dios que está conmigo. Te anhelo. Te busco y siento sed de ti como del agua en tierra seca. Quiero estar bajo la suave cascada de tu Espíritu y sentir la gentil lluvia de tu amor sobre mí. Quiero sumergirme en el centro del fluir de tu Espíritu. Quiero estar cerca de ti, tan cerca como para sentir el latido de tu corazón. Eres la única respuesta al vacío que siento cuando no estoy contigo. La plenitud de tu ser es lo que anhelo. La intimidad de tu abrazo es lo que añoro. Sé que no hay nada ni nadie en el mundo que pueda hacer por mí lo que haces tú. Quiero sentir tu presencia en mi vida de manera nueva y poderosa. Tú eres, por encima de cualquier cosa, lo que yo más anhelo. Todo lo que deseo.

El estar contigo nada más cambia todo en mí. Anhelarte hace que quiera librarme de todo lo que pudiera distraer mi atención. Señor, me acerco a ti hoy. Gracias porque prometiste acercarte a mí. Contigo, nunca estoy en soledad. Amo tu Santidad, Señor. Amo tu belleza. Con gozo bebo agua del manantial de tu salvación (Isaías 12:3). Gracias porque *elegiste* estar con tu pueblo. Te agradezco porque no tengo que esforzarme para estar contigo, solo necesito *anhelar* estar contigo. Ayúdame a hacer de ti el primer lugar al que acuda cuando mi corazón sienta deseos. No quiero perder mi tiempo corriendo hacia otras cosas que jamás satisfarán la necesidad de intimidad contigo que hay en mí. Mi alma te espera, Señor (Salmo 33:20).

Dios nos da su Palabra

El Señor escudriña todo corazón y discierne todo pensamiento. Si lo buscas, te permitirá que lo encuentres; si lo abandonas, te rechazará para siempre.

1 CRÓNICAS 28:9 (NVI)

Jehová, la habitación de tu casa he amado, y el lugar de la morada de tu gloria.

SALMO 26:8

He aquí, una virgen concebirá y dará a luz un hijo, y llamarás su nombre Emanuel, que traducido es: Dios con nosotros.

MATEO 1:23

Mi corazón ha dicho de ti: Buscad mi rostro. Tu rostro buscaré, oh Jehová.

SALMOS 27:8

Comerán los humildes, y serán saciados; alabarán a Jehová los que le buscan; vivirá vuestro corazón para siempre.

SALMOS 22:26

Pensemos un poco más en esto

1. Lee 1 Reyes 8:22-23 en tu Biblia. ¿Cómo comienza Salomón su oración al dedicar el templo al Señor? ¿Qué dice acerca de Dios?

2. ¿Cuál es el mayor anhelo de tu corazón? Escríbelo en detalle como oración a Dios y luego alábalo por todas las formas en que su presencia satisface esta necesidad.

3. Lee el Salmo 27:4 en tu Biblia. ¿Qué es lo que más deseas del Señor? Escríbelo como oración a Él.

4. Lee 1 Crónicas 28:9 en tu Biblia. ¿Has podido desnudar tu corazón ante el Señor? ¿Has sido capaz de revelarle todos los aspectos de cómo te sientes? Si no es así, díselo ahora. Si lo has hecho, díselo otra vez.

5. Escribe una oración de alabanza por su presencia en tu vida. Dile todas las formas en que lo adoras.

12

Porque tiene un propósito para mi vida

───────── ❦ ─────────

Nadie se levanta por la mañana queriendo ser insignificante ese día. A nadie le gusta sentir que su vida no tiene propósito. O sentir que no importa nada de lo que hace. Así me sentía yo durante años, y no podía vivir con la banalidad de mi existencia. Cuando no veía futuro para mí misma, a excepción del constante dolor, la futilidad y el sinsabor, me sentí al borde del suicidio.

Todos necesitamos un sentido de propósito. Todos necesitamos una visión del futuro. No necesitamos saber todos los detalles exactos, sino sentir que sabemos que tenemos un futuro, y que es bueno.

Cada vez que estaba cerca de personas cristianas cuando grabábamos música, podía ver en sus rostros un sentido de destino. Veía que su plenitud contrastaba con el vacío que yo sentía en mi vida. Sus vidas parecían claras, sin complicaciones, sencillas, dignas de ser vividas. La mía era confusa, compleja, difícil, insoportable. Ahora sé que ser creyente no significa que la vida se vuelve fácil o simple de repente, sino que la presencia del Señor la hace más fácil y mucho más simple. Eso es porque no importa qué esté ocurriendo, no necesitamos pasarlo a solas. Siempre vamos con el Señor y Él lleva la carga. Las cosas no son confusas porque Él trae claridad. No hay que estar preguntándose qué está bien y qué está mal, porque Él nos lo revela. Tu vida tiene propósito y valor simplemente porque eres suyo.

Lo que te haya sucedido no define cuán valioso eres. El hecho es que Dios te ama, y por eso vales.

Todo lo que hay en la creación de Dios tiene valor. Por eso puedes tener la seguridad de que el Señor tiene un propósito para ti. Fuimos creados para el placer de Dios: «Porque Jehová tiene contentamiento en su pueblo; hermoseará a los humildes con la salvación» (Salmo 149:4). Él nos salvó y puso su Espíritu en nosotros por una razón. Nuestro propósito principal es amarle y glorificarle con nuestra adoración y alabanza.

Cada vez que adoras a Dios estás cumpliendo uno de tus propósitos en la tierra, y estás dando contento a Dios.

Cuando pasas tiempo en presencia de Dios en alabanza y adoración, Él te da revelación para tu vida. Es en este preciso punto de revelación, cuando Dios se revela a sí mismo ante ti, que comienzas a sentir tu propósito y tu llamado. Cada vez que estés en su presencia lo sentirás cada vez más. Tu futuro se decide un día a la vez en tanto busques primeramente el reino de Dios. Siempre ora por el porvenir y pídele a Dios que te guíe hacia él, pero más importante aun, alábale por tu futuro de antemano.

Lo que debemos recordar siempre es que nuestro propósito y futuro dependen por completo del Señor. *Él* es nuestro futuro. Nos da propósito. Y cumplirá tu propósito y te llevará al futuro que tiene para ti mientras confías en Él a diario. Él *es* y *tiene* todo lo que necesitas para lograrlo. Puedes hacer cosas para establecer tu vida, pero todo tendrá que construirse sobre el cimiento de la adoración a Dios.

Cumplir tu propósito afecta a los demás

Otro de nuestros principales propósitos es extender la vida del Señor a otros de manera que sean atraídos hacia Él. No podemos hacerlo a menos que nos volvamos parecidos a su imagen. Dios quiere que cada día nos parezcamos más a Cristo. Dios nos eligió para «ser transformados según la imagen de su Hijo, para que él sea el primogénito entre muchos hermanos» (Romanos 8:29, NVI). Quiere que le revelemos a los demás. Que revelemos su presencia. Su realidad, su naturaleza, sus atributos, su salvación, su amor, su paz, su restauración y su gozo.

Una de las mejores maneras de asegurar tu futuro es recibir todo lo que Dios tiene para ti y luego hacer todo lo posible por hablar de

Dios con otras personas. El Señor quiere que les hablemos de Él y les expliquemos por qué le amamos. Pero nos cuesta explicarlo si no lo tenemos en claro. Cuando adoramos y alabamos a Dios las cosas se aclaran. Y Él nos da su corazón por los perdidos. Nos muestra lo que nos ha dado para compartir con los demás, y si no lo compartimos, nos empobrecemos nosotros.

Los que tienen un sentido de propósito están mejor equipados para ayudar a los demás.

La reina Ester conocía su propósito porque conocía a su Dios. Su tutor, Mardoqueo, le había enseñado y preparado para que recibiera el propósito que Dios tenía para ella. Él es como el Espíritu Santo en nuestras vidas, que prepara nuestro corazón y nos guía. Ester sabía que había nacido «para esta hora» (Ester 4:14). Y ese sentido del propósito la capacitaba para hacer lo que tenía que hacer, que era salvar a su pueblo de la destrucción aunque arriesgara la vida al hacerlo.

Dios quiere que tengas la misma certeza acerca de tu propósito. Cuando la tengas, te fortalecerá para que puedas avanzar con valentía a cumplir su voluntad. Esto no significa que pierdas todo sentido de la humildad. Significa que sabes quién eres en el Señor y qué es lo que Él te ha llamado a hacer.

La adoración tendrá sentido pleno cuando entendamos su lugar en el plan integral de Dios. Él no nos dio la adoración como prueba de voluntades sino como fuente de nuestro potencial. No creó al hombre como peón de ajedrez o juguete, sino para que sea compañero suyo en su más alto propósito.

Jack Hayford

Una de las razones por las que Dios quiere levantarnos como cuerpo de creyentes para que le adoremos juntos ante su trono es para poder atraer a todas las personas a sí mismo. Hay una gran cosecha por venir en este mundo, y nuestra adoración —en pureza, verdad y santidad, inspirada por el Espíritu Santo— pavimentará el camino para que cada uno pueda hacer su parte.

Una vez que tengas estos propósitos finales en claro en tu mente y tu corazón —que has de adorar a Dios y compartir a Dios con los demás— los detalles, que irán desarrollándose en tu vida se harán cada vez más claros.

¿Y si no tengo lo que hace falta?

No te preocupes si tienes dudas con respecto a si podrás cumplir lo que Dios te ha llamado a hacer. Me preocuparía si no dudaras. Dios siempre nos llama a hacer algo más grande que nosotros, algo mucho mayor de lo que podríamos lograr solos. Esto es porque quiere que confiemos en Él. Mientras creas que puedes cumplir tu llamado por tu cuenta, no estás preparado todavía. Cuando estés convencido de que no puedes lograrlo por ti mismo, entonces Dios dirá: «Puedo usarte ahora. Estás listo para entrar en lo que tengo para ti». Tus dones establecerán un lugar para ti si has llegado a la humildad y la entrega. Si no es así, Dios esperará hasta que llegues. O te hará llegar muy rápidamente.

Si crees que puedes con todo lo que Dios tiene para ti, por ti mismo, entonces estás pensando en pequeño.

Cada vez que sientas que eres incapaz de hacer lo que Dios te ha llamado a hacer, cuando pienses que no tienes lo que hace falta para entrar en la vida que Dios tiene para ti, la adoración es el camino. Primero agradece que te sientas de esa forma porque esto significa que eres humilde y que dependes de Dios. Regocíjate si no te sientes a la altura de la tarea porque esto significa que tendrás que depender de Dios para que te dé la capacidad o para que lo haga por medio de ti. Y Él lo hará, porque «fiel es el que os llama, el cual también lo hará» (1 Tesalonicenses 5:24).

No tienes que *hacer* que tu vida suceda; solo tienes que adorar a Dios y dejar que Él haga que suceda. No tienes que esforzarte por ver tu propósito, tienes que esforzarte por *conocer* a Dios. *Él* conoce tu propósito. Tu alabanza iluminará el camino por el cual Dios te guiará hacia tu futuro y hacia el propósito que tiene para ti. No podrás lograrlo solo. Él lo hará. «No con ejército, ni con fuerza, sino con mi Espíritu» (Zacarías 4:6).

Cómo avanzar hacia una vida con propósito

Busca a Dios para descubrir aquello a lo que Él te ha llamado. Al adorarle, Él vendrá a ti en silencio, como un amanecer en tu corazón. Una vez que sientas que su propósito para ti se está aclarando, cuídate en todo lo que hagas. No permitas que nada te distraiga de aquello a lo que te ha llamado. Porque todo eso hará que te preocupes por lo que no es importante. Mantén tu atención enfocada en Él.

Cuando la unción del Señor está sobre ti no puedes ser descuidado con ninguna parte de tu vida. Recuerda, se trata de *Él, no de ti.* Esto elimina la presión en un aspecto porque no eres tú quien tiene que hacer que suceda. Solo tienes que permitir que suceda. Pero sí hay presión sobre ti para que impidas que ocurran cosas que diluyan el impacto de tu propósito. Cosas como el pecado, la desobediencia, no permanecer en la Palabra, no orar, no estar vigilante o no ser diligente, y en especial no vivir una vida de adoración y alabanza. Jamás podremos descubrir nuestro propósito si nos apartamos de la presencia de Aquel que nos lo dio.

Cuando adoramos a Dios, Él nos prepara para ir donde Él quiere que vayamos y nos da la capacidad de hacer lo que él quiere que hagamos. Este es el poder oculto de la alabanza.

Recuerda mantener las cosas sin complicaciones. No necesitas hacerlo todo. No tienes que estar en todas partes. No tienes que agradar a nadie. No puedes hacer todas estas cosas y mantener tu atención enfocada. No permitas que tu mente sea «de alguna manera extraviada de la sincera fidelidad a Cristo» (2 Corintios 11:3). Simplemente adora a Dios. Conócelo íntimamente. Haz lo que Él te diga, y no te preocupes por lo que no hayas hecho. Haz lo que puedas y deja ir al resto.

Cada vez que te canses de la carrera, detente y adora a Dios. Quita tus pensamientos de ti mismo, y piensa en Él. No *intentes* ser bueno; vuélvete a Él, que es bueno. No busques la perfección; vuélvete a Él, que es perfecto. Y porque te ama, te guiará hacia el propósito para el que naciste. Satanás siempre intentará impedir que se cumpla en tu vida el propósito de Dios. Cuando esto suceda, acércate aun más a Él. El Señor instruirá a tu corazón y te fortalecerá a medida que te acerques cada vez más a Él en adoración.

Los padres que aman a sus hijos los guían, les enseñan, les ayudan a discernir, los guían por el camino que les llevará a su futuro. Porque ven un gran propósito para las vidas de sus hijos hacen todo lo posible por ayudarles a llegar allí. Esto es lo que Dios hace *por nosotros*, y lo hace *porque nos ama*.

Dios nos da un trabajo que satisface. Si nunca sentiste satisfacción quizá es porque no estás haciendo lo que Él tiene como tarea para ti. Todo tipo de trabajo tiene sus aspectos negativos, difíciles, desagradables o incómodos. No hay trabajo que sea maravilloso todo el tiempo. Pero el regalo de Dios para nosotros es que podemos disfrutar de nuestro trabajo. «Es don de Dios que todo hombre coma y beba, y goce el bien de toda su labor» (Eclesiastés 3:13). Y podemos disfrutar del fruto de nuestra labor aun más sabiendo que viene de Él. Cuando haces la obra de Dios y la hace para el Señor, hasta la parte más desagradable tendrá su significado. Adora mientras trabajas y agradécele por todo lo que se te ocurra al respecto. Agradece a Dios en especial por la oportunidad de trabajar *para Él*.

Dicho esto, sin embargo, si no puedes encontrar nada bueno en el trabajo que estás haciendo, y la gente con quien o para quien trabajas te desprecia o te hace sentir tan mal contigo mismo que lastiman tu espíritu, entonces pídele a Dios que te envíe a otra parte. Alábale porque Él tiene cosas mejores para ti. Te ha llamado a un propósito más elevado que eso.

Cuando adoras a Dios se traza un camino entre tú y Él, y el Señor viaja por este camino en un instante para traer todo lo que el es a tu vida, tu corazón y tu situación. Jamás podrás ver que se cumpla su propósito para tu vida si te apartas de la adoración y alabanza a Dios.

Tienes un gran propósito, un gran llamado. No te preocupes porque los demás lo reconozcan. Y no permitas que los demás o las circunstancias en las que te encuentras te hagan pensar lo contrario. Tienes que tener ese sentido de propósito todo el tiempo porque te ayudará a tomar las decisiones adecuadas y a hacer lo que de otro modo ni siquiera se te ocurriría hacer. Si no tienes sentido del propósito pídele a Dios que te lo revele y adórale hasta que lo sientas.

LA ADORACIÓN ES

… cumplir tu propósito. Cuando alabas a Dios no estás solamente cumpliendo un deber, dedicando algún tiempo, haciendo lo que se espera de ti. Estás entrando en todo lo que Dios tiene para ti. Estás abriendo una puerta detrás de la cual encontrarás su propósito y destino para tu vida.

Ofrezcamos alabanza a Dios

Dios, te adoro como mi Señor y Rey. Te alabo porque eres omnisciente y puedes ver el final desde el principio. Porque sustentas todas las cosas con tu poder. Porque sostienes mi vida en tu mano. Porque ves mi pasado y mi futuro. Elevo a ti todo lo que soy y te ofrezco mi vida. Haz de mí un instrumento mediante el cual se cumpla tu voluntad en la tierra. Usa lo que tengo para tu gloria. Levántame para que vea las cosas desde tu perspectiva y ayúdame a sobreponerme a mis limitaciones. No quiero limitar lo que puedes hacer *en mí y a través de mí* porque no tenga visión adecuada de lo que tu corazón desea que yo logre.

Señor, te doy gracias por el trabajo que me has dado a hacer para tu Reino. Gracias por las oportunidades que has brindado y brindarás para que lo cumpla. Te pido que sigas revelándome lo que he de hacer, y dándome la capacidad para hacerlo.

Señor, oro porque me des el poder de hacer algo grande para ti y para tu gloria. Dame la fuerza y la capacidad que necesito para ver mi trabajo finalizado. Ayúdame a ser fuerte contra toda posición. Ayúdame a reconocer las mentiras del enemigo y fortaléceme para resistir a estas mentiras. Quiero seguir avanzando más allá de la mentira, hacia tu llamado. Ayúdame a rechazar todo lo que me impida hacer lo que tú me has dado para hacer. Te alabo porque eres todopoderoso y nada hay imposible para ti.

No quiero que mis propios planes y sueños para el futuro me impidan hacer lo que *tú* tienes destinado para mí (Eclesiastés 5:7). Sé que en lugar de desear mi sacrificio deseas más que sea misericordioso y que te conozca (Oseas 6:6). Anhelo conocerte más y ser conforme a la imagen de tu Hijo. Que tu bondad, santidad y belleza estén conmigo y dirijan la obra de mis manos (Salmo 90:17) Llévame hacia el futuro que tú tienes para mí, mientras camino en tu presencia cada día. Gracias porque tú me creaste con un propósito y cada vez que te adoro, estoy cumpliéndolo.

Dios nos da su Palabra

Participa de las aflicciones por el evangelio según el poder de Dios, quien nos salvó y llamó con llamamiento santo, no conforme a nuestras obras, sino según el propósito suyo y la gracia que nos fue dada en Cristo Jesús antes de los tiempos de los siglos.

2 Timoteo 1:8-9

Porque somos hechura suya, creados en Cristo Jesús para buenas obras, las cuales Dios preparó de antemano para que anduviésemos en ellas.

Efesios 2:10

Para que el Dios de nuestro Señor Jesucristo, el Padre de gloria, os dé espíritu de sabiduría y de revelación en el conocimiento de él, alumbrando los ojos de vuestro entendimiento, para que sepáis cuál es la esperanza a que él os ha llamado, y cuáles las riquezas de la gloria de su herencia en los santos.

Efesios 1:17-18

Así que, hermanos míos amados, estad firmes y constantes, creciendo en la obra del Señor siempre, sabiendo que vuestro trabajo en el Señor no es en vano.

1 Corintios 15:58

━━━━━━━━━ ∽◉◎◎◉∽ ━━━━━━━━━

Por lo cual asimismo oramos siempre por vosotros, para que nuestro Dios os tenga por dignos de su llamamiento, y cumpla todo propósito de bondad y toda obra de fe con su poder.

2 Tesalonicenses 1:11

━━━━━━━━━ ∽◉◎◎◉∽ ━━━━━━━━━

Pensemos un poco más en esto

1. Lee Romanos 12:1 en tu Biblia. ¿Cuál es el primer paso que has de dar en tu servicio para el Señor para que puedas comenzar a entender tu propósito?

2. Lee 2 Timoteo 1:9 en tu Biblia. Según este pasaje de las Escrituras, ¿te llamó Dios por algo que hayas hecho? Si no es así, ¿por qué te ha llamado Dios?

3. Lee 2 Tesalonicenses 1:11 en tu Biblia. Según este pasaje de las Escrituras, ¿cómo has de orar con respecto a tu llamado?

4. Lee el Salmo 90:17 en tu Biblia. ¿Para qué es esta oración en las Escrituras? Escribe este versículo en tus propias palabras como oración a Dios por el trabajo que haces o que *quieres* hacer. Incluye la alabanza por el propósito que Dios tiene para tu vida en el trabajo que realizas y que *realizarás* en el futuro.

5. Lee 1 Pedro 4:10 en tu Biblia. ¿Qué dones tienes que serían de bendición para los demás? ¿Cómo podrías utilizar los dones que Dios te ha dado en tu ministerio o trabajo? Escribe una respuesta como oración pidiéndole a Dios que esto suceda y luego alaba al Señor porque él tiene un propósito para tu vida y tus dones y los utilizará para su gloria.

13
Porque redime todas las cosas

―――――――❧―――――――

¿Qué cosas has perdido en tu vida? ¿Has perdido la esperanza? ¿El amor? ¿Una relación? ¿Un matrimonio? ¿Un amigo? ¿Un familiar? ¿El sentido del propósito? ¿Un sueño? ¿Un hijo? ¿Una capacidad? ¿Una parte de tu cuerpo o tu alma? ¿Has perdido el camino? ¿Tu voluntad de vivir? ¿Tu salud mental? ¿Tu hogar? ¿Tu seguridad económica? ¿Tu disposición para confiar?

Lo que sea que hayas perdido, Dios lo restaurará. No lo reemplazará necesariamente con justo la misma cosa, sino que redimirá la situación de alguna manera. Reemplazará tu pérdida con algo que solo Él puede dar. Y esto es porque Dios es un Redentor.

El acto de redención más importante de Dios fue cuando redimió nuestra relación perdida con Él a través de su Hijo, Jesús. Se había perdido mucho antes de que tú y yo naciéramos, y Jesús pagó el precio de la redención. Sin embargo, Dios redime nuestra vida también de muchas otras maneras.

Una de las más grandes obras de redención de Dios en mi vida, además de mi salvación, fue cuando redimió mi más grande pérdida. Esa pérdida era el no haber tenido nunca una verdadera relación madre-hija. Creo que esta es la relación fundamental para cualquier persona. Y ya que faltaba en mi vida, sentía un agujero en mi alma que hacía que durante muchos años, incluso después de cumplir los treinta, siguiera buscando a una madre. Tuve grandes relaciones con las madres de mis amigos y amigas, especialmente de los hombres con los que salía. Mucho después de que rompiera con sus hijos, seguía siendo amiga de las madres.

Cuando me casé con Michael, mi esposo, inmediatamente establecí una gran relación con su madre. Hablábamos por teléfono todos los días durante casi una hora. Ella tenía dos hijas maravillosas, las hermanas de Michael, Linda y Annette, y por cierto no necesitaba otra hija más. Pero me dio la bienvenida y me aceptó, y fue tan maravillosa que creí que al fin había encontrado a la madre que busqué durante toda mi vida. Trágicamente, murió de cáncer un año después de nuestra boda. Fue una pérdida devastadora para todos.

Ese año creí en el Señor y llegué a comprender los efectos de largo alcance de la redención de Dios. Ellos se extienden a todos los aspectos de nuestra vida. Comencé a orar con fervor porque Dios redimiera mi relación madre-hija, que había perdido. Jamás vi la respuesta a la oración del modo en que la pedía.

Mi madre empeoraba de su enfermedad mental. Se negaba con violencia a todo tipo de ayuda o medicación, y hasta desapareció durante dos semanas una vez solo porque mi padre y mi tía sugirieron que les permitiera internarla en un hospital psiquiátrico. Mi padre no firmaba los papeles para que la buscaran e internaran sin consentimiento porque pensaba que ella jamás se lo perdonaría. Tenía ideas anticuadas sobre las instituciones mentales y no creía que pudieran ayudarla allí. Así que esperábamos que «saliera sola» de su enfermedad, lo cual jamás sucedió. En cambio, cada día estaba más insoportable.

Un día, mientras oraba a Dios nuevamente por eso, Él me habló al corazón diciendo que *redimiría* mi relación madre-hija, pero que sería a través de mi hija, no de mi madre. Esto me impactó mucho por una sencilla razón: yo no tenía una hija.

¡Todos sabemos lo que esto significa!

Mi primer embarazo, el de mi hijo, fue muy difícil, y estuve mal durante los nueve meses, por lo cual jamás pensé que volvería a querer otro hijo. Pero aun así sabía que Dios me pedía que echara al viento toda «precaución».

El Señor imprimió en mi corazón el mensaje de que cada vez que le adorara, debía elevar la adoración a Él como *mi* Redentor, agradeciéndole porque redime todas las cosas. Y parecía que cuanto más lo hacía, tanto más llegaba a entender este aspecto de su naturaleza. Y mi fe creció durante este proceso al punto en que creí que la redención de Dios para esta parte de mi vida realmente sucedería.

Cuando quedé encinta otra vez, pensé que *seguramente* todo sería más fácil (era idea de Dios, después de todo). Me equivoqué. Fue peor todavía. Hasta terminé en el hospital intentando que tanto yo como el bebé sobreviviéramos y estuviéramos a salvo.

Cerca del séptimo mes, un domingo por la noche después de salir del hospital (otra vez), el pastor Jack llamó a toda la iglesia para que oraran por mí. Él y muchas otras personas habían estado orando por mí todo el tiempo, pero dijo haber sido especialmente motivado por el Señor a orar con toda la congregación en ese momento. Al mismo tiempo en que se elevaban esas oraciones en la iglesia, yo me sentía muy mal, en cama, en la casa. Mas de repente los síntomas más fuertes desaparecieron. Fue milagroso. No tengo otra forma de explicarlo. Y pude llegar a término.

Mi hija nación sana y completa, y enseguida comenzó el proceso de redención. Ser madre llenó muchos de los anhelos y añoranzas de mi corazón, y cada día sentía la sanidad del dolor de tanto tiempo, a partir de la relación que faltaba en mi vida y que ahora llenaba el hueco de mi alma.

Hoy, mi hija Amanda tiene más de veinte años y nos consideramos mutuamente las mejores amigas. Dios ha redimido esa relación más allá de lo que jamás soñé, y ambas reconocemos que la cercanía que tenemos es un don de Dios. Sé que es resultado de la redención de Dios.

La redención de Dios no siempre sucede del modo que lo esperamos. Pero, ¿no es así como suele obrar el Señor? No hace lo que *pensamos* que hará. Siempre hace algo *más grande*.

¿Qué es lo que necesitas redimir en tu vida?

En Dios se halla toda redención y restauración.

Buscamos cosas perfectas en nuestras vidas. Situaciones perfectas. El trabajo perfecto. Gente perfecta. Relaciones perfectas. Matrimonios perfectos. Horarios y momentos perfectos.

Dios es quien toma lo imperfecto e inyecta su perfección en ello.

Muchas veces estamos dispuestos a descartar las cosas porque pensamos que son irredimibles. Cosas como las relaciones, los matrimonios, las situaciones, las esperanzas, los sueños, la gente y aun nuestras vidas.

Dios quiere redimir las cosas cuya redención jamás soñamos posible.

Su redención es una de las cosas más hermosas y conmovedoras del Señor. No es nada menos que la sólida evidencia de su amor por nosotros. Cuando entendemos esto, nuestra perspectiva de las cosas cambia. Verás posibilidades en tu vida que nunca viste antes. Estarás expectante, con esperanza por lo que Dios puede hacer en situaciones difíciles.

La redención de Dios es su amor por nosotros.

Dios también *es tu Redentor.* ¿Qué es lo que necesitas que Dios redima en tu vida? Él te ha redimido *del infierno* (Job 33:28), de *la muerte* (Job 5:20), de la *condenación* (Salmo 34:22), de tus *enemigos* (Job 6:23), de *tus problemas* (Salmo 25:22), del *pecado* (Salmo 130:8). *Y quiere que confíes en que Él es tu Redentor en todo tiempo, para todas las cosas.* El Señor pregunta: «¿Acaso se ha acortado mi mano para no redimir?» (Isaías 50:2). Dice: «Y te libraré de la mano de los malos, y te redimiré de la mano de los fuertes» (Jeremías 15:21).

Lo que sea que hayas perdido o te hayan robado, Dios lo restaurará de algún modo. Tomará los pedazos rotos de tu vida y los volverá a unir. Y llegará un momento en que ya no sentirás el dolor de la pérdida. «Jehová redime el alma de sus siervos» (Salmo 34:22). Pero ha de hacerse a su modo y en su tiempo. Al alabar y adorar a Dios como tu Redentor estarás avanzando mucho para lograr que Él haga esto en tu vida. Lo hace de manera más visible en un entorno de alabanza. Porque entra en nuestra adoración para infundirse a sí mismo en nuestra situación y hacer que se transforme.

Cada vez que adoras a Dios por quién es Él y alabas a Jesús por ser tu Redentor, el poder oculto de la alabanza al Señor abrirá la avenida por la que fluirá su redención hacia tu vida.

Cuando Adán y Eva eligieron la mentira del enemigo por sobre la verdad de Dios, la muerte entró en sus vidas. Pero Dios inmediatamente formó un plan para brindarles redención. Esto es porque Dios no tiene intención alguna de entregar su creación al enemigo.

Debía haber un sacrificio por su pecado, de manera que mataron animales para hacerlo. Lo mismo hizo Jesús por nosotros. Fue el inocente que se sacrificó a sí mismo, y su sangre se derramó para cubrir nuestros pecados. Hoy nuestro sacrificio a Él es nuestra adoración. Y al elevarla como sacrificio de alabanza, entonces Él obra mayor redención en nuestras vidas.

> Dios nos ha dado la adoración como medio para que el hombre se recupere, se restaure, reviva, sea redimido y se refresque.
>
> Jack Hayford

Quizá te preguntes: *¿Por qué no nos creó Dios perfectos para que no necesitáramos redención alguna?* Volvamos a la historia de amor. Dios quiere que le amemos. ¿Cuán amado te sentirías si tuvieras un robot que te sigue a todas partes repitiendo: «Te amo»? Esto es lo que convierte a la película *The Stepford Wives* [Las Esposas de Stepford] en una ridiculez. Los hombres de esa ciudad convirtieron a sus esposas en robots para poder tener sexo cuando quisieran y una casa impecable en todo momento. No les molestaba que no tuvieran amor por ellos o sus hijos. Si tu computadora periódicamente mostrara en pantalla un cartel que dijera: «Te amo», ¿qué tan amado o amada te sentirías? A mí no me serviría. Y tampoco le sirve a Dios.

¿Por qué quiere Dios nuestro amor? ¿Por qué le importa tanto? No tengo idea. Pero si hubiera alguna vez una sesión de preguntas y respuestas en el cielo y todavía me importara la respuesta a esto, le preguntaré e intentaré que la contestación llegue aquí. Por ahora, creo que es porque el amor es mejor cuando es correspondido.

Porque Dios nos ama tanto quiere restaurar, reparar, reconstruir, recuperar, renovar y redimir nuestras almas y vidas por completo. No importa cuánto daño haya ocurrido, no podemos pasar por una pérdida tan grande como para que Dios no pueda restaurarla o redimirla de alguna manera.

No quiero que esto suene materialista, y perdónenme si así lo ven, pero ahora vivo en una casa con muchas ventanas y techos altos. Y aunque para muchos esto no signifique demasiado, para mí es señal de la redención de Dios. Crecí pasando largos períodos de tiempo encerrada en un armario oscuro y húmedo debajo de las escaleras de mi casa. ¿Hace falta que diga más?

Agradezco a Dios todos los días por esta casa. Las ventanas y techos me dan gozo, y la luz alimenta mi alma. Los veo como regalo de Dios y le alabo porque en la eternidad el cielo será un lugar grande con mucha luz, su luz, y los techos, si los hay, seguro serán muy altos.

Cuanto más soy restaurada, más quiero ver la restauración en los demás. En personas que sufren, que se sienten olvidadas, que creen que no hay nadie de su lado, que están devastadas y desesperanzadas a causa de las pérdidas tremendas que han sufrido. Estas personas necesitan conocer a su Redentor, y la restauración que Él tiene para sus vidas. Cuando más adoro a Dios y le alabo como mi Redentor, tanto más imposible encuentro no hacerlo. Lo mismo te sucederá a ti. Alabar a tu Redentor te inspirará para que quieras ser un instrumento de su redención.

LA ADORACIÓN ES

… acercarnos a Dios, tu Redentor, sabiendo que al hacerlo, en ese mismo momento Dios está redimiendo tu vida de maneras que jamás siquiera imaginas.

Ofrezcamos alabanza a Dios

Señor, te adoro como mi Dios y Salvador. Te alabo, Jesús, como mi precioso Redentor. Gracias por redimir mi alma del pozo del infierno. Gracias por redimirme de la muerte (Oseas 13:14) y del poder de la tumba (Salmo 49:15). Gracias por redimir mi vida de la opresión (Salmo 72:14).

Gracias por tu amor tan grande y tu deseo de restaurar mi vida en todos sus aspectos. Redímeme y revíveme según tu Palabra

(Salmo 119:154). Gracias por tu bondad y misericordia. «Acércate a mi alma, redímela» (Salmo 69:18). «Redímeme y ten misericordia de mí» (Salmo 26:11). Gracias por toda la redención que has obrado en mi vida. Oro porque sigas redimiendo mi vida en formas que jamás soñé posibles. Elevo esta situación en particular que necesita del poder de tu redención (nombra ante el Señor tu situación).

Señor, te agradezco por todas las veces que has redimido mi vida de la destrucción. Por todas las veces que me mostraste tu amor y tierna misericordia (Salmo 103:1-5). Todo en mí bendice tu santo nombre porque eres el Señor, mi Redentor, que has hecho todas las cosas y has hecho que mi vida sea testimonio de tu gloria y redención. Tú, oh Señor, eres mi Padre, mi Redentor, porque eterno es tu nombre (Isaías 63:16). «Sean gratos los dichos de mi boca y la meditación de mi corazón delante de ti, oh Jehová, roca mía, y redentor mío» (Salmos 19:14).

Dios nos da su Palabra

Jehová redime el alma de sus siervos, y no serán condenados cuantos en él confían.

SALMOS 34:22

———— ᨒ ————

Porque tu marido es tu Hacedor; Jehová de los ejércitos es su nombre; y tu Redentor, el Santo de Israel; Dios de toda la tierra será llamado.

ISAÍAS 54:5

———— ᨒ ————

Y se acordaban de que Dios era su refugio, y el Dios Altísimo su redentor.

SALMOS 78:35

———— ᨒ ————

Yo sé que mi Redentor vive.

Job 19:25

———————— ⟲ ————————

Así dice Jehová, tu Redentor, que te formó desde el vientre:
Yo Jehová, que lo hago todo, que extiendo solo los cielos,
que extiendo la tierra por mí mismo.

Isaías 44:24

Pensemos un poco más en esto

1. Lee Tito 2:11-14 en tu Biblia. ¿Cómo quiere Dios que vivamos? ¿Por qué se sacrificó Jesús por nosotros?

2. Lee Gálatas 4:4-5 en tu Biblia. ¿Por qué vino Jesús? ¿Qué podemos llegar a ser a causa de su redención?

3. Lee el Salmo 103:5 en tu Biblia. ¿De qué redime Dios nuestras vidas? Escribe una oración de alabanza a Dios enumerando todas las razones por las que le alabamos en este versículo.

4. Lee el Salmo 130:7 en tu Biblia. ¿Dónde debemos poner nuestra esperanza? ¿Por qué debemos poner nuestra esperanza allí?

5. Lee Colosenses 1:13-14 en tu Biblia. ¿En quién tenemos redención? ¿Cómo la obtuvimos? ¿De qué nos ha librado Él?

14

Porque es la luz del mundo

～❧～

Cuando Dios nos mudó a mí y a mi familia de California a Tennessee pensé que mi vida había acabado.

Esto es el final. Me han puesto a pastar. Dios me ha llevado de Marte a Plutón. Mi vida está acabada.

No es que California fuera perfecta y Tennessee fuera malo. Era que había dejado todo lo que conocía: la gente que amaba, la iglesia y el pastor que tanto quería, el estilo de vida que conocía y entendía, la belleza del océano sin la cual creía no poder vivir, y los mejores restaurantes y productos alimenticios del mundo.

Mis hijos ya eran mayores y parecían no necesitarme demasiado. Mi esposo no estaba en todo el día, ocupado encontrando su lugar en la nueva ciudad, y tampoco parecía necesitarme. La iglesia era nueva y yo no conocía bien a nadie. Además, parecía mucho más difícil hacerse de conocidos en este lugar nuevo. Era como un pez fuera del agua, la niña nueva de la cuadra, y me costó mucho llegar a sentirme aceptada.

Me sumí en la oscuridad de la desesperanza. Lo único que me mantenía a flote era mi relación con Dios y mis hijos, que también hacían un esfuerzo por adaptarse a su nuevo planeta.

Me sentía como si hubiera perdido todo lo que me era familiar. No podía encontrar mi lugar. Las calles angostas y oscuras me asustaban por las noches. Y en todas partes había colinas y curvas, lo cual implicaba que casi nunca sabía dónde estaba el norte, el sur, el este o el oeste. Esto resumía mi vida. Sentía que estaba perdida en un camino oscuro, angosto y traicionero en medio de la nada, sin saber hacia dónde ir. Y sin saber si en realidad estaba yendo a alguna parte.

Sí, conocía al Señor. Sí, oraba. Sí, leía la Palabra. Sí, tenía fe. Eso era lo que me mantenía viva. Pero todavía en mi alma sentía que había oscuridad. Pensé que me ahogaría en mis propias lágrimas o que me desintegraría en mil pedazos, los cuales se irían volando en el viento.

Un día, mientras me aferraba a Dios y su Palabra, leí un versículo que había visto cientos de veces. Pero esta vez el sol surgió en mi corazón y la profunda verdad de este versículo se me hizo evidente. Mi entendimiento se iluminó y por primera vez supe el verdadero significado de las palabras de Jesús: *«Yo soy la luz del mundo; el que me sigue, no andará en tinieblas, sino que tendrá la luz de la vida»* (Juan 8:12).

Tan simple. Y sin embargo nunca antes me había llegado el mensaje.

Si estoy siguiendo a Jesús, lo cual estoy haciendo definitivamente porque si no, no estaría donde estoy, pensé, *no ando en tinieblas. Si Jesús vino como luz del mundo quien cree en Él no vivirá en tinieblas, y por lo tanto no tengo por qué vivir en tinieblas. Si creo en Él entonces su luz está en mí y nada puede apagarla (Juan 12:46).*

Fue una revelación para mí.

Había andado en tinieblas muchas veces después de llegar a ser creyente, pensando: *Realmente debo haber hecho algo malo, porque si no es así, ¿por qué Dios permite que sufra de esta manera?* Pero ese día, cuando al fin empecé a ver a Jesús realmente como la luz del mundo, aprendí a confiar en que aun en los momentos más oscuros de mi vida su luz estaba allí. Solo tenía que abrir los ojos para verla.

También aprendí que adorar a Dios y exaltar a Jesús como la luz del mundo cambiaba las cosas dentro de mí. Cuanto más le adoraba y alababa, tanto más podía sentir su luz en mi vida. No era como si tuviera que convencerle de que encendiera su luz. Es que cada vez que le alababa aumentaba *mi* capacidad para ver y contener su luz.

Comienzas a ver la luz

Dios nos permite pasar por momentos de oscuridad para que le busquemos y encontremos su luz en ellos. Quiere que estemos tan seguros de su luz en nosotros que nunca dudemos de ella.

Dios dice que hay tesoros escondidos en las tinieblas (Isaías 45:3). Permíteme decirte que el tesoro que encontré escondido en la oscuridad es Él. Sé esto porque cada vez que estoy en tinieblas y busco a Dios, le encuentro esperándome. Y su luz, que es reflejo de su gloria, es lo que Él es. Su luz ya está allí. Tenemos que abrir los ojos y el corazón para verla.

Adorar a Jesús abre el canal por el cual su luz aumenta en nuestras vidas. Él es la fuente de la luz. Nosotros somos la avenida por la que brilla su luz. Adorarle aumenta nuestra capacidad para reflejar su luz.

El poder oculto de adorar a Dios radica en que su luz aumenta en nosotros y nuestras vidas cuando le adoramos por quién es Él y alabamos a Jesús como luz del mundo.

Cuando busques a Dios en los momentos oscuros de tu vida siempre encontrarás su mano esperándote. Cuando le alabes en medio de lo que te suceda, sea lo que sea, estarás encendiendo el interruptor que permite que su luz fluya libremente a través de ti e ilumine tu camino.

Pero muchas veces no le buscamos.

Muchas veces no le alabamos.

Buscamos otras fuentes de luz o tratamos de producir nuestra propia luz. Mas ese tipo de luz no perdura.

¿Puede ser que si volvemos nuestro rostro hacia la luz del cielo nos moldearemos a la imagen de Cristo con mayor rapidez y seguridad? ¿Puede ser que si finalmente ponemos todo lo que tenemos, todo aquello a lo que aspiramos, todo lo que somos ante Dios en el altar de la adoración, Él nos lo devolverá lleno de su luz y transformado por su gloria?

David Jeremiah

¿Sabes qué se siente cuando estás cerca de alguien que amas? Tu rostro resplandece. Tus ojos se encienden y hay un brillo radiante en tu sonrisa. Y si tu amor es correspondido toda tu alma se ilumina. El amor siempre ilumina nuestras vidas. El amor de Dios hace eso por nosotros. Nos amó tanto que no nos deja permanecer en las tinieblas. Jesús lo dio todo para que podamos tener su luz para siempre (Mateo 4:16). No hay mayor amor que ese. La luz que Él trae a nuestras vidas es reflejo de su amor por nosotros, y nos da un brillo, un resplandor especial.

Una vez que comiences a ver la luz de Dios en medio de tus momentos más oscuros, la oscuridad nunca será igual para ti. Jamás será tan ominosa. Ya no te hará sentir el mismo miedo. Percibirás las cosas de manera diferente. Cuando te sucedan cosas malas no reaccionarás con la misma desesperanza. Y serás capaz de decir: «Te alabo, Señor. Te adoro en medio de esta situación. Sé que eres la luz del mundo que vive en mí, y que tu luz jamás podrá ser apagada. Sé que estás conmigo ahora y que harás brillar tu luz en esta situación. Tu gloria está sobre el cielo y la tierra, y sobre mi vida hoy».

En los momentos más oscuros de tu vida, tu alabanza a Dios debiera ser más fuerte. No solo hará que se enciendan los reflectores de luz, sino que además fortalecerá tu fe y hará que el enemigo sepa que no temes a la oscuridad.

Viajar a la velocidad de la luz

La gente se ve atraída hacia la luz. Si no fuera así, ¿por qué se echarían a la luz del sol, medio desnudos, cada vez que encuentran la oportunidad? Nosotros, que tenemos la luz del Señor, también nos regodeamos en esta luz cuando venimos ante Él en adoración y alabanza. Cuando lo hacemos, Él hace brillar su luz en los lugares oscuros de nuestras almas para que ya no haya oscuridad en ellos. A su vez esto da lugar a que entre más de su luz, la cual brilla luego *a través* de nosotros hacia los demás. Y esto glorifica a Dios. «Y si dieres tu pan al hambriento, y saciares al alma afligida, en las tinieblas nacerá tu luz, y tu oscuridad será como el mediodía» (Isaías 58:10). «Así alumbre vuestra luz delante de los hombres, para que vean vuestras buenas obras, y glorifiquen a vuestro Padre que está en los cielos» (Mateo 5:16).

Uno de los propósitos principales de Dios para nuestras vidas es que su luz brille a través de nosotros hacia los demás.

Así como la luz que vemos de la luna es un reflejo de la luz del sol, la luz que la gente ve en nosotros también es reflejo de la luz del Hijo. Cuanto más tiempo pasemos con el Hijo, tanto más reflejaremos e irradiaremos su luz. Así como brillaba el rostro de Moisés después de estar con Dios, brillará también el nuestro (Éxodo 34:29-30).

Bueno, quizá no sea *tan* brillante. Pero sí brillará.

Cada vez que adoramos a Dios la luz que hay en nosotros brilla más. Y no es posible tener tanta luz del Señor dentro de nosotros sin que brille a través nuestro. Porque esto sucede instantáneamente. Porque viaja… bueno… a la velocidad de la luz. La gente se ve atraída de forma inmediata a esta luz, aun cuando no reconozcan qué luz es. Y cuando no conocen la fuente de esta luz, es tarea nuestra decírselos.

Aprender a confiar en la luz

Muchas veces cuando estamos en circunstancias oscuras creemos que hemos caído en el modo de vida del hotel barato que usa bombillas de luz de quince watts. Ese tipo de bombillas para evitar que uno no se mate al tropezar con las cosas. Esas luces que obviamente no sirven para leer. Pero la luz de Dios no es así. Jamás es limitada ni disminuida. Es más brillante y penetrante de lo que podemos saber. Si parece tenue es porque nuestra perspectiva está apagada.

Nuestro problema a veces es que aunque tengamos su luz, no confiamos en ella.

Dios dice: «Porque en otro tiempo erais tinieblas, mas ahora sois luz en el Señor; andad como hijos de luz» (Efesios 5:8). ¿Cómo lo hacemos? ¿Cómo andamos como hijos de luz?

Ante todo, nos mantenemos conectados a la fuente de energía. Andamos con Él y en sus caminos. Lo buscamos para todo. Le alabamos en todas las situaciones.

Escribí un libro dedicado enteramente a este tema, llamado *Suficiente luz para el próximo paso*. En este libro hablo de andar paso a paso por la vida con Dios y de cómo Él nos da la luz que necesitamos para cada momento. Es vivir día a día, momento a momento con fe en el Señor.

«Necesitamos andar tan cerca del Señor como para que podamos oír su voz en medio de cualquier situación adversa en nuestras vidas. Tenemos que confiar en Él en todo, de manera que podamos seguirle dondequiera que nos guíe. Debemos andar perfectamente dentro de la luz revelada que Dios nos ha dado, sin apresurarnos, sin quedarnos atrás, sin luchar por ir a otra parte. Cuando permitimos que la luz de Dios brille a través de nosotros, no importa que sintamos que estamos haciéndolo imperfectamente, su luz no solo brilla sobre quienes nos rodean sino que ilumina nuestro propio camino también».[1]

Así fue como pasé por esa difícil transición, de un planeta a oro. Caminé dando un paso a la vez, aferrándome a la mano de Dios, y él me dio la luz que necesitaba para cada momento. Fue un camino de fe y mi vida ya nunca será igual. Así es como viajaré el resto de mis días, y también hacia la eternidad.

La mudanza a Tennessee resultó ser una de las mejores cosas para toda la familia, aunque fue uno de los momentos más difíciles que hubiéramos vivido. Ahora tenemos maravillosos nuevos amigos y pastores, y una iglesia excelente. La belleza de este nuevo lugar es tan exquisita que me da vida el estar aquí. Y no hay gente más amable en todo el mundo. Viajo por esos caminos oscuros por las noches y conozco a muchos de los vecinos que viven en estas calles. Sé que jamás dudarían en ayudarme si los necesitara. Pensaba que mi vida había terminado, pero Dios en realidad me estaba guiando hacia mi futuro. Pensé que estaba en caída libre en la oscuridad, y sin embargo Él quería que viera y confiara en su luz de manera más profunda. Y ahora le alabo cada día por ello.

Sin embargo, sigo buscando la vista al océano, porque sé que nada es imposible para Dios.

Alaba a Jesús como la luz de tu mundo, y Él te dará la luz que necesitas para el paso que estás dando hoy.

---

[1] Stormie Omartian, *Suficiente luz para el próximo paso*, Editorial Unilit, Miami, Florida, 2003.

LA ADORACIÓN ES

... abrazar a Dios en toda su gloria. Cuando lo haces, su brillo iluminará los lugares oscuros de tu alma, calentará los lugares fríos de tu corazón y encenderá una luz en tu camino.

Ofrezcamos alabanza a Dios

Señor, te adoro por quién eres. Te alabo, Jesús, como luz del mundo. Eres la luz de mi vida, que brilla en mí. Sé que no hay oscuridad tan grande como para que tu luz no pueda penetrarla. No hay situación o circunstancia que pueda eclipsar tu luz en mi vida. Ella está *en mí*, porque tú *estás en mí*, y nada jamás podrá cambiar eso.

Señor, ayúdame a confiar en tu luz toda mi vida. Te busco para que seas mi tesoro en la oscuridad. Sé que eres luz y que en ti no hay tinieblas (1 Juan 1:5). «Envía tu luz y tu verdad; éstas me guiarán; me conducirán a tu santo monte, y a tus moradas» (Salmo 43:3). Señor, tú ves lo que hay en las tinieblas (Daniel 2:22). Y cuando estoy en tinieblas serás mi luz (Miqueas 7:8). Sé que cuando caiga me levantarás otra vez. Te alabo como luz de mi vida y te agradezco porque iluminarás la oscuridad para mí (Salmo 18:28).

Que tu luz brille en toda esfera de mi vida en la que no esté caminando en plena obediencia a tus caminos. No quiero hacer nada que en modo alguno apague u oscurezca tu luz en mi vida. Toma todo lugar oscuro de rebeldía en mí e ilumínalo con tu verdad. Señor, sé que «las tinieblas no encubren de ti, y la noche resplandece como el día; lo mismo te son las tinieblas que la luz» (Salmo 139:12). Eres la verdadera luz que ilumina a todos (Juan 1:9). Oro porque mi luz brille ante los demás para que la vean y te glorifiquen (Mateo 5:14-16).

Señor, gracias porque no tengo que temer a la oscuridad, porque aun en los momentos más oscuros estás allí. Sé que «el que anda de noche, tropieza, porque no hay luz en él» (Juan 11:10). Pero tu luz está en mí, Jesús, porque has venido como luz al mundo para que no tenga que vivir en la oscuridad (Juan 12:46). El enemigo quiere que viva en la oscuridad pero tú me has dado luz. Elijo andar en la luz que me has dado. No necesito más luz que la tuya.

Lo que es bueno y perfecto viene de ti, el Creador de toda luz, y brillarás por siempre sin cambiar (Santiago 1:17). Señor, te agradezco por tu luz que guía mi camino. Aunque no pueda ver exactamente hacia dónde voy, sé que tú sí lo ves y me guiarás. Gracias, Señor, porque siempre me das luz suficiente para el paso que estoy dando y provees lo que necesito en toda situación.

Dios nos da su Palabra

> Levántate, resplandece; porque ha venido tu luz, y la gloria de Jehová ha nacido sobre ti. Porque he aquí que tinieblas cubrirán la tierra, y oscuridad las naciones; mas sobre ti amanecerá Jehová, y sobre ti será vista su gloria.
>
> Isaías 60:1-2

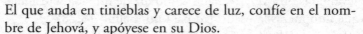

> El que anda en tinieblas y carece de luz, confíe en el nombre de Jehová, y apóyese en su Dios.
>
> Isaías 50:10

> El sol nunca más te servirá de luz para el día, ni el resplandor de la luna te alumbrará, sino que Jehová te será por luz perpetua, y el Dios tuyo por tu gloria. No se pondrá jamás tu sol, ni menguará tu luna; porque Jehová te será por luz perpetua, y los días de tu luto serán acabados.
>
> Isaías 60:19-20

Mas la senda de los justos es como la luz de la aurora, que va en aumento hasta que el día es perfecto.

PROVERBIOS 4:18

———— ❧ ————

Mas vosotros sois linaje escogido, real sacerdocio, nación santa, pueblo adquirido por Dios, para que anunciéis las virtudes de aquel que os llamó de las tinieblas a su luz admirable.

1 PEDRO 2:9

———— ❧ ————

Pensemos un poco más en esto

1. Lee Éxodo 34:29-30 en tu Biblia. ¿Por qué brillaba tan radiante el rostro de Moisés? ¿Con quién había estado? ¿Quién notó este brillo radiante? ¿De qué era reflejo?

2. Lee Apocalipsis 22:4-5 en tu Biblia. ¿Por qué no necesitaremos la luz del sol en el cielo?

3. Lee 1 Juan 1:5-7 en tu Biblia. ¿Hay oscuridad en Dios? Si decimos que estamos en Dios pero seguimos andando en tinieblas, ¿qué dice esto acerca de nosotros? ¿Qué tenemos que hacer para estar en comunión con los demás? ¿Qué sucede cuando hacemos esto?

4. Lee Apocalipsis 21:23 en tu Biblia. ¿Por qué no necesitaba luz la ciudad? ¿De dónde provenía su luz? Escribe una alabanza a Dios diciéndole lo agradecido que estás por su presencia en tu vida y porque no necesitas temer a la oscuridad.

5. Lee Daniel 5:13-14 en tu Biblia. ¿Qué oyó el rey acerca de Daniel? Escribe una oración a Dios pidiendo que las mismas cualidades sean evidentes en ti para quienes te rodean.

15

Porque Él es

―――――― ❧ ――――――

A los padres nos gusta darles cosas buenas a nuestros hijos. Les damos amor, alimento, un lugar seguro y confortable donde vivir y una vida tan buena como nos es posible darles. Les protegemos, los ayudamos a aprender, los disciplinamos, los cuidamos cuando están enfermos y los guiamos en la dirección correcta para su vida. Intentamos darles algunas de las cosas que quieren además de las que necesitan.

Hacemos todo esto porque los amamos.

Sin embargo, no queremos que nuestros hijos den por sentadas las cosas buenas que les damos. Queremos que sean agradecidos, que aprecien. No queremos que vengan a nosotros solo para pedirnos algo o por dinero. Y aunque nos gusta darles estas cosas no queremos que sean la parte principal de nuestra relación. Deseamos que *quieran* estar con nosotros *porque nos aman*. Y nosotros, a la vez, simplemente *queremos* estar con ellos para poder impartirnos a nosotros mismos y a nuestro amor en sus almas.

Lo mismo quiere Dios. Y a veces oculta la plenitud de sus dones y presencia para que le busquemos. Solo para estar con Él.

Hace algunos años, uno de mis hijos —que estaba terminando la escuela primaria en ese momento, lo cual explica gran parte de lo que voy a relatar— comenzó a dar por sentada su buena vida, y nos desobedecía a Michael y a mí haciendo cosas que estaban prohibidas. Cuando vimos que se excedía, y para hacerle entender, quité todo lo que había en su cuarto a excepción de lo esencial: cinco conjuntos de ropa escolar poco atractivos, el champú, el jabón, el cepillo de dientes y el dentífrico, la Biblia, los libros de la escuela y los útiles escolares. Cuando volvió a casa y vio que casi no había nada en su cuarto supo inmediatamente que sus cosas le habían sido «robadas». Le mostramos qué cosas había hecho y cuáles eran las consecuencias de su desobediencia.

«Como padres solo se exige de nosotros que te alimentemos, te vistamos y te demos un techo», dije. «Todo lo demás que tenías era extra, porque te amamos y queríamos que lo tuvieras. No viste el precio de la desobediencia, el hecho de que puede hacer que lo pierdas todo. Parece que no nos aprecias como padres, ni aprecias todo lo que Dios te ha dado, así que hemos quitado todo de tu habitación, a excepción de lo esencial. Puede ser que te lo regresemos o no, dependiendo de tu reacción. Si lamentas lo que hiciste y dejas inmediatamente toda desobediencia, cada día podrás pedir una de estas cosas y te la daremos».

Resultó que el niño estaba tan arrepentido que yo quería devolverle todo en ese mismo momento. Pero sabía que luego de haber orado a Dios preguntándole qué hacer en esta situación, fue así como creí que debíamos proceder. Todas las mañanas le permitimos a nuestro hijo elegir una cosa para que se la devolviéramos. Y lo que elegía cada día me revelaba mucho sobre su carácter. Me impresionó mucho ver qué era lo que más atesoraba y valoraba.

El primer día no pidió el reproductor de CD ni la computadora. Pidió una Biblia especial que le habían regalado. El segundo día no pidió una prenda de vestir en especial, como para mantener su estatus social; pidió un artículo que había pertenecido a un querido amigo de la familia antes de su muerte. Las cosas que siguieron eran igualmente especiales. El valor de cada cosa había sido evaluado con todo cuidado, y lo más importante eran estos tesoros sin precio.

Yo había dejado bien claro que esta medida disciplinaria no era una muestra de la disminución de nuestro amor, sino que estaba reafirmándolo más profundamente. No discipliné a mi hijo porque estuviera enojada, sino porque lo amaba tanto que quería asegurarme de que anduviera por el buen camino. Así que aproveché cada oportunidad para mostrarle mi amor de la manera que pudiera sin implicar cosas materiales. Pensaba en modos creativos para convencer a mi hijo más que nunca de cuánto le amaba.

Como ya no tenía sus objetos de diversión —el reproductor de CD, los juegos, el teléfono— pudimos pasar más tiempo de calidad juntos. Hacíamos cosas como estar sentados frente a la casa, o dar paseos por el barrio. Pudimos expresarnos nuestro amor de maneras que sé que no podríamos haberlo hecho si no hubiésemos tenido este tiempo. Comenzamos a sentir la profundidad del amor mutuo.

Como resultado, mi hijo cambió por completo; dejó de desobedecernos, adoptó una actitud más humilde y comenzó a apreciar y agradecer todo, sin dar nada por sentado. Y así sigue siendo hoy en día. Nuestra relación es más fuerte que nunca. Sé que mi hijo me ama no por lo que puedo darle sino porque estoy viva. Y este sentimiento es mutuo.

Dios quiere que le valoremos de esta manera.

Dios quiere que le valoremos más que a cualquiera de las cosas que nos puede dar. Se deleita en darnos cosas. Está en su naturaleza. Le da placer. Pero las retirará cuando sea necesario, cuando parezca que deseamos más los regalos que a Aquel que los da. Quiere que le amemos tanto como para simplemente querer estar *con Él*. Que *le busquemos* como el mayor regalo. Solamente porque *Él es*.

> Disfrutar plenamente es glorificar. Al mandarnos a glorificarle Dios nos está invitando a disfrutarle.
>
> C. S. Lewis

Se requiere fe para venir ante Dios solo para estar con Él. Porque esto prueba, ante todo, que creemos que él existe y que es nuestro mayor don. No estamos lanzando una oración al universo para ver si Dios la encontrará, la levantará y hará algo. «Sin fe es imposible agradar a Dios; porque es necesario que el que se acerca a Dios crea que le hay, y que es galardonador de los que le buscan» (Hebreos 11:6). Cuando vamos ante Dios solo para «estar» con Él, el Señor es nuestra recompensa. Cuando venimos ante Él en adoración solo porque le valoramos por sobre todas las cosas, nos recompensa dándose a sí mismo.

¿Qué otra recompensa necesitamos cuando todo lo que precisamos lo podemos encontrar en Él?

Dios está esperando que busquemos su presencia (Salmo 14:2). Quiere que le amemos y apreciemos simplemente porque Él es.

Cómo mantener la pasión por su presencia

Cuando amas a Dios y quieres estar con Él sencillamente porque Él es, una de las cosas que suceden es que el gozo del Señor surge en ti como manantial de agua pura. Esto sucede cada vez que le alabas. Lo sientes de forma instantánea en su presencia. Este gozo viene de una fuente que jamás se seca y que se convierte en tu fuerza (Juan 4:14). No importa qué suceda, es ese sentimiento subyacente de que en última instancia todo estará bien.

Estar con Dios nada más nos llena de gozo. Podemos vivir el gozo del Señor en cualquier situación porque lo encontramos en su presencia. ¿Significa esto que nadie morirá, que todos siempre sanarán y que todas nuestras oraciones serán respondidas exactamente como pedimos? Claro que no. Significa que en medio de lo que suceda Él nunca nos dejará o abandonará. Siempre será todo lo que es. Y tendremos el gozo de su presencia aun cuando dejemos la tierra para estar con el Señor en el cielo para siempre.

El modo de mantener la pasión por su presencia es estar a menudo ante Él. Su presencia es adictiva. Cuanto más le sentimos, más queremos.

Moisés le preguntó a Dios qué debía decirles a los hijos de Israel cuando le preguntaran quién le había enviado, y Dios le dijo: «Así dirás a los hijos de Israel: YO SOY me envió a vosotros» (Éxodo 3:13-14).

Básico, claro y conciso. *Él es.* Podemos adorarle porque *Él es.* Porque *Él es*, yo puedo vivir hoy. Porque *Él es*, puedo enfrentar y vivir el mañana. Porque *Él es*, puedo sentir gozo.

Podemos leer en la Biblia sobre las muchas veces que Dios tuvo que traer destrucción a las vidas de las personas para que supieran que Él es Dios. Tuvo que quitarles todo. Cada vez que le advertía al pueblo sobre lo que iba a hacer, decía: «Entonces sabrán que Yo soy el Señor». Él quiere que nosotros también lo reconozcamos. Dice: «Porque yo soy Dios, y no hay otro Dios, y nada hay semejante a mí» (Isaías 46:9). No necesitamos perderlo todo ni que suceda un desastre para que veamos esto. Solo necesitamos adorarle y lo veremos con claridad.

El poder oculto de la alabanza a Dios abre el camino por el que todo lo que Él es afecte a todo lo que somos nosotros.

«Estad quietos y conoced que yo soy Dios» (Salmo 46:10). No es que esté intentándonos hacer que nos callemos. O quizá sí, pero el objetivo último de Dios es que le conozcamos a Él. Y no podemos conocerle a menos que pasemos tiempo con Él en silencio. Solo «estando» en su presencia. Solo dejando que Él «sea» en presencia nuestra.

¿Alguna vez has hablado con alguien que te pide un consejo, pero no deja de hablar todo el tiempo y no se detiene a escuchar el consejo que quieres darle? Así ocurre muchas veces cuando venimos ante Dios. No es que tengamos que estar callados todo el tiempo, pero sí parte del tiempo. Necesitamos ciertos momentos en que simplemente vengamos ante Él en adoración, en silencio. Para estar quietos ante el Señor. Solo para reposar en su presencia.

Cuando dejamos ir todo lo demás para «estar» con Dios, cuando solo le adoramos porque Él es, Dios nos eleva a su perspectiva, y nos da su gozo y su reposo.

LA ADORACIÓN ES

… venir ante Dios y decirle que le amamos solo porque Él es y que queremos nada más estar en su presencia.

Ofrezcamos alabanza a Dios

Dios, te adoro. Creo que tú siempre has sido y siempre serás Señor por sobre todas las cosas. Qué amoroso es el lugar de tu habitación. Mi alma anhela estar en tus atrios. Mi corazón y mi carne claman a ti, el Dios viviente (Salmo 84:1-2). Oro porque «me mostrarás la senda de la vida; en tu presencia hay plenitud de gozo; delicias a tu diestra para siempre» (Salmo 16:11).

Señor, anhelo conocerte de manera más profunda, más íntima. Mi alma siente hambre de estar lo suficientemente cerca de ti como para sentir los latidos de tu corazón y cómo tu amor fluye hacia mí. Quiero conocer todo lo que hay para conocer de ti. Llena mi corazón con tal conocimiento de ti que el hecho de adorarte y alabarte sea como el aire que respiro. Quiero mostrarte mi amor abrazándote con mi adoración. Todo honor, toda gloria y majestad te pertenecen, Señor, porque eres digno de alabanza. Tú eres santo y justo, y no tengo mayor gozo en la vida que el entrar en tu presencia para exaltarte con adoración y alabanza. Te bendeciré en todo momento. Tu alabanza estará de continuo en mis labios (Salmo 34:1). Doy la bienvenida a tu presencia ahora. Y te agradezco porque si *tú eres*, entonces yo *puedo ser* también.

Te alabaré, Señor, con todo mi corazón y le diré a todos de tu grandeza. Me haces feliz y me regocijo en ti (Salmo 9:1-2). Sé que en tu presencia encontraré todo lo que pueda necesitar. Sé que cuando te adoro, estoy lo más cerca posible de ti, de este lado del cielo.

Dios nos da su Palabra

Jehová miró desde los cielos sobre los hijos de los hombres, para ver si había algún entendido, que buscara a Dios.

SALMO 14:2

Comerán los humildes, y serán saciados; alabarán a Jehová
los que le buscan; vivirá vuestro corazón para siempre.

SALMO 22:26

El que sacrifica alabanza me honrará; y al que ordenare su
camino, le mostraré la salvación de Dios.

SALMO 50:23

El que sacrifica alabanza me honrará; y al que ordenare su

Así que, ofrezcamos siempre a Dios, por medio de él, sacrificio
de alabanza, es decir, fruto de labios que confiesan su nombre.

HEBREOS 13:15

Al que está sentado en el trono, y al Cordero, sea la alabanza, la honra, la gloria y el poder, por los siglos de los siglos.

APOCALIPSIS 5:13

Pensemos un poco más en esto

1. Lee Apocalipsis 21:6 en tu Biblia. ¿Quién es Dios en este
   pasaje de las Escrituras? ¿Qué te dará cuando anheles su
   presencia?

2. Lee el Salmo 14:2 en tu Biblia. Según este pasaje de las
   Escrituras, ¿qué está buscando el Señor? ¿Qué puedes
   hacer para ser como Dios quiere que seas?

3. ¿Alguna vez has ido ante el Señor y te has sentado en su presencia, simplemente adorándole? Si es así, describe cómo fue. Si no es así, escribe una oración pidiéndole a Dios que te ayude a hacerlo con frecuencia.

4. Lee Mateo 11:28 en tu Biblia. ¿Qué sucede cuando venimos ante Dios?

5. Lee el Salmo 45:11 en tu Biblia. ¿Por qué hemos de adorar a Dios? Escribe una oración de alabanza a Dios, agradeciéndole por estar en tu vida y vivir en tu corazón.

Segunda parte

Quince ocasiones en que la alabanza es crucial

——————— ❧ ———————

Cuándo necesitamos
alabar más a Dios

❧

Adorar a Dios no es cantar canciones de alabanza en la iglesia una vez a la semana. Aunque en ello hay gran poder y es de vital importancia para nuestras vidas hacerlo con regularidad, hay mucho más que eso.

La adoración y la alabanza es aquello que hacemos en el auto cuando vamos a trabajar, a la escuela o de compras. Es lo que tenemos en nuestro corazón cuando estamos en el mercado, el aeropuerto o el consultorio del doctor. Es lo que hacemos cuando se tapona el fregadero de la cocina, cuando se pincha un neumático del auto, cuando nos enfermamos o cuando perdemos las llaves de la casa por millonésima vez. Es lo que hablamos con fervor cuando estamos en la sala de emergencia, en el entierro de un ser querido o en medio de un tornado. Es una constante actitud del corazón. Una actitud que no cambia, independientemente de todo lo demás que cambie en nuestras vidas.

No estoy hablando de pensar positivo. No es algo que nos impulse a negar, diciendo: «Esto no está pasando de verdad» o «Voy a fingir que no estoy sintiendo esto en realidad».

Estoy hablando de mirar *de frente* la *realidad* de tu vida, y de declarar que *hay una realidad por encima de esta*, una realidad *mucho más grande*.

Estoy diciendo que en lugar de dejarte hundir al nivel del problema te eleves al nivel de la solución.

Uno de los secretos de vivir el poder de la alabanza es decidir que adorarás a Dios no importa cuáles sean tus circunstancias. Cuando llegas al lugar en que la alabanza surge de manera automática, no importa qué esté sucediendo, llegarás a conocer a Dios de forma más íntima. Y cuando esto suceda ya no podrás contener tu adoración a Dios, no podrás dejar de hacerlo. Es fácil adorar y alabar a Dios cuando suceden cosas buenas o cuando ves la respuesta a tus oraciones, pero ¿qué pasa cuando todo va mal? ¿Cuál es tu primera reacción ante lo malo o difícil que te sucede? Si culpas a otros, a ti mismo, o a Dios, esto solo empeora el problema. Te lleva a sentir más desesperación, más tristeza y dificultad. Si en cambio te niegas a reaccionar ante tus problemas en la carne y vas de inmediato al plano del espíritu alabando a Dios, las cosas resultan diferentes.

Cuando hacemos que nuestra primera reacción ante lo que nos sucede sea reafirmar la alabanza a Dios por quién es Él, invitamos a que su presencia habite en la situación y que su poder venga para cambiar las cosas. Este es el poder oculto de alabar a Dios.

Una mujer reconoció quién era Jesús y vino a él pidiendo ayuda para su hija poseída por un demonio. Pero antes de rogarle por su caso, lo adoró. Al ver la fe de la mujer Jesús la felicitó por ello y sanó inmediatamente a su hija (Mateo 15:24-28). Debemos acercarnos al Señor de la misma manera que esta mujer. Primero en adoración, declarando quién es Él y cuán grandes cosas ha hecho. Esto despeja el camino para que Dios vierta su vida en la nuestra, y para que sucedan cosas milagrosas.

El propósito de la segunda mitad de este libro es el de ayudarte a aprender cómo hacer de la adoración y la alabanza *tu primera reacción* ante todo lo que sucede en tu vida, y no el último recurso. Quiero mostrarte cómo hacer que tu voluntad esté alineada con la voluntad de Dios en cada situación, para que abras tus brazos y tu corazón para aceptarlo y abrazarlo, aun cuando te duela el alma y tu primera reacción sea la de aferrarte a la situación difícil.

En estos capítulos te muestro quince momentos en la vida en que es crucial alabar a Dios. Hay muchas situaciones más, pero creo que estas son las más comunes, en las que la alabanza suele ser lo último que se nos ocurre hacer. Si aprendemos a alabar a Dios en medio de cada una de estas situaciones —y finalmente en cada situación— viviremos mayor victoria, éxito, gozo y paz.

Dios quiere que le exaltes a Él, no a tus problemas. Cuanto más le alabes, tanto más te centrarás en Él, y tanto más se te aliviará la carga de dichos problemas. Esto no significa que finjas que no existen. Significa que estás diciendo: «Aunque tengo estos problemas, sé que tú, Señor, eres más grande que ellos. Tú me creaste. Eres mi Padre celestial. Eres un Dios bueno. En ti está todo lo que necesito para mi vida, y elijo exaltarte a ti por encima de todo lo demás».

Cuando te convenzas del poder de la alabanza en toda situación y entiendas todo lo que se logra cuando adoras a Dios con corazón sincero, tu vida cambiará para siempre.

16

Cuando me preocupan los pensamientos y emociones negativos

——————— ❧ ———————

Soy la reina de las emociones negativas. Nombra una emoción negativa y podré decirte que luché con ella en algún momento. Porque me las enseñaron. Las heredé y las viví en carne propia. Las puse en práctica. Y era buena al hacerlo. En realidad, las emociones negativas estaban tan arraigadas en mi vida, que yo creía que eran mi identidad. *Deprimida, triste, doliente, solitaria, así es como soy,* pensaba siempre.

Cuando conocí a Jesús no me libré de repente de todas las emociones negativas. No fue sino hasta que mi pastor y consejero cristiano me dijeron: «No tienes que vivir así. Dios tiene mucho más para ti», que vi que en realidad podía vivir sin esos sentimientos y pensamientos. Comprobé que podía vivir *una vida* de verdad. ¡Punto! Desde entonces, capa a capa fui pelando mis cortezas de depresión, tristeza, autocompasión, soledad, ansiedad, desesperanza y sensación de futilidad, mientras aprendía a caminar con Dios en adoración, alabanza y en su Palabra, y aprendía a recibir su amor.

Todos necesitamos que nos amen. Nos gustaría mucho poder elegir quién nos ama y cuánto nos amarán, pero no podemos hacerlo. Hay algunas personas que son lo suficientemente atractivas y maravillosas como para poder manipular este aspecto, pero para la gran mayoría de nosotros no es posible. Y aunque nunca he realizado un estudio científico sobre esto, por lo que veo y oigo creo que hay mucha más gente en el mundo que no se siente amada que la que sí cree que lo es. Para muchos de nosotros los pensamientos y emociones negativos que guardamos en el alma y el corazón están allí porque no creemos que la gente importante en nuestras vidas pueda amarnos de veras. En algún punto de nuestro pasado nos faltó el amor que deseábamos y necesitábamos.

Por eso, el primer lugar donde podemos comenzar a librarnos de las emociones negativas es sumergiéndonos en el amor de Dios. No importa qué hagamos, nunca lograremos obligar a otros a que nos amen. Pero no necesitamos intentar nada ni obligar a Dios para obtener su amor, porque Él nos ama ya. Nos amó desde antes que le conociéramos. Y ahora que le conocemos solo es cuestión de *confiar* en su amor. Cuando somos capaces de recibir y confiar completamente en el amor de Dios, estoy convencida de que nuestras emociones negativas desaparecen.

¿Pero cómo lo logramos? ¿Cómo recibimos en realidad el amor de Dios, más que solo conociéndolo en nuestra mente? ¿Cómo puede traspasar su amor las barreras de nuestras defensas para llegar a nuestro corazón? Esto sucede cuando leemos la carta de amor de Dios, *su Palabra*. Y ocurre cuando hablamos con Él *en la oración*. Y cuando buscamos a Dios *en la alabanza y la adoración*.

Cada vez que expresamos nuestro amor por Dios a través de la alabanza y la adoración, abrimos el canal por el cual su amor fluye hacia nuestro corazón. Invitamos a su presencia para que entre en nuestras vidas de manera poderosa, y en este proceso, su presencia rompe las fortalezas de las emociones negativas. Este es el poder oculto de la alabanza a Dios.

La adoración derriba las barreras de nuestro corazón y levanta un muro protector a su alrededor, para mantener alejado todo sentimiento negativo, toda emoción negativa.

Estoy segura de que no hay una sola persona en el mundo que jamás haya sentido las emociones negativas que mencioné en algún momento de su vida. No eres anormal, y no estás solo si sientes algo de esto ahora. (La ansiedad, el temor y el desaliento son tan comunes que les dedico su propio capítulo). Sin embargo, has de saber que estas emociones no son la voluntad de Dios para tu vida. El Señor tiene un modo para transformar tu mente y librarte de las emociones negativas, para que nunca más tengas que estar bajo su control ni te dejes atormentar por ellas.

Cómo transformar tu mente

Una vez me tocó cabalgar en un caballo que se desbocó. Uno no tiene control sobre el animal, en absoluto. Te lleva a velocidad aterradora donde él quiera, y no puedes hacer más que aferrarte con todas tus fuerzas, dejándote llevar. Tenía solo siete años de edad. Mi tío, que estaba conmigo, me dijo luego que una serpiente había asustado al caballo. Me alegro de no haberlo sabido entonces.

La única forma en que mi tío pudo hacer que el caballo se detuviera fue montando su caballo y galopando hasta ponerse delante, y luego saltando frente a mi caballo, agitando los brazos en el aire. El animal se detuvo abruptamente, y yo salí disparada por sobre su cabeza y caí al suelo con violencia. Por fortuna, era tierra recién arada, así que solo me raspé un poco y no sufrí heridas importantes.

Nuestra mente también puede desbocarse. Nos gusta pensar que podemos controlarla perfectamente, pero muchas veces corre y avanza a paso salvaje, loco, afectando nuestras emociones más de lo que creemos. Muchas veces solo nos aferramos y vamos donde nos lleve. Pero Dios quiere ponerse delante de nuestra mente desbocada, para que pueda estar bajo *su* control.

Nuestra mente se parece mucho a una esponja que absorbe todo lo que fluye hacia ella cada día. Podemos tener pensamientos o imágenes que no queremos en nuestra mente y, sin embargo, a causa de algo que vimos u oímos inadvertidamente, allí estarán. A veces permitimos que los sentimientos negativos del pasado se repitan una y otra vez en nuestra mente como una vieja cinta grabada, solo porque no hemos sabido cómo apagarlos. Recordamos cosas que queremos olvidar. Olvidamos cosas que creemos poder recordar. Y aunque queremos pensar con claridad nuestra mente puede convertirse en un lugar de tormento y confusión.

Solía pensar que cualquier pensamiento que entrara en mi mente representaba mi persona, como si no tuviera ningún control sobre esta. Mis pensamientos podían hacer que me sintiera rechazada o triste. Temerosa o deprimida. Cuando las voces que oía en mi mente decían cosas como «No sirves para nada», o «Jamás valdrás nada», o «Siempre fracasarás», o «Nadie nunca podrá amarte», buscaba cosas como las drogas y el alcohol para acallarlas. En un punto me hundí en un abismo de depresión tan grande que la única voz que oía era la que repetía: «No hay forma de salir de tu situación de miseria». Y entonces intenté suicidarme. Todo porque no podía controlar los pensamientos de mi mente.

Después de conocer a Jesús, la voz de la razón y la esperanza se hizo más fuerte que las voces de la confusión y la futilidad. Aprendí a mantener el control de mi mente y a distinguir las mentiras de mi cabeza de la verdad de la Palabra de Dios. Aprendí a comunicarme con Dios en oración y a experimentar la libertad de *vivir a la manera de Dios*. Y aprendí sobre la adoración y el poder oculto de la alabanza. Descubrí que cada vez que alababa a Dios, las voces negativas de mi mente se callaban. No solo no tenían poder; ya no podía oírlas.

Aun hoy, cada vez que adoro y alabo a Dios encuentro que mi mente se aclara y soy más capaz de oír a Dios hablándole a mi corazón. Puedo verme a mí misma y a mi vida desde su perspectiva, y puedo entender mejor la verdad acerca de mi situación.

La adoración es el lugar secreto que esconde al corazón de los avances del enemigo.

Michelle McKinney Hammond

Todos somos propensos a debilitarnos en nuestro pensamiento, no importa lo mucho que conozcamos al Señor o la cantidad de años que hayamos estado junto a Él. Todos somos dados a desviar el camino, a torcer nuestros pasos un poco, con un toque de confusión que entra en nuestro proceso de pensamiento si no nos concentramos en Él. No basta con pensar cosas buenas, o intentar enderezar nuestros pensamientos. Lo he intentado y no da resultado. No podemos vencer a los pensamientos negativos con pensamientos buenos. La batalla entre ambos perdurará por siempre. Hay que combatir los pensamientos malos con la Palabra de Dios, con oración y alabanza.

Dios quiere que nos hagamos cargo de nuestra mente y que no permitamos que se arraiguen en ella pensamientos que se oponen a los que él dice en su Palabra. En lugar de permitir que te atormenten los pensamientos negativos, ahógalos diciendo en voz alta la Palabra de Dios y adorándole. Da unas palmadas diciendo: «Te alabo, Padre Dios. Eres mi Señor y mi Rey». Concéntrate en la grandeza de Dios y en su amor por ti, y alábale por ello. Si lo haces cada vez que entren pensamientos negativos en tu mente, al final desaparecerán.

Cada vez que temía llegar a ser como mi madre, citaba el versículo que dice que Dios nos ha dado una mente sana y dominio propio (2 Timoteo 1:7). Alababa a Dios y decía: «Gracias, Señor, porque me has dado una mente sana y dominio propio». Y tú puedes hacer lo mismo. Si algo en tu mente te atormenta, detén todo y adora a Dios por quién es Él, y luego alábale por la mente sana y el dominio propio que te ha dado. Agradécele porque «él sana a los quebrantados de corazón, y venda sus heridas» (Salmo 147:3). La alabanza y la adoración son importantes en extremo para mantener nuestro dominio propio y la mente sana.

El enemigo de tu alma constantemente intentará recordarte tus defectos y fallas. Pero cuando alabas a Dios, su voz se ahoga y tiene que retirarse. La alabanza y la adoración aclararán tu mente, silenciarán las voces, enderezarán tu camino y harán que puedas oír mejor a Dios hablándole a tu corazón.

No queremos tener pensamientos fútiles, vanos, que nos lleven a la oscuridad y la desesperante tristeza. «Pues habiendo conocido a

Dios, no le glorificaron como a Dios, ni le dieron gracias, sino que *se envanecieron en sus razonamientos, y su necio corazón fue entenebrecido»* (Romanos 1:21, énfasis de la autora). Queremos tener la mente renovada, transformada, que Dios tiene para nosotros (Romanos 12:2). La alabanza y la adoración es el punto en donde comienza esta transformación.

Cómo librarte de las emociones negativas

Nuestra mente —donde pensamos, razonamos y percibimos— forma parte de nuestra alma, junto con nuestras emociones y nuestra voluntad. Es hermoso cuando podemos alinear todo esto para que funcione al unísono siguiendo las mismas guías, pero no siempre cooperarán. Aun cuando tengamos una mente poco sentimental, pragmática, analítica y objetiva, podemos ser derrotados por una emoción que dice: «Me han rechazado», o «Estoy sufriendo en soledad», o «Nada me sale bien». ¿Cómo impedimos que nuestras emociones nos venzan, causando que digamos, hagamos o sintamos algo que no queremos?

¿Alguna vez tuviste insomnio a causa de una pena en tu corazón? ¿O a causa de pensamientos opresivos que te atormentaban? ¿Por sentimientos de miedo, pena y desesperanza que se apoderaron de tu alma? ¿Alguna vez te has sentido como si te hundieras en un abismo de desaliento? ¿Alguna vez te has sentido desconectado de las personas que te rodean? ¿Como si no estuvieras cien por ciento allí, porque una gran parte de ti estuviera marchita por culpa de pensamientos y emociones negativas? No te pasa solo a ti. Estos tipos de sentimientos son como una epidemia. He pasado muchísimas noches así en el pasado.

Oye lo que dice al respecto el rey David, un experto en el «síndrome del corazón apesadumbrado». Él dijo: «Se deshace mi alma de ansiedad; susténtame según tu palabra» (Salmo 119:28). «Ten misericordia de mí, oh Jehová, porque estoy enfermo; sáname, oh Jehová, porque mis huesos se estremecen. Mi alma también está muy turbada» (Salmo 6:2-3). «Me he consumido a fuerza de gemir; todas las noches inundo de llanto mi lecho, riego mi cama con mis lágrimas. Mis ojos están gastados de sufrir» (Salmo 6:6-7). «Y mi espíritu se angustió dentro de mí; está desolado mi corazón» (Salmo 143:4). «¿Hasta cuándo pondré consejos en mi alma, con tristezas en mi corazón cada día? ¿Hasta cuándo será enaltecido mi enemigo sobre mí?» (Salmo 13:2). «Dios mío, Dios mío, ¿por qué me has desamparado? ¿Por qué estás tan lejos de mi salvación, y de las palabras de mi clamor? Dios mío, clamo de día, y no respondes; y de noche, y no hay para mí reposo. He sido derramado como aguas, y todos mis huesos se descoyuntaron; mi corazón fue como cera, derritiéndose en medio de mis entrañas. Como un tiesto se secó mi vigor, y mi lengua se pegó a mi paladar, y me has puesto en el polvo de la muerte». (Salmo 22:1-2,14-15).

Sin duda alguna, me suena a pensamientos y emociones negativos.

Si alguna vez te has sentido como David, necesitas conocer el poder de la adoración y la alabanza, y la forma en que pueden derribar las fortalezas de la tristeza, el dolor, la soledad, el rechazo, la desesperanza y la depresión.

¡ATENCIÓN A TODOS LOS LECTORES! No estoy hablando de la *depresión clínica*. No estoy diciéndole a alguien clínicamente deprimido que deje de tomar su medicación. Estoy hablando del dolor del alma. Dependerá de tu doctor si debes tomar medicación o no. Si la necesitas, tómala. Hay personas que sienten que si tienen que tomar medicación es porque han fracasado en algo. Nada más alejado de la verdad. Toma tu medicina y alaba a Dios porque te es posible tener acceso a ella.

La medicina, sin embargo, no resolverá el problema de todos. Las píldoras de nada sirvieron en mi caso de tristeza y depresión. En realidad, me hacían sentir peor. Solo la adoración, la oración y la Palabra de Dios me hicieron sentir libre. Alabar a Dios en medio de mis emociones negativas disipó por completo su fuerza.

Una gran canción de adoración habla de cambiar nuestras penas por el gozo del Señor. ¡Qué linda manera de pensar en esto! Tenemos la oportunidad de elegir. O nos guardamos nuestras emociones negativas, o las canjeamos por el gozo del Señor adorando a Dios, fuente de todo gozo. Dios dijo que vino para darnos «gloria en lugar de ceniza, óleo de gozo en lugar de luto, manto de alegría en lugar del espíritu angustiado» (Isaías 61:3). Canjeemos todo lo viejo por esa hermosa nueva vestidura, ¿quieres?

Fuimos creados para adorar a Dios, pero a menudo es lo último que se nos ocurre hacer cuando sentimos opresión en el alma. Podemos estar tan distraídos y preocupados con nuestro dolor y tristeza que no ponemos nuestro corazón ante Dios. Sin embargo, no podemos esperar hasta que *tengamos ganas* de adorarle.

Hubo ocasiones en que me sentía tan encerrada que no creía poder alabar al Señor. Por lo general era porque había sido muy herida en mi alma. Pero cuando por fin me decidía a resistir esas emociones negativas y alabar a Dios sin importar cómo me sintiera, podía derribar esa barrera y *sí, me sentía libre*. La alabanza nos libera de las emociones y pensamientos negativos.

David le pidió a Dios: «Saca mi alma de la cárcel, para que alabe tu nombre» (Salmos 142:7). Necesitamos hacer lo mismo. Y necesitamos agradecer a Dios por ser una «nueva creación» en Cristo, y porque «las cosas viejas pasaron» y todas las cosas han sido hechas nuevas (2 Corintios 5:17). Cuando hacemos de la alabanza a Dios nuestra *primera* reacción ante el dolor que sentimos, Él puede elevarnos por encima de la pena.

Una de las cosas más poderosas que puedes hacer cuando te sientes bajo el peso de las emociones y pensamientos negativos es cantar canciones de adoración al Señor. Sé que quizá sea una de las últimas cosas que quieras hacer. Es difícil abrir la boca para cantar cuando tu corazón está apesadumbrado. Pero eso es precisamente lo que necesitas hacer. Y este es el momento crucial para hacerlo.

Recuerda, no tienes que tener un corazón perfecto para venir ante Dios en alabanza. Y no tienes que tener una voz perfecta tampoco. Si eso fuera verdad, ¿cuánta gente podría venir ante Dios? Lo grandioso del poder oculto de la alabanza es que Dios puede purificar tu corazón en el proceso mismo de tu alabanza a Él. Y puede hacer que te olvides de pensar en tu voz también. Tu voz provendrá de un lugar más profundo que tu cuerpo o tu alma. Vendrá de tu espíritu. Será inspirada y sostenida por el Espíritu de Dios que está en ti. Y será hermosa.

Las emociones negativas nunca son la voluntad de Dios para ti. Saber esto es la mitad de la batalla. La alabanza y la adoración son una de tus armas más poderosas para luchar contra ellas.

——LA ADORACIÓN ES——

... elevar tus manos al Señor en entrega, levantando tu voz a Dios en canciones de alabanza, y elevando tu corazón a Dios con amor, reverencia y devoción.

Ofrezcamos alabanza a Dios

Señor, te adoro. Eres mi Señor y mi Rey, mi precioso Redentor. No hay otro Dios como tú, lleno de bondad, gracia y misericordia. Gracias, Señor, porque nos sanas cuando tenemos el corazón roto y vendas nuestras heridas. Nos elevas cuando nuestra alma es débil (Salmo 147:1-4). Eres grande y poderoso, oh Señor, y entiendes todas las cosas, aun las que hay en mi corazón (Salmo 147:5).

Señor, te alabo y agradezco porque me has dado dominio propio y una mente sana. Las reclamo en este día. Te agradezco porque eres «Dios no de confusión, sino de paz» (1 Corintios 14:33). Elijo la paz en este día y te alabo a ti, Dios de paz. Te agradezco porque tengo la mente de Cristo (1 Corintios 2:16). Te agradezco porque me permites derribar todo argumento y altivez que se levanta en contra del conocimiento de ti, y porque haces que todo pensamiento sea cautivo a la obediencia a Cristo (2 Corintios 10:5). Ayúdame a renovar mi mente y a vestirme de la nueva persona que tú creaste en mí, para andar en justicia y santidad (Efesios 4:22-24).

Te agradezco, Señor, que no tengo que vivir con tristeza, dolor o depresión. Sé que «por la noche durará el lloro, y a la mañana vendrá la alegría» (Salmos 30:5). Gracias porque «diste alegría a mi corazón» (Salmo 4:7). Hoy me visto con la vestidura de alabanza, a cambio del espíritu de pesadumbre (Isaías 61:1-3), y te glorifico como Señor por sobre todas las cosas.

Dios nos da su Palabra

Has cambiado mi lamento en baile; desataste mi cilicio, y me ceñiste de alegría. Por tanto, a ti cantaré, gloria mía, y no estaré callado. Jehová Dios mío, te alabaré para siempre.

SALMOS 30:11-12

Haya, pues, en vosotros este sentir que hubo también en Cristo Jesús.

FILIPENSES 2:5

En cuanto a la pasada manera de vivir, despojaos del viejo hombre, que está viciado conforme a los deseos engañosos, y renovaos en el espíritu de vuestra mente, y vestíos del nuevo hombre, creado según Dios en la justicia y santidad de la verdad.

EFESIOS 4:22-24

De modo que si alguno está en Cristo, nueva criatura es; las cosas viejas pasaron; he aquí todas son hechas nuevas.

2 CORINTIOS 5:17

Pues aunque andamos en la carne, no militamos según la carne; porque las armas de nuestra milicia no son carnales, sino poderosas en Dios para la destrucción de fortalezas, derribando argumentos y toda altivez que se levanta contra el conocimiento de Dios, y llevando cautivo todo pensamiento a la obediencia a Cristo.

2 CORINTIOS 10:3-5

Pensemos un poco más en esto

1. Lee Isaías 61:1-3 en tu Biblia. ¿Qué vino a hacer Jesús a la tierra por su pueblo? ¿A quién vino a consolar? ¿Qué les dará? Escribe una oración de alabanza a Dios por todo lo que enumeran estos versículos y que le agradeces al Señor. Describe qué es lo que más le agradeces, en especial en cuanto a cualquier emoción negativa que hayas sentido o estés sintiendo (Por ejemplo: «Señor, te alabo y agradezco porque viniste a la tierra a sanar a los de corazón quebrantado...»)

2. Lee el Salmo 9:9-10 en tu Biblia. ¿Qué podemos hacer cuando nos oprimen las emociones negativas? ¿Qué sucederá cuando lo hagamos?

3. Lee Isaías 65:2 en tu Biblia. ¿Tienes emociones o pensamientos negativos que te opriman ahora mismo? ¿Cuánto tiempo te has sentido así? ¿Alguna vez sentiste o aceptaste estos pensamientos o sentimientos como «tu forma de ser»? Escribe una oración aquí debajo, entregando estas emociones y pensamientos a Dios. Pídele que te libere de todo eso y te dé sus pensamientos.

4. Lee Hebreos 4:12 en tu Biblia. ¿Cómo puede ayudarnos la Palabra de Dios en nuestros pensamientos y sentimientos?

5. Lee Filipenses 4:8 en tu Biblia ¿Qué se supone que debamos pensar en lugar de pensamientos negativos? Escribe tu respuesta como oración a Dios y alábale por su respuesta y su Palabra. (Por ejemplo: «Señor, oro que tú me ayudes a pensar solo pensamientos que sean verdad...»)

17

Cuando siento ansiedad, miedo y desaliento

――――― ❧ ―――――

¿*Qué pasa si pierdo mi empleo? ¿Si no puedo pagar los gastos? ¿Si nunca logro casarme? ¿Si fallo en lo que hago? ¿Si no paso el examen? ¿Si mis relaciones se destruyen? ¿Si nada mejora? ¿Si algo le pasa a mi hijo? ¿Si enfermo gravemente? ¿Si muere uno de mis seres queridos? ¿Si los terroristas bombardean el edificio en el que estoy, o el avión en el que viajo?*

Gran parte de nuestra ansiedad y preocupación surge de los pensamientos «qué… si».

Sin embargo, Dios nos dice que no nos preocupemos por nada (Filipenses 4:6).

La preocupación es producto del miedo. Toda nuestra preocupación, incertidumbre, desesperanza, miedo y pánico tienen su origen en el miedo. El miedo puede sobrevenirnos de repente, paralizándonos el corazón. Puede distorsionar nuestros pensamientos. Puede controlar nuestra vida. Nos puede paralizar.

Sin embargo, Dios dice que el miedo no viene de Él (2 Timoteo 1:7).

Cuando sufrimos de ansiedad o miedo durante mucho tiempo, nos desalentamos. Sabes cómo es cuando se forma una rajadura en algo, y el objeto resquebrajado se debilita y luego termina por romperse, ¿verdad? Como sucede con algo envuelto en celofán, apenas se rasga la cobertura terminarás perdiendo la envoltura por completo.

Lo mismo sucede con nuestras vidas. Si el enemigo logra rasgar nuestro coraje, nos lo puede arrancar de cuajo. El desaliento viene poco a poco.

Sin embargo, Dios dice que no debemos dar lugar al desaliento (Deuteronomio 1:21).

La ansiedad, el miedo y el desaliento son una epidemia en nuestro mundo de hoy, pero Dios nos ha prometido un camino para librarnos de estas tres cosas.

Ante la primera señal de ansiedad

Cuando Dios nos dice que no estemos ansiosos o preocupados por nada, no es lo mismo que cuando alguien nos dice que «levantemos el ánimo». No es lo mismo que cuando sucede algo terrible y un amigo nos dice: «No te preocupes». Dios no está diciéndonos nada más: «Olvídalo». Nos está dando la solución. Dice que hemos de orar por todo y darle alabanza y agradecimiento a Él. Cuando lo hacemos, promete darnos su paz que sobrepasa todo entendimiento. Esto significa que tendremos paz aun cuando parezca no tener sentido. El tipo de paz que protegerá nuestro corazón y nuestra mente (Filipenses 4:6-8).

Se nos instruye a «regocijarnos en el Señor» (Filipenses 4:4). Esto significa que hemos de encontrar nuestro gozo en Él. Muchas veces creemos que nuestro miedo y preocupación tienen relación con Dios. Creemos que nos sentimos de esa manera por algo que Él no hizo o no hará por nosotros. *¿Qué pasará si Dios no provee para nosotros? ¿Qué si no nos protege? ¿Qué si no nos da lo que queremos o necesitamos?* Cuando anticipamos lo peor o tenemos un sentimiento de mal destino, creamos preocupación y tensión mental que interfiere con nuestra capacidad para funcionar.

Este tipo de incertidumbre y preocupación puede entrar en nuestra alma en cualquier momento. Suele suceder en medio de la noche, cuando todo está en silencio, menos nuestra mente. Las píldoras quizá nos proporcionen un alivio temporal, pero cuando termina su efecto la preocupación sigue allí. El problema había estado enmascarado durante un tiempo nada más. Pero la ansiedad solo se acallará con la paz de Dios. Y apenas recibimos a Jesús, tenemos acceso a la paz que sobrepasa todo entendimiento (Filipenses 4:7). Hoy tenemos a la televisión, a los periódicos y las revistas que nos muestran todas las razones por las que debiéramos preocuparnos. No solamente nos recuerdan de los *peligros* que nos rodean, sino que además nos bombardean con imágenes de cómo debiéramos *vernos, hablar, caminar o ser*. Hay una tremenda presión, en especial para los jóvenes, para que vivan de una manera, se vistan de cierta forma, se vean de determinado modo, logren ciertas cosas, se comporten de una manera establecida y se amolden a una imagen que haga que no sean rechazados por los demás. A cada instante se nos recuerda qué es lo que nos falta. Estamos perdiendo la libertad de vivir, y de no tener que mirarnos constantemente en el espejo para ver si lo que refleja cumple con los parámetros esperados.

Alabar a Dios es la forma de combatir toda preocupación, y es mejor hacerlo apenas te sientas preocupado *por lo que sea*. Luego, sigue alabando a Dios hasta que tu preocupación desaparezca.

Cuando *adores* a Dios por todo lo que Él es, *lo alabes* como tu Príncipe de Paz, y *le agradezcas* porque en su presencia puedes encontrar paz para tu alma, entonces vivirás esa paz que sobrepasa todo entendimiento. Cuanto más lo alabes, más sentirás su paz fluyendo dentro de ti.

Necesitas sentirte en paz completamente, por quién eres, por lo que haces, y por tu propósito en esta vida. Necesitas paz con respecto a tu pasado, tu presente y tu futuro. Necesitas sentir paz con respecto a la situación que estás atravesando hoy, no importa qué tan mala sea. La falta de esta paz en tu corazón y tu mente puede hacer que te sientas muy mal. Y el esfuerzo, el tormento, la preocupación y la tensión nerviosa pueden enfermarte.

Cuando sentimos miedo, aprehensión, preocupación, alarma o terror, solo la paz de Dios puede restaurarnos a la confianza calma y segura. Aunque la vida es impredecible y a veces está llena de cosas que dan miedo, Dios dice que no tenemos que vivir con miedo.

A la primera señal de preocupación, busca la paz de Dios en su Palabra, en oración, en alabanza y adoración.

A la primera señal de miedo

Job era considerado por Dios como un hombre recto y justo, y aun así tenía miedo. Temía que algo les sucediera a sus hijos. Temía por su salud. Temía perderlo todo. Cuando cada uno de estos miedos se hizo realidad, dijo: «Porque el temor que me espantaba me ha venido, y me ha acontecido lo que yo temía. No he tenido paz, no me aseguré, ni estuve reposado; no obstante, me vino turbación» (Job 3:25-26). Las cosas que le sucedieron a Job hicieron que deseara nunca haber nacido (Job 3:3-16).

¿Quién puede criticar a Job por su reacción? ¿Cuántos de nosotros lo hemos perdido todo, incluyendo nuestros hijos, nuestra salud, nuestras posesiones? ¿Cómo responderíamos ante una situación tan horrible? Cuando nos acontece aquello que más tememos, la única forma de reaccionar es alabar a Dios en medio de ello. No digo que tengamos que actuar como si no hubiera sucedido nada malo. He visto personas que llevan esto al punto de que en realidad parecieran estar contentos de que haya muerto un ser querido. No tenemos que ir tan lejos. Aun así podemos reconocer las cosas de Dios que son siempre ciertas, independientemente de lo que esté sucediendo y de cuánto miedo sintamos.

Sea cual fuere tu miedo de hoy, tráelo ante Dios. Agradécele porque Él es mucho más grande que cualquier miedo. «Entrad por sus puertas con acción de gracias, por sus atrios con alabanza» (Salmo 100:4). Y agradécele porque en su presencia todo miedo se desvanece.

Lo precioso acerca del Señor es que es su amor lo que quita el miedo. Es su amor lo que nos da la fuerza para que podamos enfrentarnos al enemigo de nuestra alma cuando viene a llenar nuestro corazón de miedo. Y cuando nos acosan nuestros peores miedos, es el amor de Dios por nosotros lo que nos asegura que Él hará de toda situación algo bueno.

Lo primero que hizo el pueblo de Israel cuando se enfrentaban con un enemigo era ofrecer sacrificios día y noche. «Y colocaron el altar ... porque tenían miedo de los pueblos de las tierras, y ofrecieron sobre él holocaustos a Jehová, holocaustos por la mañana y por la tarde» (Esdras 3:3-11). Allí está, la canción de alabanza otra vez. Te digo que es poderosa. No te limites nada más a leer sobre esto. Hazlo. Procura que la alabanza sea tu *primera* respuesta ante el miedo.

Yo solía tener miedo a volar. Pero cuando comencé a caminar paso a paso con Dios y supe que me *llamaba* a lugares a los que tendría que ir en avión, le entregué mi miedo al Señor. Él me aseguró que no viajaba sola. Porque Él iba conmigo. Cada vez que tenía miedo adoraba a Dios y decía: «Gracias, Dios, porque siempre estás conmigo. Gracias porque no me has dado miedo, sino tu amor, tu poder y dominio propio». Hubo muchos vuelos en que canté en silencio canciones de alabanza a Dios mientras viajaba. (¡No te preocupes, el ruido de los motores apagaba el sonido de mi voz!) La adoración marcaba la diferencia, porque Dios vivía en mi alabanza y su presencia echaba fuera el miedo.

Dios quiere que le alabemos en todo momento, pero en especial cuando tenemos miedo o nos sentimos desesperanzados. Cuando lo hacemos, Él no solo echará fuera nuestro miedo, sino que hará que nuestro rostro esté radiante porque estuvimos con él (Salmo 34:1-5).

La verdadera adoración nos liberará de la esclavitud de las creencias distorsionadas y un sistema religioso falso. Solo cuando adoramos a Dios con sinceridad se libera nuestro espíritu de su cautiverio para volar alto hasta estar en presencia de Dios.

Sam Hinn

El miedo te mentirá. Te dirá cosas que no son la verdad de Dios para tu vida. El miedo niega que la presencia de Dios esté plenamente activa y cancela toda esperanza y fe en el poder del Señor para obrar por tu bien. Pero la fe, la oración, la alabanza y la Palabra de Dios conquistarán todo miedo.

A la primera señal de desaliento

Dios es un Dios de aliento. Esto es porque Él es un Dios bueno. su aliento viene a través de su Palabra. Viene cuando oramos. Viene a través de su presencia cuando estamos con Él en adoración y alabanza.

Otras personas pueden alentarnos, pero no podemos depender de eso. La mayoría de las personas quieren que las animes, y no están pensando si tú necesitas aliento a menos que se lo digas de forma directa. Pero si estás cerca de alguien que te desalienta día a día constantemente, necesitas pedirle a Dios que te ayude a encontrar otras personas *alentadoras* para estar cerca de ellas.

Cuando Josué entró en la Tierra Prometida, Dios le dijo una y otra vez: «No temas, no te desalientes». También le dijo: «No permitas que mi Palabra se aparte de tu boca». En otras palabras, sigue hablando la Palabra de Dios. Si no hablas la Palabra de Dios, tu coraje se disipará.

Cuando comienzas a entrar en la Tierra Prometida de tu vida, el lugar al que Dios te está llevando, habrá cosas a las que temerás, y cosas que te desalentarán. Pero no te preocupes, no estés ansioso por lo que veas. Solo debes saber que cuanto más grande sea tu futuro, tanto más grande será el ataque en tu contra. Cuando estás entrando en tu destino enfrentarás el desafío más grande que hayas enfrentado jamás. Cuenta con ello.

El desaliento sobreviene lentamente. El coraje que tienes para enfrentar tus problemas y desafíos se ve minado poco a poco. El enemigo quiere convencerte de que no podrás lograrlo, y que más te valdría abandonar. Y cuanto más te acerques a tu destino y a tu momento de la victoria, tanto más intentará el enemigo para que te desalientes. Pretenderá quitarte tu confianza. Y cuando no veas el éxito o el fruto que buscas en tu vida en el momento en que pensabas que llegaría, entonces quizá te desalientes.

A veces nos sentimos tan desalentados con respecto a nuestro futuro que ni siquiera tenemos la fe como para pedirle a Dios por esto. Así que nos apartamos de Él. No oramos. No acudimos a su Palabra. Pensamos que debemos haber hecho algo mal y que Dios está enojado o desilusionado con nosotros. Pero hasta tanto no enfrentemos primero nuestro desaliento no tendremos la fuerza como para enfrentar lo que se nos opone, o para ingresar en todo lo que Dios tiene para nosotros.

En tu carrera, tu matrimonio, tu ministerio o tus relaciones quizá estés al borde del abismo cuando sucede algo que destroza tu esperanza. Quizá estés a pocos pasos de entrar por el umbral de tu futuro, y estás atascado. Ese es el preciso momento en que necesitas alabar a Dios. Convéncete de que debes hacerlo. Dile a tu mente, a tus emociones y a tu voluntad que dejen de preocuparse por todo, y pon tu esperanza en el Señor (Salmo 130:7). Di: «Voy a alabar a Dios, tenga ganas o no, y no importa qué esté sucediendo. Bendice, alma mía, a Jehová, y no olvides ninguno de sus beneficios» (Salmo 103:2).

Cuando el enemigo empiece a atacarte, y diga: «No tienes lo que hace falta», o «Ya no hay más que hacer», o «Eres demasiado débil», entonces alaba a Dios para que renueve tu fuerza. Y aquello por lo que le alabes cada día será una de las armas de tu liberación.

A la primera señal de desaliento, adora a Dios y encuentra tu aliento en Él.

Cuando alabas a Dios en medio de tu preocupación, tu ansiedad, tu miedo y tu desaliento, abres los canales por los que fluyen hacia ti la paz, el amor y el aliento de Dios. Ese es el poder oculto de la alabanza.

LA ADORACIÓN ES

… entrar en presencia de Dios esperando que su paz, su amor y gozo te llenen, no importa cómo te sientas en ese momento. Es proclamar que Él es mucho más grande que lo que estés enfrentando.

Ofrezcamos alabanza a Dios

Oh Señor, te adoro por sobre todas las cosas. Tú eres mi Creador, mi Padre celestial, mi Dios Todopoderoso. Eres mi luz y mi salvación, ¿a quién temeré? Tú, Señor, eres la fuerza de mi vida, ¿de quién he de atemorizarme? (Salmo 27:1). Te entrego mi carga, sabiendo que me sustentarás y nada me hará flaquear (Salmo 55:22). Te agradezco porque «aunque un ejército acampe contra mí, no temeré» (Salmo 27:3). En ti, Señor, «he confiado, no temeré. ¿Qué puede hacerme el hombre?» (Salmo 56:11). «En el día que temo yo en ti confío» (Salmo 56:3). Gracias, Señor, porque cuando te busco me oyes y me liberas de todos mis miedos, porque me salvas de todas mis tribulaciones. Gracias porque tu ángel acampa en derredor de mí para liberarme (Salmo 34:4-7).

Señor, te doy toda mi preocupación y mi miedo. Entrego mi control sobre ellos y los entrego en tus manos. Y elevo mis ojos hacia ti, porque eres mi auxilio en momentos de tribulación. Te alabaré en medio de todo lo que suceda en mi vida. Sé que en tu presencia no tengo que temer a nada. Me niego a albergar al desaliento y elijo este día para encontrar mi fuerza en ti. Tu amor me consuela y borra todo mi miedo. Tu poder en mi vida me da fuerza y me hace sentir seguro. Gracias porque me has dado dominio propio para ver la verdad y discernir lo que está sucediendo a mi alrededor. Gracias por darme el coraje para avanzar y cumplir el destino que tienes para mí.

Dios nos da su Palabra

No se inquieten por nada; más bien, en toda ocasión, con oración y ruego, presenten sus peticiones a Dios y denle gracias. Y la paz de Dios, que sobrepasa todo entendimiento, cuidará sus corazones y sus pensamientos en Cristo Jesús.

Filipenses 4:6-7 (NVI)

Con mi voz clamé a Jehová, y él me respondió desde su monte santo.

SALMO 3:4-6

———————— ⁓⊗⁓ ————————

En el amor no hay temor, sino que el perfecto amor echa fuera el temor; porque el temor lleva en sí castigo. De donde el que teme, no ha sido perfeccionado en el amor.

1 JUAN 4:18

———————— ⁓⊗⁓ ————————

Este pobre clamó, y le oyó Jehová, y lo libró de todas sus angustias. El ángel de Jehová acampa alrededor de los que le temen, y los defiende.

SALMOS 34:6-7

———————— ⁓⊗⁓ ————————

Tema a Jehová toda la tierra; teman delante de él todos los habitantes del mundo.

SALMOS 33:8

———————— ⁓⊗⁓ ————————

Pensemos un poco más en esto

1. ¿A qué cosas le temes más que a nada en este momento? ¿Qué atributos de Dios son los que más agradeces en cuanto a las cosas a las que más temes? Escribe tu respuesta como alabanza a Dios.

2. Lee Juan 6:18-21 en tu Biblia. ¿Por qué tenían miedo los discípulos? ¿Qué les dijo Jesús que les consoló? ¿Cómo respondieron los discípulos a Jesús? ¿Qué sucedió inmediatamente después de esto? ¿Crees que al recibir a Jesús en tu circunstancia se calmaría tu miedo y llegarías a salvo adonde necesitas ir?

3. Lee el Salmo 34:1-10 en tu Biblia. ¿Cuánto y con qué frecuencia debemos alabar a Dios? ¿Qué hace esto por los demás cuando nos ven alabar a Dios en medio de nuestro miedo? Escribe una oración de alabanza por las cosas que agradeces en esta sección de las Escrituras.

4. Lee el Salmo 34:17-22 en tu Biblia. Escribe una oración de alabanza a Dios por todas las cosas que agradeces en estos versículos, en especial con respecto a tu vida en este momento.

5. Lee el Salmo 103 en tu Biblia. Escribe una oración de alabanza a Dios por todo lo que le agradeces en este salmo.

18

Cuando me siento enfermo, débil o herido

───────── ❧ ─────────

Es una de las mujeres más hermosas e inspiradoras que conozco. Así la describiría. Cuando era adolescente sufrió un accidente mientras buceaba y quedó paralítica a causa de una lesión en su médula. Oraba con tanto fervor como cualquiera por una sanidad total, y había millones de personas que también oraban, mas no sanaba. Al menos no en la forma que ella quería sanar. Sin embargo, ocurrieron innumerables milagros a lo largo del tiempo, y el hecho de que siga viva es el milagro más grande de todos.

En un momento, Joni Eareckson Tada se enojó tanto que ya no quería vivir más, pero no podía suicidarse. En su momento de mayor desesperación, en medio de inimaginable sufrimiento, comenzó a alabar a Dios, y en su corazón todo cambió. Fue un momento de transformación en medio de su agonía, cuando por primera vez comenzó a vislumbrar la esperanza. Vio que aunque Dios no sanara su tetraplejia, seguía teniendo un gran propósito para ella.

Desde entonces Joni ha logrado mucho más de lo que la mayoría de nosotros lograríamos en la vida entera. Oró por un milagro, y el milagro es *ella misma*.

Joni y yo hemos estado y hablado en los mismos eventos. Sé lo difícil que me resultaba llegar allí y hacerlo. Y no puedo imaginar lo difícil o complicado que sería para ella. Y sin embargo, brilla. Resplandece. Es hermosamente radiante. Sus ojos son como estanques efervescentes donde tu espíritu puede nadar cuando los miras.

Cuando miro los ojos de Joni veo a Jesús. Porque Joni es todo lo que representa Jesús. Él la sustenta. Él le da aliento. Él la motiva y le da dirección y propósito.

Durante la última conferencia en la que hablamos juntas, Joni me dijo que cuando despierta por la mañana no cree poder llegar al final de día. Pero persevera. Y aun con toda la gente maravillosa que la rodea, sin quienes no podría hacer todo lo que hace, es su cuerpo el que tiene que estar listo para moverse. Es su mente y su voz las que tienen que funcionar a plena capacidad. Es su espíritu y su alma los que han de dar a otros lo que ella tiene para dar. No hay forma en que podría hacer todo lo que hace y tener la personalidad vivaz, cálida, magnética y gozosa que tiene si no fuera porque la infunde el Espíritu de Dios. Es su actitud de alabanza y adoración a Dios lo que se ve primero en su vida.

Cada vez que hablo con ella me da fuerzas, esperanza y aliento. Muchas veces, cuando sentía que no podía ya más, pensaba en Joni y esto me inspiraba para no claudicar.

Muchas veces pensé: *Si Joni puede hacer todo lo que hace, seguramente yo puedo soportar esto y tener además una actitud plena de alabanza.*

Joni es demasiado humilde y pura como para conocer la plena extensión del impacto personal que tiene en las vidas de millones de personas. Y en especial en mí. La amo. Es mi heroína. Me ha enseñado más sobre Jesús de lo que puede llegar a imaginar. Y aunque Joni no ha sanado en cuanto a poder caminar, ha sido sanada en muchas otras maneras en las tres décadas que han pasado desde su accidente. Y sigue viva y sana, y toca a millones de personas cada día. Hemos visto en su rostro el rostro de Jesús, y él es hermoso, radiante, resplandeciente, vibrante y amoroso.

Alabanza en medio del sufrimiento

He tenido muchas experiencias cercanas a la muerte, y ya he relatado una de ellas en un capítulo anterior. ¿Por qué no me sanó Dios para que no tuviera que pasar por tal agonía, con peligro para mi vida? No lo sé. Solo sé que confío en Él, sea sanada o no en respuesta a mis oraciones. Ha habido momentos en que sí me sanó. Hubo otras ocasiones en que no lo hizo. Pero Dios es quien me ha mantenido viva. Le agradezco por su voluntad para mi vida, sea cual sea esta.

Jesús es el Sanador, pero sana a su manera y a su tiempo. Cuando oramos pidiendo sanidad —como en todo otro pedido en oración— no estamos diciéndole a Dios qué hacer. Él es soberano y sabe qué hacer. Aunque creo que Jesús vino a la tierra como Sanador *nuestro,* no toda enfermedad o lesión serán sanadas. Si no nos sana de la manera en que le pedimos que lo haga es porque tiene un plan más grande y porque en este plan se verá su gloria.

Hay enfermedades que provienen del enemigo. Dios permitió que Satanás enfermara a Job: «Y Jehová dijo a Satanás: He aquí, él está en tu mano; mas guarda su vida. Entonces salió Satanás de la presencia de Jehová, e hirió a Job con una sarna maligna desde la planta del pie hasta la coronilla de la cabeza» (Job 2:6-7). Dios lo permitió por alguna razón. Y aunque no entendamos la razón por la que el Señor no siempre nos sana, podemos confiar en que Él producirá algo bueno a partir de nuestro sufrimiento.

Nuestro sufrimiento nos obliga a acercarnos más a Dios.

Y aunque Job era un hombre que tenía mucha fe en Dios, había todavía algo más que tenía que aprender sobre el Señor. Job tuvo que arrepentirse por cuestionar a Dios acerca de lo que le había pasado. Vio finalmente que Dios es soberano, y que no podemos conocer sus caminos ni por qué hace lo que hace. El arrepentimiento de Job está directamente ligado a su restauración.

La Biblia dice: «¿Está alguno entre vosotros afligido? Haga oración. ¿Está alguno alegre? Cante alabanzas. ¿Está alguno enfermo entre vosotros? Llame a los ancianos de la iglesia, y oren por él, ungiéndole con aceite en el nombre del Señor. Y la oración de fe salvará al enfermo, y el Señor lo levantará; y si hubiere cometido pecados, le serán perdonados. Confesaos vuestras ofensas unos a otros, y orad unos por otros, para que seáis sanados. La oración eficaz del justo puede mucho» (Santiago 5:13-16). Es muy claro entonces que si estamos sufriendo tenemos que orar. Esto significa una oración ardiente, devota, sincera, de corazón, con entusiasmo. Significa orar con todo nuestro corazón.

Porque aunque no podemos controlar las respuestas de Dios a nuestras oraciones, sí podemos controlar nuestra manera de orar.

Orar con pasión y fervor por nuestra propia enfermedad no es problema, porque jamás sentiremos apatía o falta de voluntad. Nos sentimos muy comprometidos, en realidad. Y cuanto más enfermos, más tristes, con más dolor o incapacidad, tanto más fervientemente oramos. No hay duda de que las oraciones de Joni han de haber sido de las más fervientes. Y del mismo modo lo fueron las oraciones de todas esas personas que la aman. Pero Dios tenía otros planes. Hizo de ella un asombroso testimonio de su bondad, su gracia y su amor que sustentan. Lo bueno que ha logrado Joni por tantas personas sobre este planeta no podría jamás medirse en una vida entera.

Joni aprendió a alabar a Dios en medio de su sufrimiento. Yo también lo he aprendido. Porque la alabanza trae sanidad, de una manera u otra. He estado en el valle de sombras de la muerte muchas veces, pero encontré que el nombre de Jesús es más profundo que este valle. Y he estado en la cima de la salud, pero sé que el nombre de Jesús es mucho más alto. Sea sanada o no, he aprendido a alabarle en ambos lugares.

> Creo que honramos especialmente a Dios cuando ofrecemos el sacrificio de la alabanza. Lo glorificamos cuando ofrecemos palabras de adoración empapadas del sufrimiento y el dolor del corazón … La mayoría de los versículos de alabanza en la Palabra de Dios fueron escritos por hombres y mujeres que enfrentaban dolor, pena, injusticia, traición, injuria y todo tipo de situaciones intolerables.
>
> Joni Eareckson Tada

Jesús tomó sobre sí la penitencia por nuestros pecados cuando sufrió y fue crucificado sobre una cruz. Y es por medio de este sufrimiento que llevó sobre su cuerpo que podemos ser sanados (1 Pedro 2:24).

Pero todo depende de Dios. No le estamos diciendo qué hacer cuando oramos. Él es nuestro sanador, pero no todos encontramos la sanidad que queremos en el momento en que la queremos. A veces la sanidad se demora. Y podemos cansarnos esperando. El tiempo pasa muy lentamente cuando sufrimos o estamos con dolor. Pero alabar a Dios nos sustentará durante ese tiempo.

Cuando alabamos a Dios en medio de nuestra enfermedad, dolor, debilidad o miseria nuestra acción de adoración abre un canal por el que puede penetrar su sanadora presencia en nuestras vidas para sanarnos o sustentarnos según Él lo considere. Ese es el poder oculto de la alabanza a Dios.

Una vez, mientras soportaba un terrible sufrimiento físico, abrí mi Biblia al azar buscando consuelo. En lugar de abrirse donde estaba el marcador que indicaba mi última lectura, me encontré en el Salmo 102. Lo que leí allí fue escrito hace miles de años, sin embargo podría haber sido escrito justo para mí, en ese momento, a causa de lo que estaba viviendo. El escritor fue sincero ante Dios acerca de cómo se sentía y todo lo que sufría, y clamaba a Dios para que oyera su oración y le diera un futuro. Después de leer el salmo hice lo mismo. Como el escritor, reconocí que Dios será por siempre y nunca cambiará, y que tengo un futuro eterno con Él. No importa qué tan malas sean las cosas aquí abajo, tengo la esperanza de que tanto si Dios elige sanarme como si no lo hace, tengo una vida con él para siempre, una vida libre de dolor, y lo alabo por ello.

He descubierto que no importa qué tan mal me sienta, cuando alabo a Dios me siento mejor. He visto mucha sanidad en los servicios de adoración donde mucha gente adora a Dios en conjunto. También he visto sanidad cuando adoro a Dios estando sola. Suceden cosas cuando adoramos al Señor, porque alabar a Dios es la oración que todo lo cambia.

Lo reconozcamos o no, seguimos vivos hoy porque Dios nos ha sanado de alguna manera en algún momento. Pero no todas las personas glorifican a Dios como su Sanador. Fueron diez los leprosos que clamaron a Jesús para que los sanara, y el Señor los sanó a todos. Pero solo uno de esos diez volvió y glorificó a Dios (Lucas 17:15).

¿Cuántas veces somos como los otros nueve? Dios hace algo grandioso por nosotros, y lo damos por sentado, no nos inclinamos ante Él, a sus pies, para agradecerle por ello. Muchas veces hacemos esto con la sanidad, aun cuando sea en respuesta a una oración específica que hayamos orado. Mucha gente piensa: *Bueno… habría pasado de todos modos.* Tomamos las bendiciones de nuestra salud como cosa dada, en lugar de alabar a Dios cada día, agradeciendo porque Él es nuestro Sanador.

La sanidad de Dios es una de las mayores demostraciones de su amor. Cuando alabamos a Dios invitamos a su presencia a entrar en nuestra vida de manera potente. «Y el poder del Señor estaba con él para sanar» (Lucas 5:17). En su presencia hay sanidad.

LA ADORACIÓN ES

… un sacrificio porque no es algo que hagamos naturalmente. Tenemos que *querer* hacerlo. Tenemos que *decidir* hacerlo. Tenemos que *tomarnos el tiempo* de hacerlo. Tenemos que *esforzarnos* por hacerlo.

Ofrezcamos alabanza a Dios

Señor, te adoro. Todopoderoso Dios, te alabo. Jesús, te exalto y agradezco porque eres mi Sanador. Gracias por morir por mí en la cruz, por soportar sobre tu cuerpo las consecuencias de mi pecado. Eres más grande que todo lo que pueda enfrentar o sufrir yo, y te agradezco porque en tu nombre puedo encontrar sanidad. Eres mi torre fuerte. Eres mi fuerza. Tu poder no tiene límites. Sé que si me sanas, tendré sanidad completa. Gracias porque resucitarás con sanidad para aquellos que temen tu nombre (Malaquías 4:2). «Ten misericordia de mí, oh Dios, ten misericordia de mí; porque en ti ha confiado mi alma, y en la sombra de tus alas me ampararé hasta que pasen los quebrantos» (Salmo 57:1). «Ten misericordia de mí, oh Jehová, porque estoy enfermo; sáname, oh Jehová, porque mis huesos se estremecen» (Salmo 6:2).

Señor, te alabo y agradezco porque nunca cambias y mi vida contigo en la eternidad está asegurada. Elevo a ti mis aflicciones en este día (nómbralas ante el Señor) y te pido que las quites. Sé que puedes hacerlo y sé que eres un Dios de misericordia. Ten misericordia de mí, Señor. Gracias por tu gracia y misericordia hacia mí. «Te glorificaré, oh Jehová, porque me has exaltado … Jehová Dios mío, a ti clamé, y me sanaste» (Salmo 30:1-2). «Bendice, alma mía, a Jehová, y no olvides ninguno de sus beneficios. Él es quien perdona todas tus iniquidades, el que sana todas tus dolencias» (Salmo 103: 2-3). Sé que es tu voluntad la que se hará, y confío en ti también para eso. Si decidieras no sanarme de la manera y en el momento en que yo lo deseo, confío en que harás que mi sufrimiento sea para bien y que te glorificará.

Dios nos da su Palabra

Sáname, oh Jehová, y seré sano; sálvame, y seré salvo; porque tú eres mi alabanza.

JEREMÍAS 17:14

———————— ∞ ————————

Envió su palabra, y los sanó, y los libró de su ruina.

SALMOS 107:20

———————— ∞ ————————

Mas él herido fue por nuestras rebeliones, molido por nuestros pecados; el castigo de nuestra paz fue sobre él, y por su llaga fuimos nosotros curados.

ISAÍAS 53:5

———————— ∞ ————————

El mismo tomó nuestras enfermedades, y llevó nuestras dolencias.

MATEO 8:17

———————— ∞ ————————

¿Está alguno entre vosotros afligido? Haga oración. ¿Está alguno alegre? Cante alabanzas. ¿Está alguno enfermo entre vosotros? Llame a los ancianos de la iglesia, y oren por él, ungiéndole con aceite en el nombre del Señor. Y la oración de fe salvará al enfermo, y el Señor lo levantará; y si hubiere cometido pecados, le serán perdonados. Confesaos vuestras ofensas unos a otros, y orad unos por otros, para que seáis sanados. La oración eficaz del justo puede mucho.

Santiago 5:13-16

Pensemos un poco más en esto

1. Lee 2 Corintios 5:1 en tu Biblia. ¿Cuál es nuestra esperanza cuando no somos sanados como lo pedimos en oración?

2. Lee Isaías 58:6-12 en tu Biblia. Según estos versículos, ¿cuáles son algunas de las cosas que pueden suceder cuando observamos el ayuno que Dios ha elegido y oramos?

3. Lee el Salmo 102:1-12 en tu Biblia. En esta oración David está afligido, sobrecogido por su condición. ¿Qué hizo en su sufrimiento?

4. ¿Alguna vez te has sentido como se sintió David en estos versículos? ¿Te sientes así ahora? ¿Por qué puedes alabar a Dios en medio de tu sufrimiento?

5. Lee Éxodo 15:26 y Jeremías 30:17 en tu Biblia. ¿Cuáles son las promesas de Dios en estos versículos? ¿De qué manera te dan esperanza?

19
Cuando lucho contra
las dudas

D udo que haya alguien que jamás luche con la duda en algún momento. ¿Cuántos de nosotros siempre «por fe andamos, no por vista» (2 Corintios 5:7)? Sin embargo he descubierto que la duda no es el mayor pecado, sino la falta de fe.

Podemos dudar y aun así tener fe. Dudo de mis capacidades, pero todavía tengo fe para hacer las cosas que Dios me ha llamado a hacer. Mi duda sobre lo que yo pueda hacer aumenta mi fe en lo que el Señor puede hacer. Sé que «todo lo puedo en Cristo que me fortalece» (Filipenses 4:13). Y sé que «al que cree todo le es posible» (Marcos 9:23).

Podemos dudar. Pero no acerca de Dios. Con Dios necesitamos fe inconmovible.

Muchas veces no le damos a Dios el beneficio de la duda, e inmediatamente suponemos lo peor. Eso es pecado. Lo que no es fe, es pecado (Romanos 14:23). Cuando no usamos nuestros ojos espirituales para ver el amor de Dios en cada uno de los aspectos de nuestra vida, cuando no le agradecemos en todas las cosas y no buscamos su bondad y misericordia en todo lo que nos sucede, debemos apenar a Dios.

Sabes qué se siente cuando amas a alguien y solo ves lo bueno que hay en esa persona, aunque cuando los elogias no te creen. Lo único que ven es lo que perciben como defectos, y se niegan a dejarse convencer por tu perspectiva. O cuando les dices que no se preocupen porque te encargarás de sus cosas y no confían en ti. Eso te entristece.

Dios se entristece cuando no confiamos en *Él*. Porque quiere proveer para cubrir nuestras necesidades, quiere librarnos del plan del enemigo para nuestras vidas, quiere mostrarnos nuestro propósito y ayudarnos a adentrarnos en él. Quiere que confiemos en Él para todas las cosas y en todo tiempo. Y se entristece, estoy segura, cuando no lo hacemos.

La fe es un don. Dios nos da una determinada cantidad de fe para vivir nuestras vidas. Fe para el futuro. Fe en que su poder nos guía. Fe en su capacidad para cuidar de nosotros. «Conforme a la medida de fe que Dios repartió a cada uno» (Romanos 12:3). A veces Dios nos da también una *medida especial* de fe para el momento en que estamos. Y cuando lo hace debemos actuar según la fe que nos da.

La Biblia nos cuenta de una viuda que le dijo al profeta Eliseo que los acreedores vendrían para llevarse a sus hijos como esclavos. Cuando Eliseo le preguntó: «¿Qué tienes en tu casa?», ella respondió que solo tenía una vasija con aceite. Como Dios utiliza lo que tenemos Eliseo entonces le dijo que tomara prestadas todas las vasijas vacías que pudiera conseguir. «No pocas», le dijo (2 Reyes 4:2-3).

En otras palabras, no pienses en pequeño sobre lo que Dios puede hacer en tu vida. Prepárate para que Dios haga algo grande.

La viuda hizo lo que Eliseo le había indicado y luego «se fue la mujer, y cerró la puerta encerrándose ella y sus hijos» (2 Reyes 4:5).

Cuando ofrecemos a Dios todo lo que tenemos y nos preparamos para que él haga algo grande debemos cerrar la puerta, encerrando la duda del mundo afuera.

Cuando la viuda vertió su aceite en las vasijas que había conseguido, las llenó todas. Cuando estuvieron todas llenas «cesó el aceite», dejó de fluir (2 Reyes 4:6).

Dios le dio tanto como ella podía contener.

La viuda entonces vendió el aceite, pagó su deuda, y tuvo dinero suficiente para vivir. Esto no dice que Dios lo hizo cada mes durante el resto de su vida, fue algo especial que hizo en ese momento. Y proveyó en proporción a lo que la mujer era capaz de recibir.

Dios nos dará tanto como podamos recibir por fe.

Habrá momentos en que necesitaremos más fe para recibir lo que Dios nos quiere dar. El problema es que a menudo cuando los tiempos son difíciles —cuando necesitamos el mayor milagro porque sabemos que si Dios no hace algo nos hundiremos— en esos momentos precisamente es cuando tenemos miedo y comenzamos a dudar. Y si nuestras oraciones no han sido respondidas, o no hemos orado tanto como debiéramos, esto *aumenta* nuestra duda. Y si no hemos estado leyendo la Palabra de Dios tanto como debiéramos, entonces nuestra fe no se ha fortalecido como debiera (Romanos 10:17).

No estoy hablando de poner fe en la fe. Estoy hablando de depositar nuestra fe en Dios y en su capacidad para hacer lo que para nosotros es imposible lograr.

He descubierto que la adoración y la alabanza aumentan nuestra fe, y no solo elevan nuestra visión para ver quién es Dios en realidad y todo lo que ha hecho, sino que además nos capacita para ver lo que es capaz de hacer. La alabanza aumenta nuestra capacidad para recibir un don de fe mayor del que ya tenemos. Aumenta nuestra conciencia de las grandes cosas que Dios quiere hacer en nuestras vidas y las vidas de otras personas. Nos da visión de nuevas posibilidades.

La alabanza es una declaración, un grito de victoria, que proclama fe para estar firmes en el lugar que Dios nos ha dado. La alabanza es la proclamación de que el intento del enemigo por derribarnos no nos moverá. La alabanza declara que no nos moverán los intentos del enemigo por arrebatarnos del lado de Dios.

Darlene Zschech

A Dios no le gustan las quejas. Cuando el pueblo de Israel se quejaba por estar en el desierto y dudaron de que Dios tuviera algo bueno en mente para ellos, el Señor envió fuego para destruir a una parte de la población (Números 11:1). Necesitamos venir ante Dios y ver si algunos de los fuegos en nuestras vidas son por la misma razón. Quizá nos quemamos demasiado a menudo porque permitimos que la duda tome el lugar de la fe.

Quejarnos en lugar de alabar y adorar es señal de que no somos agradecidos con Dios y de que dudamos de su bondad y fidelidad. Muestra que no creemos que Dios sea realmente quien dice ser. Cuando nos quejamos indicamos que no confiamos en Dios y que tememos que no nos ayude. Dudamos que pueda hacer lo imposible. Nuestra falta de fe levanta una barrera entre nosotros y el Señor, y cortamos la avenida por la cual Él puede bendecirnos.

Alabar a Dios en medio de los momentos de duda abre la avenida por la que llega a nuestras almas una nueva infusión de fe. Ese es el poder oculto de la alabanza.

Hay gente que tiene fe en la fe, pero no tiene fe en Dios. Cuando esto sucede no importa qué es lo que Dios quiere, porque solo importa lo que desea la persona que ejerce esa fe. También está el extremo opuesto, que es la gente que ni siquiera permitirá que menciones la palabra «fe» porque esto significa que formas parte de un «movimiento de fe», aunque no sé qué quieren decir con eso. Creen que «fe» es una mala palabra. Debemos permanecer junto a la Palabra de Dios, que está entre estos dos extremos. Según su Palabra, Dios quiere que tengamos fe. Nos da una medida de ella. Oír la Palabra de Dios nos da fe. Dios quiere que tengamos fe en Él y en lo que dice. Quiere que sepamos lo que es verdad en cuanto a la fe.

Siete verdades en cuanto a la fe

1. *Agradamos a Dios cuando tenemos fe.* «Pero sin fe es imposible agradar a Dios; porque es necesario que el que se acerca a Dios crea que le hay, y que es galardonador de los que le buscan» (Hebreos 11:6). Es importante hacer feliz a Dios.

2. *La fe nos mantiene alejados del pecado.* «Todo lo que no proviene de fe es pecado» (Romanos 14:23). No tener fe es pecar.

3. *La fe nos protege del enemigo.* «Sobre todo, tomad el escudo de la fe, con que podáis apagar todos los dardos de fuego del maligno» (Efesios 6:16). Necesitamos ese tipo de protección todos los días.

4. *Tener fe nos ayuda a encontrar la paz.* «Justificados, pues, por la fe, tenemos paz para con Dios por medio de nuestro Señor Jesucristo» (Romanos 5:1). Cuando permitimos que la duda entre y devore nuestra fe, perdemos la paz.

5. *Tener fe nos ayuda a encontrar la sanidad*: Jesús dijo: «¡Recibe la vista! ... tu fe te ha sanado» (Lucas 18:42, NVI)

6. *La fe nos ayuda a vivir*: «De hecho, en el evangelio se revela la justicia que proviene de Dios, la cual es por fe de principio a fin, tal como está escrito: "El justo vivirá por la fe"» (Romanos 1:17). No queremos solo perdurar, sobrevivir, sino tener vidas que tengan impacto. Y esto no puede suceder sin fe en el poder de Dios que nos ayuda a ser todo lo que Él nos ha llamado a ser.

7. *La fe derriba todo muro en nuestras vidas*: «Por la fe cayeron las murallas de Jericó, después de haber marchado el pueblo siete días a su alrededor» (Hebreos 11:30). El único modo en que podemos derribar los obstáculos que se erigen en nuestras vidas es a través de la fe en que Dios puede hacer lo que nosotros no podemos.

Con Dios todas las cosas son posibles

Los milagros suceden porque la gente tiene fe. No fe en los milagros, sino fe en Dios, que obra milagros.

Cuando una mujer que había tenido hemorragias durante doce años tocó el borde del manto de Jesús, el Señor se volvió y le dijo: "¡Ánimo, hija! Tu fe te ha sanado". Y la mujer quedó sana en aquel momento» (Mateo 9:20-22). Jesús sanó a los ciegos tocándolos, y dijo:

«Se hará con ustedes conforme a su fe» (Mateo 9:29). Por fe fue que los israelitas cruzaron el Mar Rojo a pie como si fuera tierra seca mientras los egipcios se ahogaron intentando hacer lo mismo (Hebreos 11:29).

Para poder ver milagros en nuestras vidas tenemos que tocar a Jesús y tener fe en su capacidad y deseo de tocarnos. La alabanza y la adoración nos capacitan para hacer esto. Nuestra adoración influirá en lo que emane de nuestra vida, ya sea una gran fe o una gran duda.

¿Qué haces cuando recibes malas noticias? ¿Cómo reaccionas cuando el doctor te informa que tus análisis han arrojado resultados malos? ¿Se hunde tu corazón y surge el miedo? ¿Te acosa la depresión como si fuera un oscuro manto de negrura y terror? Si esto te sucede por alguna razón, comienza inmediatamente a alabar a Dios. Alábale en voz alta si estás en posición de hacerlo. Canta canciones de alabanza y adoración a Dios hasta romper con la tristeza o el susto. Agradece a Dios porque, siendo quien es, con Él todo es posible. Ora por tu situación específica. Dile de tus necesidades, pedidos, preocupaciones y miedos. Coméntale las razones por las que le amas. Agradécele por su Palabra. Cita su palabra en tus oraciones. Al hacerlo encontrarás que tu fe aumenta. Y al aumentar, podrás enfrentar tus dudas y miedos, y decir: «Con Dios todas las cosas son posibles. Bendito sea el nombre del Señor».

El hecho de que Dios responda a nuestra fe es señal de su amor por nosotros. Él nos recompensa porque creemos en Él. Por confiar en él. Por amarle. Es su gran amor por nosotros lo que hace que tengamos fe en Él. Sabes lo que pasa cuando te enamoras de alguien. El amor de esa persona hace que confíes en ella. Lo mismo pasa con Dios. Cuanto más veas cómo te ama Dios, más fe tendrás en Él. Cuanto más le adores, mejor entenderás y confiarás en su amor por ti.

LA ADORACIÓN ES

… un lugar donde podemos ahogar la voz del miedo y la duda con una lluvia de adoración y alabanza. Y cuando venimos ante el Señor, Él nos recuerda todo lo que es, y esto aumenta nuestra fe.

Ofrezcamos alabanza a Dios

Te adoro, Todopoderoso Dios, y te doy toda la gloria de que es digno tu nombre. Te alabo, Señor del cielo y la tierra, y te agradezco porque contigo todas las cosas son posibles. Lo que es imposible con los hombres es posible contigo (Lucas 18:27). Gracias porque das fe como don a quien te lo pide. A causa de ti ya no tengo que vivir en duda. Te pido que aumentes mi fe para creer en cosas más grandes. Ayúdame a siempre «pedir con fe, sin dudar». Que nunca sea como la ola del mar, agitada y arrastrada por el viento porque dudo (Santiago 1:6-8).

Sé que es por fe que estamos firmes (2 Corintios 1:24). Quiero tener tanta fe como para tener total convicción de que todo lo que me has prometido también lo puedes cumplir en mi vida (Romanos 4:21). Específicamente, Señor, quisiera tener más fe en lo siguiente (nombra la esfera de tu vida en que quisieras tener más fe). Sé que la fe es un don tuyo, y que me da esperanza para creer en las cosas que aun no he visto (Hebreos 11:1). Oro que mi fe, no importa cuánto sea puesta a prueba por fuego, te glorifique y te traiga toda la alabanza, la honra y la gloria que te pertenecen. Gracias porque me has dado tu Palabra, mediante la que mi fe puede aumentar. Ayúdame a crecer en mi entendimiento de tu Palabra, para que esté tan mezclada con mi fe que te glorifique (Hebreos 4:2).

Dios nos da su Palabra

Porque de cierto os digo, que si tuviereis fe como un grano de mostaza, diréis a este monte: Pásate de aquí allá, y se pasará; y nada os será imposible.

MATEO 17:20

En lo cual vosotros os alegráis, aunque ahora por un poco de tiempo, si es necesario, tengáis que ser afligidos en diversas pruebas, para que sometida a prueba vuestra fe, mucho más preciosa que el oro, el cual aunque perecedero se prueba con fuego, sea hallada en alabanza, gloria y honra cuando sea manifestado Jesucristo.

1 Pedro 1:6-7

───────────── ❧ ─────────────

Es, pues, la fe la certeza de lo que se espera, la convicción de lo que no se ve.

Hebreos 11:1

───────────── ❧ ─────────────

Así que la fe es por el oír, y el oír, por la palabra de Dios.

Romanos 10:17

Porque también a nosotros se nos ha anunciado la buena nueva como a ellos; pero no les aprovechó el oír la palabra, por no ir acompañada de fe en los que la oyeron.

Hebreos 4:2

───────────── ❧ ─────────────

Pensemos un poco más en esto

1. Lee Santiago 1:6-8 en tu Biblia. ¿Cómo debemos vivir? ¿Cómo debemos pedirle a Dios las cosas? ¿Qué sucede cuando no vivimos de esa manera?

2. Lee Hebreos 10:38 en tu Biblia. ¿Cómo se supone que vivamos? ¿Qué sucede cuando no lo hacemos?

3. ¿Te ha sucedido algo hace poco, o en el pasado, que te hizo sentir dudas acerca de la capacidad o deseo de Dios de ayudarte y cuidarte? ¿Crees sinceramente en que Dios siempre tiene en mente lo que es mejor para ti? ¿Por qué o por qué no?

4. ¿En qué esferas es más débil tu fe? Escríbelo como oración de confesión al Señor. (Por ejemplo: «Señor, confieso que mi fe es más débil cuando se trata de mis finanzas...») Luego escribe una oración de adoración, alabanza y agradecimiento a Dios por las cosas de él que más te alientan en esta esfera en que tu fe es más débil. (Por ejemplo: «Señor, te alabo porque eres mi Proveedor. Gracias porque eres un Dios de restauración y bendición...»)

5. Lee Hebreos 11 en tu Biblia. ¿Cuáles de las cosas que hicieron por fe estas grandes personas quieres imitar? (Por ejemplo: «Quisiera tener la fe de seguir a Dios dondequiera que Él me guíe, como lo hizo Abraham según lo relatado en el versículo 8»).

20
Cuando no veo respuesta
a mis oraciones

———— ❧ ————

¿Alguna vez has orado y orado por una situación, una persona, una necesidad, un sueño, sin ver respuesta a tus oraciones? Quizá alguien te ha lastimado una y otra vez, y esta persona no cambia a pesar de que oras mucho por ella. O quizá has orado una y otra vez por mejoras en tus finanzas, y aun así vives bajo la amenaza de perder tu casa cada mes. O has orado por sanidad una innumerable cantidad de veces y nunca pareces salir de tu problema de salud. Cuando pareciera que nuestras oraciones quedan sin respuesta durante mucho tiempo, sentimos que queremos abandonar todo, o enojarnos con Dios, o desesperanzarnos en lugar de estar firmes durante la espera.

Perder la esperanza significa que has sufrido tanto como para ya no tener fuerzas, capacidad, motivación o expectativas para seguir orando. Significa que tu desaliento es de tan larga data que ya crees que nada cambiará jamás. No hay cura *en el mundo* para el corazón que siente que todo está perdido.

Y en realidad, los métodos del mundo para ayudar al corazón derrotado se encuentran en cosas como el alcohol, las drogas, los amoríos o las expresiones de ira. Y la ira por lo general está dirigida a Dios. Pero como la gente no puede pegarle a Dios, buscan oportunidades para pegarle a alguien más. Un hombre quizá le grite a su esposa, una mujer quizá maltrate a su hijo o hija, y hasta puede ser que alguien descargue su ira y frustración en un amigo. El hombre que entra a su lugar de trabajo y dispara un arma contra sus compañeros probablemente esté más enojado con Dios que con la gente que hiere y mata. Lo que pasa es que no lo sabe.

¿Te has enojado con Dios alguna vez porque no recibiste respuesta a tus oraciones? Quizá alguien responda a esto diciendo: «He estado enojado porque nada cambiaba en una situación por la que oré durante mucho tiempo, pero no estaba enojado con Dios».

La verdad es que si te enojas porque tus oraciones no reciben respuesta, estas enojándote con Dios porque no responde a esas oraciones.

Créeme, sé muy bien de qué estoy hablando. He estado allí, y me pasó exactamente lo mismo. Encontré que la única forma de salir de la frustración, la amargura y la desesperanza es a través de la alabanza. Cada vez que comienzo a sentir impaciencia por la falta de respuesta a una oración en particular, dejo todo para adorar al Señor como Dios omnisciente y todopoderoso del universo. Le alabo por ser fiel y digno de confianza.

> Cuando adoramos, ascendemos, y cuando ascendemos, obtenemos la revelación de Dios.
>
> Chuck D. Pierce

Cuando alabo a Dios me es más fácil reconocer mi pecado de duda y desaliento para poder confesarlo. La adoración me ayuda a reconocer que Dios es mucho más grande que cualquiera de las cosas por las que estoy orando. Me ayuda a confiar en que Dios ha oído mis oraciones y en que *sí las responderá a su manera y a su tiempo.* Me ayuda a entregar esa situación a Dios y a confiar en Él por el resultado. Me da renovada fe para volver a creer.

Cuando alabamos a Dios a la primera señal de desaliento, Él abrirá nuestros ojos a la verdad y nos ayudará a ver las cosas desde una perspectiva más cercana a la suya.

Qué hacer mientras esperas

Una de las peores cosas que pudiera pasarle a una mujer en los tiempos bíblicos, además de la muerte de su esposo, era la incapacidad de procrear, de tener hijos. En esa época siempre se culpaba a la mujer en los casos de infertilidad, y se consideraba que la mujer estaba siendo castigada por Dios a causa de su pecado. Era culpa *de ella*, y la despreciaban por ello. Las mujeres sin hijos eran consideradas como de menor valía, no se les respetaba, y hasta eran rechazadas por los esposos al punto de llegar al divorcio. El estigma social era devastador.

Cuando el profeta Isaías predijo la venidera restauración de Jerusalén, comparó su condición a la de una mujer estéril. Les dijo a los israelitas que cantaran ante esta situación. Dijo: «Regocíjate, oh estéril, la que no daba a luz; levanta canción y da voces de júbilo, la que nunca estuvo de parto» (Isaías 54:1).

Así debiéramos responder ante la oración sin respuesta, ante las situaciones estériles o sin fruto en nuestras vidas. Hemos de cantar alabanza a Aquel que puede dar vida a los lugares y las situaciones muertas. Al que puede dar nacimiento a algo nuevo en nosotros y en nuestras circunstancias. Al que oye nuestras oraciones y responde a su manera y a su tiempo.

La Biblia habla de una cantidad de mujeres que no podían concebir, sin embargo Dios oyó su clamor y respondió a sus oraciones muchos años después. Elisabet y Sara habían pasado ya en mucho la edad en que les era humanamente posible concebir un hijo. Ya no tenían esperanza alguna. Y sin embargo, aunque pensaban que sus oraciones no habían sido respondidas, no se amargaron dirigiendo su enojo contra Dios. Que una mujer de la antigüedad cantara cuando era estéril equivale a que tú o yo cantáramos en medio de la falta de respuesta a nuestras oraciones. Significa que nos negamos a la amargura, a la falta de esperanza, al desaliento.

Cuando soñamos algo para nuestra vida y vemos que año tras año pareciera no cumplirse jamás, y que no hay forma posible en que pudiera ocurrir, necesitamos adorar a Dios en medio de esta situación. Cuando la esperanza de que algo suceda muere por completo, necesitamos alabar a Dios por su poder de resurrección. La Biblia nos dice que Dios no solamente puede traer vida a lo que está muerto, sino que debemos prepararnos para esa posibilidad a causa de su Persona y su poder para actuar.

Aun cuando parezca que toda esperanza ha acabado, alabar a Dios liberará a su vida de resurrección para que fluya hacia nosotros. Este es el poder oculto de la alabanza.

Al principio la idea de cantar ante la más terrible desilusión puede parecer una sugerencia cruel. *Sin embargo, el acto mismo de cantar en adoración y alabanza a Dios libera sus bendiciones para que vengan hacia nosotros.* Cuando nos desalentamos o nos sentimos derrotados por las oraciones que no reciben respuesta podemos convertir nuestra pena en gozo cantando alabanzas. Cuando lo hacemos, rompemos las pesadas cadenas de la desesperanza. Al cantar indicamos que nuestra fe y atención están en la bondad y el poder de Dios, no en nuestras circunstancias.

Alabar y adorar a Dios no garantiza que nuestras oraciones sean respondidas exactamente como lo esperamos, como lo pedimos en oración. Esto no sucede todo el tiempo, para nadie. Repito que la oración no es decirle a Dios qué debe hacer. Es compartir con Él nuestro corazón, haciéndole saber nuestras peticiones. Luego Dios responderá según su voluntad.

No adoramos a Dios para *obtener* sus bendiciones. Eso no es adorar *a Dios* en verdad; eso es adorar *a las bendiciones*. No obstante, cada vez que reconocemos plenamente quién es Dios y le adoramos porque Él es, entonces nuestra alabanza desata las bendiciones que existen *con Él, en Él y a causa de Él*. La alabanza nos lleva ante la presencia de Dios e invita a su presencia a habitar en nosotros de manera más profunda. Y en su presencia es imposible no tener bendición.

También debemos recordar que esto será según sus tiempos y no los nuestros. Los tiempos de Dios son perfectos, y sus modos también son perfectos. Alabar a Dios nos permite reposar en esto. Muchas veces demorará la respuesta a nuestras oraciones durante un tiempo para que podamos saber con absoluta certeza que es Él quien hace que sucedan las cosas. Dios provoca la demora hasta que haya muerto toda esperanza que no estuviera depositada solo en Él.

Nuestro Soberano Dios ha decretado que su voluntad para ti consiste en la oración. Tus oraciones aseguran que su voluntad se haga en la tierra. No hay oración que pueda impedir que suceda la perfecta voluntad de Dios. Tampoco la alabanza puede hacerlo. Cuando no alabamos a Dios, cerramos la puerta a las posibilidades de que Él haga nacer algo nuevo en nosotros. Jesús dijo que debemos orar siempre, sin desmayar (Lucas 18:1). Quería recordarnos que no debemos permitirnos desmayo alguno en nuestras oraciones si no obtenemos respuesta. Si desmayamos y nos sentimos desalentados, debemos ser más persistentes en la oración y la alabanza. Así que si tus oraciones no han recibido respuesta esto no significa que nunca la recibirán. En realidad, quizá ya hayan sido respondidas pero no de la manera que esperabas o querías, así que no estás viendo la respuesta, nada más.

Una viuda vino ante un juez pidiéndole justicia ante su adversario. Aunque al juez no le importaban ni la mujer ni Dios, la ayudó porque vio que la mujer no dejaría de insistir y molestarle. ¿Cuánto más responderá Dios a sus amados hijos que oran con perseverancia? «¿Y acaso Dios no hará justicia a sus escogidos, que claman a él día y noche? ¿Se tardará en responderles? Os digo que pronto les hará justicia. Pero cuando venga el Hijo del Hombre, ¿hallará fe en la tierra?» (Lucas 18:7-8).

¿Cuántas veces dejamos de orar, cuando en realidad debiéramos orar aun con mayor ahínco? ¿Cuántas veces perdemos la fe de creer que Dios escucha nuestras oraciones y las responderá, sabiendo que ni siquiera debiéramos cuestionarlo? No permitas que esto te suceda. Recuerda que a veces tenemos que esperar mucho tiempo, y luego, Dios hace que algo suceda de repente. Así que, mientras esperas al Señor, acércate a Él todavía más en adoración y alabanza. Dile que lo esperarás, no importa cuánto tiempo haga falta o qué suceda en tu vida.

Cómo mantener la actitud adecuada

Era un mal día para Pablo y Silas. Habían sido arrestados. Azotados. Echados en la cárcel. Les habían puesto en el cepo. Podrían haber tenido una muy mala actitud hacia este trato. Podrían haberse quejado. Pero no lo hicieron. En cambio, cantaron alabanzas a Dios (Hechos 16).

Todos los días en toda situación siempre tenemos a nuestra disposición dos actitudes. Podemos quejarnos y empeorar las cosas, o podemos alabar a Dios y observar cómo Él transforma todo. Si bien es fácil encontrar siempre de qué quejarnos, también podemos encontrar siempre algo que agradecer a Dios. Dios mismo es digno de alabanza, no importa qué nos esté sucediendo, o qué circunstancias nos rodeen. Si no lo vemos de esa manera es porque culpamos a Dios por la situación. Y esto nos mantendrá siempre alejados de la adoración.

Cuando nos enojamos con Dios levantamos una muralla entre Él y nosotros. No es su muralla; es la nuestra. No pensamos que hemos construido esta separación, pero lo hemos hecho. Toda amargura y falta de perdón que alberguemos en nuestro corazón levanta una separación entre nosotros y el objeto de nuestro rencor y falta de perdón.

A menudo, nuestra situación no cambiará hasta que cambie nuestra actitud.

Han habido muchas veces en que oré para ser sanada o para tener buenos resultados en un análisis clínico, pero no resultó de ese modo. No sané cuando lo esperaba, y los resultados eran deprimentes. Sentía que la tristeza, la autocompasión y el desconsuelo se apoderaban de mí. Pero cuando me arrepentía de mi actitud y cantaba alabanzas a Dios en medio de esta situación, un peso se levantaba de mis hombros y volvía a sentir esperanza y gozo en el Señor. Dios no me sanó enseguida, y todavía tenía que pasar por el fuego, pero tenía la paz de su presencia andando junto a mí, y esto hacía que aumentara mi amor por Él.

Cuando no vemos respuesta a nuestras oraciones creemos a veces que Dios no nos ama, que nosotros no le importamos o las cosas que nos interesan. Pero no es así. Todo lo contrario. Nada disminuye su amor por nosotros. Lo he visto muchas veces. He sido testigo del enojo de mucha gente hacia Dios cuando él no respondía a sus oraciones del modo en que se lo pedían, y se volvían amargos, resentidos. Renunciaban a lo que el Señor quería hacer en sus vidas. Y aunque tenemos el privilegio de orar, no tenemos derecho a decirle a Dios cómo actuar. Ese es *su trabajo. El nuestro consiste en orar y alabar.* Tenemos que hacer nuestro trabajo y dejar que Dios haga el suyo .

LA ADORACIÓN ES

… un acto de fe donde demostramos ante nuestro Padre celestial que aunque no siempre vemos sus respuestas a nuestras oraciones, seguimos sabiendo que sus planes para nosotros son buenos.

Ofrezcamos alabanza a Dios

Señor, te adoro y alabo como Dios todopoderoso y omnisciente del universo. Eres Señor del cielo y la tierra, y Señor de mi vida. Eres Emanuel, Dios con nosotros. Gracias, Señor, porque siempre estás conmigo. Gracias porque tu presencia me libera de toda duda y me da fe creciente, aumentada. Gracias porque oyes mis oraciones y las responderás a tu manera, a tu tiempo. Señor, no tienes limitaciones. No quiero limitar tu obra en mi vida a causa de mi falta de fe. Ayúdanos a ser «gozosos en la esperanza; sufridos en la tribulación; constantes en la oración» (Romanos 12:12). Sé que me has llamado a orar. Pero también sé que la respuesta a mis oraciones es trabajo tuyo. Sé que lo que puedo ver como oración no respondida quizá no lo sea. Significa que estás respondiendo según tu voluntad. Ya sea que entienda tu voluntad o no, el hecho de que confío en ella y te alabo por ella no cambiará. Gracias por tu infalible Palabra y porque siempre mantienes tus promesas hacia mí.

Te alabo por tu perfección. Gracias porque tu poder es infinito. Tus juicios y tu voluntad son perfectos, y yo confío en ellos. Quizá mis oraciones tengan una respuesta diferente a la que espero, pero te alabaré y te adoraré siempre por sobre todas las cosas. Porque eres mi Admirable Consejero, mi Eterno Padre, mi Refugio en día de tribulación, y mi lugar de reposo. Reposo en ti hoy.

Dios nos da su Palabra

No nos cansemos, pues, de hacer bien; porque a su tiempo segaremos, si no desmayamos.

GÁLATAS 6:9

Perseverad en la oración, velando en ella con acción de gracias.

COLOSENSES 4:2

No perdáis, pues, vuestra confianza, que tiene grande galardón; porque os es necesaria la paciencia, para que habiendo hecho la voluntad de Dios, obtengáis la promesa.

HEBREOS 10:35-36

Cantad a Jehová, que habita en Sion; publicad entre los pueblos sus obras. Porque el que demanda la sangre se acordó de ellos; no se olvidó del clamor de los afligidos.

SALMO 9:11-12

Aunque la higuera no florezca, ni en las vides haya frutos, aunque falte el producto del olivo, y los labrados no den mantenimiento, y las ovejas sean quitadas de la majada, y no haya vacas en los corrales; con todo, yo me alegraré en Jehová, y me gozaré en el Dios de mi salvación.

HABACUC 3:17-18

Pensemos un poco más en esto

1. ¿Hay algo por lo que hayas estado orando durante bastante tiempo y para lo cual no hayas visto todavía una respuesta? ¿Cómo te sientes al respecto? ¿Con desaliento o con esperanza? Escríbelo como oración una vez más. (Por ejemplo: «Señor, elevo ante ti mi matrimonio una vez más y te pido que lo sanes y lo hagas bueno y sólido...»)

2. Escribe una oración de alabanza y adoración a Dios por las cosas de Él que son más pertinentes con respecto a tus más grandes necesidades. Dile a Dios qué te inspira a confiar en que responderá a su manera y a su tiempo. (Por ejemplo: «Señor, te alabo porque eres un Dios de amor, redención, perdón y restauración...»)

3. ¿Qué sabes acerca de Dios que te da más paz con respecto a aquello por lo que estás orando?

4. Lee Hebreos 10:23 en tu Biblia. ¿Qué debieras hacer mientras esperas que Dios responda a tu oración?

5. Lee el Salmo 13 en tu Biblia. ¿Qué le dijo David al Señor con respecto a su dificultad con las oraciones no respondidas? Aunque sus oraciones no habían sido respondidas, ¿qué hizo David? Escribe en tus propias palabras la alabanza que David le brindó al Señor.

21
Cuando tengo problemas en una relación

En el momento en que reconoces a Dios como tu Padre celestial, entras a formar parte de su familia. Dios tiene muchísimos hijos. Quizá no todos sean de tu agrado, pero mantener buenas relaciones con tus hermanos y hermanas en el Señor es de vital importancia para tu bienestar.

A un padre no le gusta ver que sus hijos peleen. Y cuando las relaciones entre hermanos se destruyen, el corazón del padre y la madre se destrozan también. Dios siente lo mismo. Le apena cuando no somos capaces de llevarnos bien con los demás, y cuando nuestras relaciones son tensas. Esto no quiere decir que no podamos estar en desacuerdo; se trata de que no podemos perder nuestra capacidad de amar.

Nada es más agotador que tener problemas en una relación. Especialmente si la reacción es entre tú y alguien con quien convives día a día. O entre tú y un amigo o familiar. La situación de mayor miseria emocional es la de tensión entre un esposo y su esposa. El dolor es terrible, ineludible. Pero lo bueno de estar en una relación comprometida como esta es que para poder permanecer en la relación y vivir, hay que *trabajar* en ella. Tienes que *resolver* los problemas. Tienes que *conversarlos*. Tienes que *comunicar*, tienes que *humillarte*. Tendrás que *hacer* concesiones.

La causa de que haya tanta tensión en un matrimonio o en cualquier relación importante es que por lo general hay uno que tiene el corazón duro. Y una de las mejores formas de ablandar un corazón duro es a través de la alabanza.

Cuando centras toda tu atención en Dios y das la bienvenida a su presencia para que entre en tu alma y tu vida por medio de la alabanza, tu corazón se derrite ante Él y se vuelve más parecido al suyo. Estás infundido con su amor porque estás adorando al Dios del amor. Estás transformándote en aquello que adoras.

Cuando alabamos y adoramos a Dios esto nos ayuda a dejar de intentar controlar nuestras relaciones. Cuando elevamos nuestro corazón, manos, voz, alma y mente al Señor en amor, ya es imposible aferrarnos a los objetos y las personas que nos rodean. Y esto es porque el *amor sincero* crea un entorno de libertad y liberación, no de control. El control exige todo lo exterior del amor, pero sin involucrar el corazón, la esencia del amor.

Hubo muchas veces en nuestra relación matrimonial en que Michael y yo tuvimos dificultades. Pero íbamos a la iglesia y para cuando terminaba la parte de la adoración, había desaparecido la frialdad en nuestros corazones. Podíamos sentir cómo desaparecía. Finalmente aprendí a alabar a Dios apenas sentía los primeros síntomas del «síndrome del corazón duro», y veía cómo la alabanza cambiaba no solo mi corazón sino también el de Michael.

Si bien no podemos tener control sobre el corazón de otra persona, sí podemos controlar el nuestro. Cuando adoramos a Dios el amor que hay en nuestro corazón aumenta, y la dureza desaparece. Cuando tu corazón está lleno de amor, puede derretir el corazón del otro.

La alabanza abre las puertas del amor en una relación

Dios se ocupa de cambiar corazones si le damos la oportunidad de hacerlo. Cuando alabamos y adoramos a Dios, apreciando plenamente quién es Él, expresándole agradecimiento por todo lo que ha hecho en nuestras vidas, y cuando le decimos cuánto le amamos, estamos abriendo un canal por el que fluye más amor hacia nuestras vidas y corazones. Entonces su amor se desbordará y salpicará a todo aquel que se acerque a nosotros.

Aunque las mejores relaciones tienen raíces comunes en el Espíritu de Dios y se cimientan en el amor, la unión y la confianza, toda relación mejorará cuando al menos una de las personas involucradas tenga una constante actitud de alabanza y adoración a Dios en su corazón. Y esto es porque cuando adoras al Señor estás en comunión con Él, conectándote con Él, abriendo los canales por los que fluye su amor. Cuando su amor entra en la relación de las personas, esta relación se transforma. El amor de Dios nos desborda por el poder de su Espíritu y nos da paz, permitiéndonos tener relaciones restauradas.

Cuando alabas al Dios de amor, su amor fluye hacia ti como en santa ósmosis, y acabas teniendo una abundancia de su amor, que fluye a través de ti hacia los demás. Este es el poder oculto de la alabanza a Dios.

Las relaciones con familiares inmediatos —esposo y esposa, padres e hijos, hermanos y hermanas— responden positiva e inmediatamente ante un hogar lleno de adoración y alabanza. Y estas relaciones se fortalecen en especial cuando la adoración y la alabanza tienen lugar entre los miembros. Esto puede hacerse en casa, a solas, o en un grupo como la iglesia o una reunión de oración. Ambas son vitales para la unión y la paz familiar. También he descubierto que poner un álbum de música de adoración en casa hace que la música cambie la atmósfera del hogar de inmediato, porque cambiará la actitud de quienes la escuchan. Si dejas la música sonar el tiempo suficiente encontrarás que comienzan a cantar en voz alta y no solo en su corazón. La alabanza cambia las cosas.

La adoración es darle a Dios lo mejor que Él te ha dado. Sé cuidadoso con lo que haces con lo mejor que tienes. Cada vez que recibes una bendición de Dios, devuélvesela como regalo de amor. Tómate el tiempo de meditar ante Dios y ofrecerle de vuelta su bendición como acto deliberado de adoración.

Oswald Chambers

Cuando convivimos o trabajamos con alguien a diario es fácil adquirir el hábito de no establecer contacto visual o mirarlos de cerca. ¿Cuántas parejas has conocido que jamás se miran entre sí? Dios no quiere que esto suceda. Cuando tenemos relaciones de larga data con la gente, necesitamos pedirle a Dios que nos permita verlos de nuevo con una mirada nueva. Él quiere que mires a los demás con ojos nuevos. Los beneficios de estar en una mutua relación de amor son el consuelo, la ayuda, el amor, la paz, la salud y la felicidad, el propósito y la realización que son tan vitales para nuestro bienestar y éxito en la vida. Por eso tenemos que proteger y nutrir nuestras relaciones de todas las formas posibles. Y la forma mejor de hacerlo es mediante la alabanza y la adoración.

Cuando te tomas el tiempo de concentrarte en los atributos del Señor y decirle qué cosas aprecias en Él, estableces su posición en tu corazón como prioridad suprema. Esto permite que su Espíritu se derrame en ti de manera nueva.

Dios dice que hemos de amarnos y respetarnos mutuamente, así como le damos honra y reverencia *a Él* (1 Pedro 2:17). Tenemos que ser humildes y sumisos los unos con los otros (1 Pedro 5:5), así como lo somos con Él. También debemos orar con los demás y por ellos (Romanos 1:9). Debemos estimarnos unos a otros como bella creación de Dios. Y no tenemos que protestar o quejarnos contra los demás, porque si no habrá consecuencias (Santiago 5:9).

Nada es peor que el hecho de que alguien hable mal de ti, en especial si es un familiar, amigo cercano o hermano en el Señor. Y duele terriblemente cuando lo que dicen de ti no es verdad. Cuando la gente diga cosas injuriosas e hirientes en tu contra alaba a Dios porque Él es un Dios de verdad, y la verdad será revelada. Agradécele porque verás que su bondad prevalece en la situación (Salmo 27:11-13).

La Biblia dice: «Tampoco apliques tu corazón a todas las cosas que se hablan» (Eclesiastés 7:21-22). No tomes demasiado en serio las cosas desconsideradas o hirientes que la gente te dice o dicen de ti. Cuando esto suceda, ve ante el Señor en adoración y espera a que Él fortalezca tu corazón y te dé paz en medio de ellos (Salmo 27:14).

Concéntrate en el amor y la bondad de Dios. Allí es donde encontrarás el poder para transformar tus relaciones.

Qué hacer con una relación problemática

Hace un tiempo una de mis relaciones más importantes se había cortado, y la separación duró años. Esta persona había dejado de hablarme de repente, y parecía no haber manera de reconciliarnos. Yo no sabía siquiera cuál había sido el problema, y esta persona no quería decírmelo. Pero como era importante para mí, seguí orando fervientemente por la situación y pidiéndole a Dios que trajera restauración. Cada vez que oraba agradecía a Dios por esta persona. Lo alababa por haberla creado y por permitirme ser parte de su vida. La entregué al Señor y dejé mi deseo de querer arreglar la situación por mí misma. Mientras hacía esto comencé a ver las cosas desde la perspectiva de Dios, y también desde la de ella.

En este proceso Dios obró en nuestros corazones y nos hizo madurar en Él. Con el tiempo pudimos ver las necesidades de cada una, nuestras vulnerabilidades, perspectivas, puntos débiles, dolores y personalidades con nuevos ojos. También pudimos ver dónde habíamos fallado. Vi que yo había sido insensible ante sus necesidades, sin conocer o entender del todo cuáles eran sus deseos, emociones o sentimientos. Esperaba que ella quisiera lo mismo que yo, y no era así. Y ella vio que me había culpado por cosas sobre las que yo no tenía control alguno.

Un día, en una reunión totalmente inesperada y sin planificar, tuvimos la oportunidad de disculparnos mutuamente por lo que fuera que hubiéramos hecho para ofender a la otra. Nuestros corazones se abrieron por entero para poder conversarlo todo, y las razones de la ruptura parecieron menores porque ahora teníamos una perspectiva de la imagen completa. Vimos que nuestra relación era mucho más importante que las razones que nos habían separado. Y hoy, la relación ha sido restaurada y es más fuerte que nunca.

El enemigo de tu alma quiere destruir tus relaciones. Sabe cuán vitales son para tu éxito y bienestar. Sabe que: «Todo reino dividido contra sí mismo, es asolado; y una casa dividida contra sí misma, cae» (Lucas 11:17). Por eso no podemos permitir que caiga la casa de las relaciones. Debemos estar firmes para defenderlas en contra de sus estrategias. Es nuestra responsabilidad personal ver que nuestras relaciones estén bajo el señorío de Jesucristo, elevándolas en oración y agradeciendo a Dios por cada una de ellas.

Si tienes un problema serio en una relación, pídele a Dios que la sane y repare. Y cada vez que pienses en esa persona, alaba a Dios por ella. Agradece a Dios por haberla traído al mundo y por todas las cosas buenas que veas en esta persona. Alaba a Dios por ser un Dios de restauración y redención, y dale gracias porque Él puede redimir cualquier cosa que sea. Hasta puede redimir las palabras que no debieras haber dicho, o las cosas hirientes o dañinas que alguien te haya hecho.

Agradece a Dios porque Él, y no el enemigo, es quien está a cargo de tus relaciones. Agradece a Dios porque se hará su voluntad en tus relaciones, y no la voluntad del enemigo. Dale gracias porque cuando alguien diga mentiras acerca de ti, su verdad prevalecerá. Y agradécele porque te da la capacidad de perdonar con frecuencia y completamente.

Todos queremos que alguien nos diga: «Te amo así como eres. No tienes que hacer nada, ni esforzarte, o buscar complacerme. Ni siquiera necesitas dudar de mi amor. Porque es eterno y siempre estará allí para ti. Te amaré completamente y mi amor te hará sentir pleno. Mi amor te dará la confianza que necesitas para hacer lo que haga falta. Mi amor te ayudará a adentrarte en tu destino y a cumplir tu propósito».

Finalmente vi que Dios es el único en el mundo que puede decir estas cosas y garantizarlas.

Solo cuando abrimos nuestro corazón para recibir todo el amor que Dios tiene para nosotros podemos dejar de presionar a las personas para que nos amen como queremos que nos amen. Solo cuando comenzamos a amar a Dios con todo nuestro ser podemos recibir todo el amor que tiene para nosotros. Y entonces podemos comenzar a amar a los demás como Él quiere que los amemos.

Recuerda que las únicas cosas que perdurarán para siempre son Dios, su amor y su pueblo. Necesitamos cuidar bien estas tres cosas.

┌───┐
│ ─── LA ADORACIÓN ES ─── │
│ │
│ ... dejar ir todo lo demás para elevar nuestras │
│ manos hacia Dios en un acto de amor, entrega y │
│ exaltación, dejando que su amor fluya hacia nues- │
│ tro corazón. │
└───┘

Ofrezcamos alabanza a Dios

Señor, te adoro y te alabo, precioso Dios de amor, y te agradez-co porque has derramado tu amor sobre mí. Elevo mi corazón a ti y te pido que lo llenes tanto con tu inconmovible e incondicional amor que rebose y se derrame sobre los demás. Gracias, Señor, porque eres el Dios que hace todas las cosas nuevas, incluyendo nuestras relaciones. Puedes poner nuevo amor en nuestro corazón. Puedes revivir el amor que ha muerto para que vuelva a vivir.

Te entrego todas mis relaciones y te agradezco por ellas. Por quienes son más importantes para mí, por quienes están más cerca de mí, y también por quienes me presentan mayores desafíos y dificultades. Dame la capacidad de amarles como amas tú. En especial quiero agradecerte hoy por mi relación con (nombra una o varias personas por las que te preocupas hoy). Ayúdanos a acercarnos más los unos a los otros. Ayúdanos a cumplir tu Palabra y a amarnos como a nosotros mismos (Mateo 19:19). Dame la capacidad de honrarles (1 Pedro 2:17) y de ser humilde y sumiso ante los demás (1 Pedro 5:5). Te alabo como Dios de restauración porque sé que puedes restaurar mis relaciones a su plenitud. Ayúdame a estar en unión con los demás, a tener compasión, a amar, a tener un corazón tierno y amable, «no devolviendo mal por mal», sino solo bendiciéndoles (1 Pedro 3:8-9).

Te alabo como mi creador y reconozco que has creado a todas las personas con las que me relaciono. Tú eres su Padre celestial, y también el mío. Son mis hermanos y hermanas, y les amas y perdonas como me amas y perdonas también. Diste tu vida por ellos como la diste por mí. Tienes un propósito para sus vidas, como lo tienes para la mía. Ayúdame a amarles como tú los amas.

Dios nos da su Palabra

Un mandamiento nuevo os doy: Que os améis unos a otros; como yo os he amado, que también os améis unos a otros.

JUAN 13:34

———— ❧ ————

No debáis a nadie nada, sino el amaros unos a otros; porque el que ama al prójimo, ha cumplido la ley.

ROMANOS 13:8

———— ❧ ————

Nadie ha visto jamás a Dios. Si nos amamos unos a otros, Dios permanece en nosotros, y su amor se ha perfeccionado en nosotros. En esto conocemos que permanecemos en él, y él en nosotros, en que nos ha dado de su Espíritu. Y nosotros hemos visto y testificamos que el Padre ha enviado al Hijo, el Salvador del mundo. Todo aquel que confiese que Jesús es el Hijo de Dios, Dios permanece en él, y él en Dios. Y nosotros hemos conocido y creído el amor que Dios tiene para con nosotros. Dios es amor; y el que permanece en amor, permanece en Dios, y Dios en él.

1 JUAN 4:12-16

———— ❧ ————

Amados, amémonos unos a otros; porque el amor es de Dios. Todo aquel que ama, es nacido de Dios, y conoce a Dios.

1 JUAN 4:7

———— ❧ ————

Habiendo purificado vuestras almas por la obediencia a la verdad, mediante el Espíritu, para el amor fraternal no fingido, amaos unos a otros entrañablemente, de corazón puro.

1 Pedro 1:22

Pensemos un poco más en esto

1. Lee Eclesiastés 4:9-12 en tu Biblia. Describe en tus propias palabras por qué son importantes las relaciones según estos versículos.

2. Lee el Salmo 27:12-14 en tu Biblia. ¿Cómo respondía David cuando la gente hablaba mal de él? ¿Qué era lo que impedía que se desalentara? ¿Cómo debiéramos responder nosotros?

3. Lee 1 Juan 3:16 en tu Biblia. ¿Cómo debemos tratar a nuestras relaciones? ¿Por qué? ¿De qué maneras podemos entregar nuestra vida por los demás? (Recuerda que Jesús pagó el precio más caro, así que Juan no habla de que tengamos que morir por los demás. Está hablando de sacrificarnos por los demás).

4. ¿Tienes en tu vida una relación especialmente difícil o que en este momento te presenta dificultades? ¿Cuál es la condición de esta relación? ¿Qué buenas semillas sembraste en esa relación en el pasado? (Por ejemplo: «Le dediqué mucho tiempo, invertí mis recursos, alenté a esta persona, he sido amable, he mostrado amor, he expresado mi afecto, oro por ella con frecuencia...»). ¿Por qué podrías alabar a Dios en cuanto a esta relación en este momento?

5. ¿Qué buenas semillas podrías sembrar en todas tus relaciones, que será determinante en cada una? (Por ejemplo: «Podría llamarlos más a menudo para ver cómo están, o si necesitan algo. Podría decirles lo importantes que son para mí. Podría orar por ellos todos los días...»). Escribe una oración de alabanza a Dios por estas personas en tu vida y pídele que te llene tanto con su amor como para que reboses y derrames amor sobre ellos.

22
Cuando necesito perdonar

———— ❧ ————

¡*C*uatrocientas noventa veces! Son muchas veces como para perdonar a alguien en tantas ocasiones. Y sin embargo, es lo que Jesús nos manda hacer.

Cuando sus discípulos le preguntaron si eran suficientes siete veces, Jesús les dijo que más bien eran *setenta veces siete*. (Mateo 18:21-22)

No creo que Jesús esté diciéndonos que hay que llevar la cuenta, y luego cuando lleguemos a las cuatrocientas noventa y una veces, dejemos de perdonar. Sabe que quizá estemos dispuestos a estrangular a la persona más o menos después de cincuenta veces. Lo que Jesús está diciendo es que hay que seguir perdonando tantas veces como sea necesario. Porque después de todo, es lo que *Él hace con nosotros*.

Jesús ilustró esto con un relato sobre un hombre que le debía una gran suma de dinero al rey. Sería como si tú o yo le debiéramos quinientos millones de dólares al Servicio de Rentas Internas. Es una cantidad tan enorme que sería impagable. Esto sucedía en una época en que los deudores iban a prisión. Si no podías pagar tus deudas ibas a prisión hasta que pudieras cancelarlas. ¿No es imposible?

Este hombre que debía el dinero se humilló ante el rey y le rogó que tuviera compasión. Cuando el rey vio su humildad, tuvo misericordia del deudor y le perdonó la enorme deuda, por completo. Sería como si tú o yo fuéramos al Servicio de Rentas Internas y les pidiéramos que nos perdonaran la deuda de quinientos millones de dólares. ¿Qué posibilidades hay de que lo hicieran? ¿Cuán agradecido estarías si te perdonaran lo que debes en materia de impuestos durante el resto de tu vida? Querrías celebrarlo. Querrías salir a cenar con tu familia y tus amigos. Les dirías a todos cuánto los amas, aun a la gente que ni siquiera conoces. Y perdonarías a cualquiera que te hubiese hecho algo o te debiera algo.

No fue así con este hombre.

Después de haber sido perdonado por el rey que le libró de pagar la enorme deuda fue de inmediato a buscar a uno de sus compañeros de trabajo, que le debía un poco de dinero, y le dijo: «Págame ahora o te denuncio y te envío a prisión».

Esto sería como si tú o yo saliéramos de la oficina del Servicio de Rentas Internas y llamáramos a uno de nuestros compañeros para decirle: «Págame los dos dólares que me debes del almuerzo de la semana pasada, o te haré arrestar». Y cuando nuestro compañero nos dijera que por favor le esperáramos hasta el viernes, el día en que le pagarán su salario, dijéramos que no y llamáramos a la policía.

Cuando el rey se enteró de lo que este hombre le había hecho a su compañero, se enojó muchísimo. Dijo: «¿No debías tú también tener misericordia de tu consiervo, como yo tuve misericordia de ti?» (Mateo 18:33). En realidad, el rey se enojó tanto que envió a este hombre egoísta a la cárcel e hizo que lo azotaran.

Al escuchar esta historia quizá pensemos. *¿Qué le ocurre a un hombre a quien se le perdona una deuda tan grande, pero que no quiere perdonarle a su compañero una deuda tan pequeña? Merece el castigo. ¡Por cierto, yo jamás haría eso!*

Pero Jesús tira la bomba cuando dice que lo mismo sucede con el perdón: «Así también mi Padre celestial hará con vosotros si no perdonáis de todo corazón cada uno a su hermano sus ofensas» (Mateo 18:35).

Así que si no perdonamos a los demás cuando se nos ha perdonado tanto, también nosotros terminaremos encerrados, con el alma azotada y atormentada.

La falta de perdón tortura. Nos aprisiona. Cierra las líneas de comunicación entre nosotros y Dios. Nos hace sentir miserables. Es muy fácil olvidar todo lo que Dios nos ha perdonado y ser mezquinos con los demás. No sugiero de ninguna manera que toda falta de perdón sea por motivos mezquinos. Porque muchas veces las cosas que nos suceden son graves y su impacto o consecuencias también lo son. Perdonar en estos casos no es fácil ni natural. Pero gracias a Dios, Él también nos ayuda en estos casos.

Alabar a Dios nos ayuda a perdonar a los demás

Cuando adoramos y alabamos a Dios por todo lo que *Él nos perdonó*, nos es más fácil perdonar *a los demás*. Cuando entramos en contacto y nos vinculamos con Aquel que es el Perdonador, el perdón se nos contagia. Esto es porque nos convertimos en aquello a lo que adoramos.

Cuando adoramos a Dios, nuestro misericordioso Perdonador, quedamos bajo la influencia de su Espíritu de perdón, y él nos da la capacidad para perdonar a los demás. Este es el poder oculto de la alabanza.

Si no perdonamos a alguien, quedamos atados a esta persona. Nunca nos libramos de ellos o del recuerdo de la situación. Y nuestra falta de perdón nos tortura, haciendo que la mente, las emociones y el cuerpo se sientan mal. Cuando guardamos rencor, amargura, ira u odio hacia alguien, nos cuesta mucho venir ante Dios. No hay nada que impida la relación íntima con Dios tanto como la falta de perdón. Esto nos separa de Él y no oirá nuestras oraciones. «Pero vuestras iniquidades han hecho división entre vosotros y vuestro Dios, y vuestros pecados han hecho ocultar de vosotros su rostro para no oír» (Isaías 59:2). Cuando nuestro corazón está lleno de rencor y falta de perdón nuestra relación con Dios no se siente franca, plena, cálida.

El tema del perdón siempre existirá en nuestras vidas mientras haya personas en ella. Si no vemos esto, podremos engañarnos diciendo que somos los más buenos, los que más perdonamos. Pero llegará el día en que Dios nos mostrará lo que hemos estado albergando en nuestro corazón. Quizá alguien nos ha herido —con intención o sin ella— y creemos que hemos perdonado, y lo olvidamos. Sin embargo, llegará un momento en que la verdad saldrá a la luz.

No te sientas mal si esto te sucede, porque nos sucede *a todos*. La falta de perdón es inherente al ser humano. El perdón es sobrenatural.

Claro que tienes que estar dispuesto a perdonar, pero para poder perdonar de veras, necesitas que el Señor te dé esa capacidad. Por eso debes alabar a Dios por su perdón y pedirle que te muestre todo aquello que no has perdonado en tu vida, para poder confesarlo como pecado.

Es más fácil perdonar a los demás cuando entendemos cuánto nos ha perdonado Dios. Cuanto más alabamos a Dios por su perdón, mejor entendemos su magnitud. Cuanto más pensamos dónde estaríamos sin su perdón, más agradecimientos sentimos.

Hubo una época en particular cuando necesité perdonar a alguien que me había hecho algo malo. No era un error sin importancia; era una trasgresión importante. En realidad podría haber hecho que arrestaran a esta persona. Pero vi que mi respuesta a esta situación era la clave. ¿Perdonaría yo con el perdón y el amor de Dios, o arreglaría las cosas expresando mi enojo, mi dolor, mi decepción? Y luego, ¿me aseguraría de que hubiera una retribución? Mi respuesta establecería el tono que afectaría a todos los que conocieran el hecho y sus detalles. Sabía que yo no podía olvidar el asunto nada más, y también sabía que Dios podía ayudarme. Cuando alabé a Dios por su perdón hacia mí, sentí que necesitaba dejar que Él se hiciera cargo de la situación. Y me alegro de haberlo hecho porque esta persona luego conoció al Señor y me dijo que había sido mi amor y misericordia en esa situación lo que abrió su corazón para recibir a Jesús.

Todos tenemos que aprender a perdonar *a diario*. No se trata solo de perdonar a otros cuando nos ofenden, sino también de perdonarnos *a nosotros mismos* por no ser perfectos. Y tenemos que perdonar a Dios cuando le culpamos por cosas que suceden... o que *no suceden*.

Muchas veces culpamos a Dios por cosas que creemos que debiera haber hecho o impedido. No nos gusta pensar que sentimos rencor en contra de Dios, pero sí lo experimentamos, y más veces de lo que podemos reconocer. Pídele a Dios que te muestre si estás culpándole por algo. No cierres la puerta a lo que Dios quiere hacer en tu vida teniendo un corazón que no perdona.

> La verdadera adoración solo puede suceder cuando estamos de acuerdo en que Dios está no únicamente en su trono en el centro del universo, sino también en el trono del centro de nuestro corazón.
>
> Robert Colman

El perdón es una decisión que tomamos. Es algo que elegimos hacer. No perdonamos de forma *accidental,* sin darnos cuenta. Aunque por cierto sí somos capaces de *no perdonar* sin darnos cuenta.

La primera vez que le pregunté a Dios si había alguien a quien necesitaba perdonar, fue porque mi consejera cristiana, Mary Anne, me estaba enseñando sobre la libertad y el poder del perdón. Me había indicado que perdonara a todo el que necesitara perdonar para que nada se interpusiera en el camino de todo lo que Dios tenía para mí. En especial perdoné a mi madre enferma mentalmente por abusar de mí cuando era niña. Fueron años y años de no perdonarla que tuve que presentar ante Dios para poder ser libre.

El día en que le pregunté a Dios si había alguien más a quien necesitaba perdonar, lo hice más como mera formalidad. Mary Anne me dijo que pensaba que necesitaba perdonar a mi padre, pero yo no estaba de acuerdo. (Aunque compartí este relato antes, quiero volver a hacerlo aquí, en el contexto de este capítulo).

«¿Perdonar a mi padre? ¿Por qué? No fue él quien me maltrató».

«Solo pregúntale a Dios. Si hay algo, Él te lo dirá», dijo ella, dando por terminada la conversación.

Así que le pregunté a Dios, pensando que seguramente diría: «No hay nadie más a quien necesites perdonar. En absoluto, mi sierva buena y fiel, pero qué maravillosa eres por preguntármelo».

Estaba muy equivocada. Al instante la verdad me impactó. En ese momento pude ver la imagen completa. Jamás había perdonado a mi padre por no protegerme de mi madre. Y era él la única persona que podría haberlo hecho. En todos esos años mi padre nunca me rescató de la demencia de mi madre, y yo había guardado rencor hacia él por esto sin darme cuenta.

Enseguida, al ver esto, comencé a sollozar sin poder contener las lágrimas y en seguida confesé mi falta de perdón hacia mi padre. Agradecí a Dios por liberarme de toda la amargura que había estado albergando. Cuando lo hice sentí una libertad y una paz en mi espíritu como nunca antes había sentido. En retrospectiva creo que si no le hubiera pedido a Dios que revelara toda falta de perdón en mi corazón, nunca me habría dado cuenta por mí misma.

Todos podemos estar ciegos cuando se trata de nuestra actitud de no perdonar. Es duro y difícil ver nuestra falta, pero Dios nos ayudará mostrándonos la verdad si se lo pedimos. El problema es que no solemos pedírselo.

El perdón de Dios es uno de sus mayores actos de amor hacia nosotros. Él quiere que el perdón sea uno de nuestros mayores actos de amor hacia los demás.

LA ADORACIÓN ES

… despojada de su impacto y poder si tenemos temas sin resolver con un hermano o hermana en Cristo. La adoración sincera solo puede existir cuando estamos libres de animosidad, amargura, ira o falta de perdón.

Ofrezcamos alabanza a Dios

Señor, te adoro por lo que eres. Te alabo, mi precioso y amoroso Dios de perdón. Gracias por perdonarme. ¿Dónde estaría yo si no me hubieras librado de las consecuencias de mi propio pecado? Señor, te entrego todo lo que hay en mi corazón. Llévate todo lo que me separe de ti e impida que te conozca mejor. Derrama tu Espíritu sobre mí otra vez y revela todo lo que haya en mí que no venga de ti.

Ayúdame a convertirme en la perdona amorosa y llena de perdón que quieres que sea. Echa tu luz en los rincones de mi corazón y revela toda falta de perdón que haya en mí hacia quien fuera. Específicamente te pido que me ayudes a perdonar a (nombra a la persona o las personas a quienes necesitas perdonar). Quiero llenarme de perdón hacia los demás, así como tú estás lleno de perdón hacia mí. Muéstrame el incidente o la persona que debo perdonar, y que hoy no distingo. Quiero perdonar para poder tener siempre tu perdón (Mateo 6:14-15).

Me asombra, Señor, que me ames tanto como para haber sacrificado tu vida en pos de mi completo perdón. «Porque mejor es tu misericordia que la vida; mis labios te alabarán. Así te bendeciré en mi vida; en tu nombre alzaré mis manos. Como de meollo y de grosura será saciada mi alma, y con labios de júbilo te alabará mi boca» (Salmo 63:3-5).

Gracias porque me amaste, aun cuando viste lo peor en mí. Te alabo, Padre celestial, rico en misericordia y gracia hacia mí. Gracias porque tu amor y misericordia son eternos.

Dios nos da su Palabra

Porque si perdonáis a los hombres sus ofensas, os perdonará también a vosotros vuestro Padre celestial; mas si no perdonáis a los hombres sus ofensas, tampoco vuestro Padre os perdonará vuestras ofensas.

MATEO 6:14-15

La cordura del hombre detiene su furor, y su honra es pasar por alto la ofensa.

PROVERBIOS 19:11

No juzguéis, y no seréis juzgados; no condenéis, y no seréis condenados; perdonad, y seréis perdonados.

LUCAS 6:37

Cuanto está lejos el oriente del occidente, hizo alejar de nosotros nuestras rebeliones.

SALMO 103:12

———————— ⌇ ————————

Antes sed benignos unos con otros, misericordiosos, perdonándoos unos a otros, como Dios también os perdonó a vosotros en Cristo.

EFESIOS 4:32

———————— ⌇ ————————

Pensemos un poco más en esto

1. Escribe una oración alabando a Dios por todo lo que Él te ha perdonado. Provee los detalles de todo. Alaba a Jesús por el tremendo precio que pagó para asegurar tu perdón. Agradece a Dios de antemano por las veces que necesitará volver a perdonarte en el futuro.

2. Lee Marcos 11:25-26 en tu Biblia. ¿Qué es lo que más te inspira en estos versículos a perdonar?

3. ¿Hay algo en tu vida que necesites perdonar? ¿A un familiar o amigo? ¿A alguien con quien trabajas? ¿A ti mismo? ¿A Dios? Escribe una oración confesando tu falta de perdón y luego pídele a Dios que te ayude a perdonar por completo a esta persona o estas personas.

4. Lee Mateo 22:38-39 en tu Biblia. ¿Cómo podemos mostrar nuestro amor a Dios? ¿Cómo podemos mostrar nuestro amor por los demás?

5. Lee Job 42:10 en tu Biblia. ¿Qué hizo Dios por Job cuando perdonó a sus amigos bien intencionados, pero hirientes?

23

Cuando veo que las cosas van mal y me siento impotente

———— ❧ ————

¿Te pasa a veces que tienes días en que todo parece salir mal? ¿Tienes *semanas* en que todo sale mal? ¿*Meses*? ¿Cuántas veces has oído decir a alguien: «¡Estoy contento de que este año haya acabado!»? ¿Y cuántas veces lo has dicho tú?

He encontrado que hay dos razones principales por las que pasamos temporadas difíciles en nuestras vidas:

Razón 1: Estamos haciendo algo mal.

Razón 2: Estamos haciendo algo bien.

A veces las cosas salen mal porque hacemos algo desacertado. Hemos sido negligentes. No nos ocupamos de las cosas. Fuimos estúpidos o irresponsables. Elegimos mal. Decidimos mal. Hemos sido desobedientes. Por lo general podemos darnos cuenta cuando se trata de este caso. Si no es así, podemos pedirle a Dios que nos los muestre y Él lo hará. Entonces podemos llevar nuestros errores ante Él confesándolos. Podemos agradecerle porque como Redentor nuestro nos hará volver al buen camino.

A veces no se trata necesariamente de que hemos hecho algo mal; es solo que no hemos estado haciendo suficiente de aquello que debiéramos estar haciendo para evitar problemas. Cuando este es el caso, podemos pedirle a Dios que nos revele la verdad de la situación y Él nos lo mostrará.

Hay otras ocasiones, sin embargo, en que las cosas salen mal aunque hayamos estado haciendo todo lo debido. A veces es *justamente porque* hicimos algo bien. A veces las cosas difíciles que se presentan son obra del enemigo. Así que, si estás haciendo las cosas bien y el enemigo intenta desviarte de tu curso, regocíjate: «Porque mejor es que padezcáis haciendo el bien, si la voluntad de Dios así lo quiere, que haciendo el mal» (1 Pedro 3:17). El enemigo de nuestra alma quiere echar a perder la obra de Dios en nuestra vida. Siempre buscará estropear lo que hagamos bien y que sea para el Señor. Alabado sea Dios porque Él es más poderoso que todo y todos los que se te opongan.

Si las cosas comienzan a ir mal y no estás seguro del motivo, pregúntale a Dios: «¿Por qué sucede esto, Señor? ¿He hecho algo que lo causó o que dio lugar para que sucediera? ¿He omitido hacer algo que debiera haber hecho? ¿Es un ataque del enemigo?». Sigue preguntándole, y Dios te lo mostrará.

Si estás pasando por situaciones difíciles que no fueron causadas por tu desobediencia o negligencia, podemos saber que Dios permite estas pruebas para obrar un propósito mayor en nosotros. Pondrán a prueba nuestra fe, nuestra paciencia y amor. Y el modo en que podemos atravesar esta experiencia con éxito será estando firmes en la alabanza a Dios en medio de lo que está yendo mal.

Las dificultades ponen a prueba nuestra fe

Dios permite que pasemos por momentos difíciles para poner a prueba y perfeccionar nuestra fe. Esto le glorifica (1 Pedro 1:6-8).

Tener fe significa que aun cuando no veas su mano obrando en tu situación, crees que Él está allí tanto en los momentos malos como en los buenos. Significa que encuentras tu gozo en Él, independientemente de lo que suceda. Si todavía te estás preguntando: «¿*En verdad* me ama Dios?», «¿De veras está *conmigo*?», «¿*En serio* le importa mi bien?», «¿Está *en medio* de mis problemas, así como de mis bendiciones?», «¿Puedo *confiar* en su palabra?», «¿Es *siempre* bueno Dios?», «¿*De veras* es todopoderoso?», necesitas aclarar las respuestas en tu mente.

Responder estas preguntas con toda certeza será crucial para poder pasar con éxito los momentos difíciles. Decidir si crees que el poder de Dios puede aquietar las tormentas de tu vida será crucial para la fortaleza de tu fe. Si dudas del poder de Dios y de su voluntad para usar este poder para tu bien, siempre te sentirás impotente ante los momentos difíciles de tu vida.

Cuando pases por una tormenta en tu vida, recuerda quién es el que las calma. Cuando los discípulos de Jesús lo despertaron en la barca en medio de una tormenta y le dijeron que todos iban a morir, Jesús se levantó con toda calma y reprendió al viento y las olas. La tormenta se calmó por completo y se hizo silencio absoluto. Entonces les dijo a sus discípulos: «¿Dónde está vuestra fe?». Ellos tuvieron miedo, y se dijeron los unos a los otros, asombrados: «¿Quién es éste, que aun a los vientos y a las aguas manda, y le obedecen?» (Lucas 8:24-25).

Cuando Jesús estaba en la barca con sus discípulos, habían olvidado quién era Él en verdad. Tuvieron miedo de morir. Si estás en medio de una terrible tormenta en tu vida, tienes que recordar quién está en la barca contigo. Y debes recordar adorar y alabar a Dios por todo lo que es Él. Cuando despiertes en medio de la noche con pensamientos horribles que te acosan, recuerda quién es el que está contigo. Reconoce que tu auxilio está en el Señor y que todo lo que tienes que hacer es llamar su nombre y alabarle en medio de todo.

La fe significa que sin importar qué esté sucediéndote seguirás creyendo en la bondad, justicia y amor de Dios. La fe significa que puedes decir, como Job: «Aunque él me matare, en él esperaré» (Job 13:15). En otras palabras, aun si deja que yo muera, sigue siendo mi salvación, y viviré con Él por toda la eternidad.

Las dificultades ponen a prueba nuestra paciencia

Las dificultades nos hacen vivir sufrimiento, tribulación, tensión, aflicción, miseria o dolor. Sin embargo, Dios dice: «Tened por sumo gozo cuando os halléis en diversas pruebas, sabiendo que la prueba de vuestra fe produce paciencia». (Santiago 1:2-3)

¿Cómo vamos a contar por gozo los problemas y dificultades? ¿Cómo funciona esto? ¿Por qué pasamos por estas pruebas? ¿Y para qué queremos paciencia? ¿Por qué es tan importante? ¿Cuál es el propósito de ser pacientes? En nuestro mundo tan vertiginoso, en nuestras vidas tan aceleradas, la paciencia parece una imposición y es difícil encontrarle valor alguno. Dios dice que la paciencia nos hace «perfectos y cabales, sin que os falte cosa alguna» (Santiago 1:4). ¿Cómo es esto?

Una de las cosas que la paciencia logra en nosotros es librarnos del orgullo. La impaciencia es producto del orgullo. Y la paciencia nos lo quita. «Mejor es el sufrido de espíritu que el altivo de espíritu» (Eclesiastés 7:8).

Cuando nos volvemos orgullosos nuestro corazón está lleno de nosotros mismos, no de Dios. Nos concentramos en nosotros, no en Dios. Queremos las cosas a nuestro tiempo, no al tiempo de Dios. Las queremos *ahora*, no después. Un ejemplo perfecto de esto fue Satanás, quien originalmente lideraba la adoración a Dios en el cielo. Se llamaba Lucifer entonces, era hermoso y perfecto, hasta que se hizo orgulloso y arrogante y buscó exaltarse por encima de Dios. «Subiré al cielo; en lo alto, junto a las estrellas de Dios, levantaré mi trono, y en el monte del testimonio me sentaré, a los lados del norte; sobre las alturas de las nubes subiré, y seré semejante al Altísimo», decía (Isaías 14:13-14).

Su caída desde su exaltada posición ante el trono de Dios fue súbita y rápida. Es por eso que no quiere que te sobrepongas a tus circunstancias y te acerques al Señor. Satanás quiere que adores cualquier cosa menos a Dios. Y más que todo le gustaría que lo adoraras a él, pero si no lo haces, intentará envolverte.

Dios permite que pasemos por épocas difíciles para quitarnos el orgullo de pensar que podemos hacer que la vida funcione sin Él. Los momentos difíciles nos obligan a dejar de buscar ayuda en alguien o algo y a recurrir al Señor. Si no esperas ayuda de Dios, tu espíritu es orgulloso e independiente. Cuando somos pacientes, estamos dispuestos a esperar al Señor todo lo que sea necesario. Estamos dispuestos a estar firmes en Él, venga lo que venga. Estamos dispuestos a confiar en sus perfectos tiempos para todo.

Dios deja bien en claro en su Palabra cómo se siente con respecto al orgullo. No le gusta. Nos advierte que: «Al orgullo le sigue la destrucción; a la altanería, el fracaso» (Proverbios 16:18, NVI). Cuando nos volvemos orgullosos o llenos de nosotros mismos, Dios nunca parece estar tan cerca como lo estaba antes.

Cada vez que pasamos por una temporada de pruebas debemos arrepentirnos de nuestro orgullo. Podemos saber si somos orgullosos según nuestra reacción a la prueba. ¿Nos enojamos con Dios cuando las cosas no son como queremos? ¿Nos indignamos? ¿Nos encerramos? ¿Mostramos enojo? El orgullo hace que pensemos que merecemos algo mejor. Los momentos de prueba nos ayudan a conocer mejor a Dios, a vernos a nosotros mismos con mayor claridad. Él nos pondrá a prueba para revelar exactamente qué es lo que hay en nuestro corazón. «Dios lo dejó [a Ezequías], para probarle, para hacer conocer todo lo que estaba en su corazón» (2 Crónicas 32:31). Cuando Dios nos pone a prueba, nosotros también podemos ver lo que hay en nuestro corazón. Cuanto más vemos que es solo gracias a lo que Jesús logró en la cruz que podemos venir ante Dios y estar en comunión con Él, tanto más humildes nos volveremos.

Si el orgullo hizo del arcángel un diablo, ¿qué nos hará a nosotros?

Dios quiere perfeccionarnos enseñándonos la paciencia. Pero la transformación a la perfección no sucede en un instante. Porque no se trataría de tener paciencia si así fuera, ¿verdad? Es el *proceso* lo que nos perfecciona. Lo que hacemos en el proceso es la clave. Lo mejor que podemos hacer durante nuestros momentos de prueba es alabar a Dios. Porque por medio de la alabanza podemos ver las cosas desde su perspectiva en lugar de la nuestra, influida y distorsionada a causa de lo que nos está sucediendo. Por medio de la alabanza podemos encontrar el gozo del Señor, y esa es la manera en que podemos contarlo por gozo.

Las dificultades ponen a prueba nuestro amor

Dios siempre quiere conocer la profundidad de nuestro amor por Él. En medio de nuestros momentos de prueba nuestro amor por Dios y su amor por nosotros se hacen visibles. ¿Nos enojaremos con el Señor y le culparemos por lo que está sucediendo? Culpar a Dios no es buena idea, a menos que te gusten los relámpagos. Te irá mejor si te niegas a culpar a Dios por las cosas que pasan y reconoces que los problemas y dificultades forman parte de la vida. Acostúmbrate a esto. En lugar de cuestionar a Dios porque permite tal situación difícil, adórale por lo que es, alábale como tu todopoderoso Señor, y agradece que te sustente para atravesar la prueba.

Dios quiere que lo ames y confíes en Él, tanto como para decir: «Soportaré lo que permitas para así glorificarte».

> Durante años la iglesia ha puesto el énfasis en la evangelización, la enseñanza, la comunión, las misiones y el servicio a la sociedad, olvidando la causa misma de su poder: la adoración.
>
> Robert E. Webber

Si tu reacción habitual ante la dificultad es el enojo, la desesperanza y la angustia, intenta resistirte a ese viejo hábito. Apenas suceda algo negativo, enfréntalo con alabanza a Dios. Decide que no importa qué te esté sucediendo, en medio de todo exaltarás al Señor en adoración y esperarás ante Él hasta encontrar paz, dirección y esperanza.

Cada vez que pases por momentos difíciles y mantengas una actitud de alabanza y adoración ante Dios encontrarás que tu fe, tu paciencia y tu amor se hacen más fuertes, más firmes, más sólidos. Este es el poder oculto de la alabanza obrando en tu vida.

Y cuando haya pasado la prueba, recuerda alabar y adorar a Dios inmediatamente. No digas nada más: «Sí, te quiero, Señor. Ya puedo arreglármelas solo», para olvidarte de Dios hasta la siguiente emergencia.

Lo primero que hizo Noé cuando él y su familia salieron del arca fue ofrecer un sacrificio de alabanza a Dios. Imagina qué habría pasado si Noé hubiera salido del arca con el puño en alto en contra de Dios, diciendo: «¿Por qué dejaste que pasara esto? ¡Se inundó todo! Me sentía asqueado ya dentro del arca con todos esos animales olorosos. Y mi familia ya me estaba alterando los nervios. ¿Qué se supone que hagamos ahora?».

El género humano quizá habría llegado a su fin en ese momento, y hoy no estaríamos aquí. Pero Noé era un hombre de fe, de paciencia y amor. Y sabía adorar a Dios en todo tiempo y toda situación.

Si pasas por una época en que sientes que te hundirás, acércate a Dios y espera pacientemente en Él. Ámale lo suficiente como para alabarle todo el tiempo, no importa cuál sea el resultado. Agradécele porque es un Dios bueno y pídele que te muestre lo bueno de tu situación, porque «de la misericordia de Jehová está llena la tierra» (Salmo 33:5). En lugar de quejarte, mira tu vida y pregunta: «¿Qué hay de bueno en mi vida?». Luego agradece a Dios por todo lo que veas.

Al adorar y alabar a Dios le verás en todo su poder y gloria. Verás cuánto más grande es Él que lo que te esté sucediendo. Algo asombroso sucederá en tu vida porque alabas a Dios en estos momentos difíciles. Recuerda que «esta leve tribulación momentánea produce en nosotros un cada vez más excelente y eterno peso de gloria» (2 Corintios 4:17).

Los problemas no son señal de que Dios no te ama, son señal de que sí lo hace. Y quiere la oportunidad de poder mostrarte cuánto te ama si le permites mostrarte su amor en tus problemas. Los problemas forman parte de la vida: «Como las chispas se levantan para volar por el aire, así el hombre nace para la aflicción» (Job 5:7). Tendremos problemas en esta vida, pero Dios tiene el poder de auxiliarnos para salir de ellos si le adoramos en medio de nuestra tribulación.

Cuando pasamos por tormentas en la vida, nos sirven para llevarnos a un lugar donde puedan lograrse los propósitos de Dios. Pablo estuvo en una tormenta que hizo que su barco encallara en una isla. En ese lugar Dios obró milagros a través de Pablo, y él pudo traer sanidad, liberación, provisión y el amor y la vida de Jesús a las personas de allí. En medio de toda dificultad el Señor te usará poderosamente de maneras que jamás podrás imaginar. Tiene un propósito para esa tormenta en tu vida, y cuando le alabes en medio de ella, verás que suceden cosas milagrosas.

Porque hay un tiempo para todo, vendrá un tiempo en que terminará esto por lo que estás atravesando. Pero no podemos forzar los tiempos de Dios para que sean diferentes de lo que su voluntad indica. Solo has de saber que cuando estás siendo refinado en el fuego de la dificultad, serás como el oro que brilla, pero mucho más valioso.

LA ADORACIÓN ES

… alabar a Dios por lo que Él es, que a la vez nos fortalece y edifica nuestra fe, dándonos coraje en medio de lo que estamos pasando.

Ofrezcamos alabanza a Dios

Señor, alabo tu nombre. Te exalto por sobre todas las cosas. Eres mi Rey y Señor. En medio de todo lo que está pasando en mi vida, y de todo lo que estoy atravesando, sé que tú eres el todopoderoso Dios del universo. Señor, ocúltame en tu lugar secreto en mi momento de dificultad. Elévame alto sobre una roca para que pueda estar por encima de los planes de mis enemigos, que me rodean con problemas. Y cantaré y te ofreceré el sacrificio de la alabanza (Salmo 27:5-6). Tú eres mi auxilio, y me esconderé en ti. Te alabo por lo que eres. «Está mi alma apegada a ti; tu diestra me ha sostenido» (Salmo 63:8). No importa qué suceda alrededor de mí, tú estás a cargo de mi vida y confío en que harás que resulte en una cosa buena.

Ayúdame a soportar toda dificultad de manera que pueda glorificarte. Ayúdame a competir como un atleta, siguiendo las reglas, para que pueda obtener la corona de la victoria (2 Timoteo 2:3-5). Cuando paso por momentos difíciles, cuando todo parece salir mal, me acerco a ti y me desentiendo de las preocupaciones de esta vida. Te agradezco porque eres capaz de hacer de forma abundante y excelente más de todo lo que pueda pedir o pensar, según tu poder que obra en mí (Efesios 3:20).

Te adoro, Dios de gracia, y te agradezco porque después de que haya sufrido un tiempo, me perfeccionarás, me fortalecerás, harás que madure y que me vuelva más firme (1 Pedro 5:10-11). Te alabo por tu poder y agradezco que viertas poder en mi vida en gran medida. Te adoro, Padre de misericordia y consuelo, y te agradezco porque me consuelas en tiempos de tribulación. Ayúdame a consolar a otros que están pasando por dificultades, con el mismo consuelo que tú me das (2 Corintios 1:3-4).

Dios nos da su Palabra

Amados, no os sorprendáis del fuego de prueba que os ha sobrevenido, como si alguna cosa extraña os aconteciese, sino gozaos por cuanto sois participantes de los padecimientos de Cristo, para que también en la revelación de su gloria os gocéis con gran alegría.

1 PEDRO 4:12-13

Pero tenemos este tesoro en vasos de barro, para que la excelencia del poder sea de Dios, y no de nosotros.

2 CORINTIOS 4:7

En lo cual vosotros os alegráis, aunque ahora por un poco de tiempo, si es necesario, tengáis que ser afligidos en diversas pruebas, para que sometida a prueba vuestra fe, mucho más preciosa que el oro, el cual aunque perecedero se prueba con fuego, sea hallada en alabanza, gloria y honra cuando sea manifestado Jesucristo, a quien amáis sin haberle visto, en quien creyendo, aunque ahora no lo veáis, os alegráis con gozo inefable y glorioso; obteniendo el fin de vuestra fe, que es la salvación de vuestras almas.

1 PEDRO 1:6-9

Puesto que Cristo ha padecido por nosotros en la carne, vosotros también armaos del mismo pensamiento; pues quien ha padecido en la carne, terminó con el pecado, para no vivir el tiempo que resta en la carne, conforme a las concupiscencias de los hombres, sino conforme a la voluntad de Dios.

1 PEDRO 4:1-2

Hermanos míos, tened por sumo gozo cuando os halléis en diversas pruebas, sabiendo que la prueba de vuestra fe produce paciencia. Mas tenga la paciencia su obra completa, para que seáis perfectos y cabales, sin que os falte cosa alguna.

SANTIAGO 1:2-4

Pensemos un poco más en esto

1. Lee 2 Corintios 1:3-4 en tu Biblia. ¿Dónde encontramos consuelo en tiempos difíciles? ¿Cuál es uno de los propósitos de estos tiempos difíciles? ¿Qué cosa buena puede resultar de ellos?

2. Lee Isaías 41:10 en tu Biblia. ¿Por qué no necesitamos temer o angustiarnos en momentos de tribulación o dificultades? Escribe una alabanza a Dios por las promesas en estas Escrituras.

3. Lee Santiago 1:2-4, Eclesiastés 7:8 y Proverbios 16:18 en tu Biblia. ¿Por qué debemos encontrar gozo en medio de nuestras dificultades? ¿Por qué es importante aprender a tener paciencia? Escribe una oración pidiendo a Dios que te ayude a tener gozo y paciencia en medio de las dificultades de tu vida.

4. Lee el Salmo 107:28-32 en tu Biblia. ¿Qué pasa cuando estamos en medio de una tormenta en nuestra vida y clamamos a Dios? ¿Qué hace Dios en respuesta? ¿Qué debiéramos hacer en respuesta a Él?

5. Lee Romanos 8:18 en tu Biblia. ¿Cómo hemos de mirar nuestros momentos de sufrimiento?

24
Cuando anhelo conocer la voluntad de Dios

Cuando mi esposo quiso mudarse de California a Tennessee, como relaté anteriormente, todo en mí decía: «¡No quiero ir!». Claro, me habría mudado de todos modos si Michael hubiera insistido, pero finalmente él le dio a Dios el trabajo de convencerme. Le pedí al Señor que me mostrara lo que Él quería, entonces cada vez que empezaba a preocuparme porque podríamos estar tomando una decisión equivocada, alababa a Dios por su perfecta voluntad, su sabiduría y su revelación.

Fui con Michael a Tennessee en uno de sus viajes de negocios, y la tarde del día de nuestro arribo me acosté en la cama de la habitación de huéspedes de la casa donde nos alojábamos para descansar antes de la cena. Estaba en paz, allí en la luz clara de la tarde, y volví a alabar a Dios por su perfecta voluntad en nuestras vidas y por su fidelidad para revelárnosla cuando se lo pidamos. En medio de ese momento de adoración sentí una impresión clara y repentina en mi corazón de que teníamos que mudarnos. Había pasado meses orando por esto, pero en ese momento de alabanza me fue revelado sin lugar a dudas. Solo Dios podría haber hecho eso. No era una conclusión a la que había llegado por mis propios medios.

Quizá te preguntes: «Bueno, ¿no podrías haber confiado en el criterio de tu esposo, mudándote y ya?».

Claro que sí. Y lo habría hecho si llegaba el momento. Pero en un matrimonio es mucho más atractivo tomar las decisiones importantes en conjunto. Mantenernos en unión. Michael quería que yo estuviera tan entusiasmada como él con la mudanza. Quería que oyera de Dios al respecto, para que me convenciera de que era su voluntad.

Y por cierto necesitábamos este sólido conocimiento de la voluntad de Dios porque vendrían tres años de tormentas (literalmente), pruebas y desafíos monumentales después de mudarnos. Si no hubiéramos sabido con certeza que la mudanza era la voluntad de Dios, quizá habríamos pensado en volver a California. Hubiéramos pensado que era un error ir a Tennessee. Y, sorprendentemente, fui yo quien tuve que convencer a mi esposo algunas veces de que estábamos donde Dios quería que estuviéramos.

Me ha pasado lo mismo en muchas ocasiones. Estoy en medio de mi alabanza a Dios buscando su perfecta voluntad y de repente veo con suma claridad la respuesta a lo que debiera hacer, o a la decisión que debo tomar. Quizá no haya estado orando específicamente por ese tema en el momento preciso, aunque sí lo haya hecho muchas veces antes, mas de repente se despejan las nubes y veo la luz.

Cuando alabamos a nuestro Dios, todo sabiduría y conocedor de todo, el mismo acto de alabarle abre los canales por los que Él nos imparte su sabiduría y el conocimiento de su voluntad. Este es el poder oculto de la alabanza a Dios.

Podemos conocer a nuestro todopoderoso Dios

Esta es una de las cosas que más me gustan de Dios: que se deja conocer. Hay gente que lo conoce mejor que otros. Algunas personas no se preocupan para nada por conocerle. Pero la gente que anhela conocerlo mejor, puede hacerlo y lo hace.

Junto con esta capacidad de conocer a Dios viene la capacidad de conocer su voluntad. La perfecta voluntad de Dios para tu vida también está allí para que la conozcas. Ante todo, puedes encontrarla en su Palabra. Allí podemos encontrar las cosas que son *siempre* la voluntad de Dios para nuestras vidas. Por ejemplo, es siempre la voluntad de Dios que le amemos con todo nuestro corazón, nuestra mente y alma. Es siempre la voluntad de Dios que amemos a nuestro prójimo como a nosotros mismos. Es siempre la voluntad de Dios que le obedezcamos. Es siempre la voluntad de Dios que oremos y tengamos fe. Al hacer estas cosas *sabemos* que estamos haciendo la voluntad de Dios.

También puedes conocer la voluntad de Dios específicamente para tu vida.

Cuando tienes que tomar una decisión que sabes que afectará mucho tu vida, y necesitas la guía de Dios, puedes encontrarla. Cuando necesitas que el Espíritu Santo y la mente de Cristo te guíen, Él te lo otorgará.

Nuestra mayor felicidad y paz siempre estarán en la voluntad de Dios.

Podemos disfrutar de ir a un juego de fútbol, al cine, a un concierto, a un parque de diversiones o a la playa. Quizá nos guste ir de vacaciones. Pero el mayor entusiasmo y excitación que jamás logremos estará en conocer a Jesús y en vivir según la voluntad de Dios. Todo lo demás es pasajero. Lo más importante es decidir que será su voluntad lo que queramos, no la nuestra. Jesús dijo: «Porque he descendido del cielo, no para hacer mi voluntad, sino la voluntad del que me envió» (Juan 6:38). Jesús *quería* hacer la voluntad de Dios, ¿cuánto más hemos de quererlo nosotros a lo largo de nuestra vida?

Otra parte de vivir en la voluntad de Dios es decirle al Señor que quieres que su perfecta voluntad se cumpla en tu vida. Hasta Jesús lo hizo antes de ir a la cruz. Dijo: «Padre, si quieres, pasa de mí esta copa; pero no se haga mi voluntad, sino la tuya» (Lucas 22:42). Oró por lo que quería, pero enfatizó que no lo quería a expensas de la voluntad de Dios. Debemos orar por lo que necesitamos o deseamos, pero siempre incluyendo: «Que se haga tu voluntad en esto».

¿Qué pasa, sin embargo, cuando oramos y oramos por una decisión en particular y no oímos nada? El tiempo se acaba y necesitamos saber qué hacer, y aun así, Dios parece guardar silencio. ¿Qué hacemos entonces?

Ante todo, hacer lo que sabemos que es la voluntad de Dios. Y siempre es voluntad de Dios que oremos y le alabemos. «Estad siempre gozosos. Orad sin cesar. Dad gracias en todo, porque esta es la voluntad de Dios para con vosotros en Cristo Jesús» (1 Tesalonicenses 5:16-18). ¿Cuánto más claras pueden ser las instrucciones? Orar y adorar a Dios es vital cuando necesitamos conocer su voluntad para nuestras vidas.

> Dios busca a quienes oyen su llamado a una vida de adoración. Los que obedecen son los que andarán en su presencia. Le conocerán íntimamente y Él se manifestará ante ellos.
>
> John Bevere

Siempre sucede algo cuando alabas a Dios. La adoración ablanda y abre tu corazón para que el Espíritu Santo vuelva a llenarte otra vez. Te vuelves más receptivo a su voluntad para tu vida. Obtienes el parecer de Cristo y la guía del Espíritu Santo, de manera que aunque estés predispuesto a hacer una cosa, si esta no es la voluntad de Dios, tu corazón se abrirá a lo que Él quiere para ti y cambiarás de idea.

Nuestro omnisciente Dios nos da sabiduría

No podemos llegar a ser sabios simplemente deseando, estudiando, esperando la sabiduría. No podemos lograr la sabiduría por nuestros propios medios. «Probé ... diciendo: Seré sabio; pero la sabiduría se alejó de mí» (Eclesiastés 7:23). Hemos visto gente que tiene grandes logros académicos, y no son sabios. O personas extremadamente inteligentes sin sabiduría alguna. Esto es porque Dios es la fuente de toda sabiduría. Tenemos que acudir a Él para obtenerla. Cuando tenemos sabiduría de Dios, funciona todo el tiempo. No es una cosa que funcione a ratos. Cuando necesitas la sabiduría que solo puede venir de Dios, Él te dice que has de pedírsela.

¿No ha habido veces en que justo *sabías* la verdad en cuanto a una situación o persona? ¿Momentos en que estabas *seguro* de cuál era la decisión adecuada? ¿Ocasiones en que sentiste muy fuerte cuál era la decisión equivocada? ¿Instantes en que percibiste el peligro aunque no hubiera evidencia, y supiste que debías salir, cambiar de rumbo, buscar otro camino? ¿No ha habido momentos en que supiste que debías alejarte de la compañía de ciertas personas? ¿O cuándo supiste en quién confiar y quién no era confiable? Esa es la sabiduría que Dios te da. Esa es la sabiduría que Dios quiere que busquemos en Él.

La Biblia dice: «No seáis insensatos, sino entendidos de cuál sea la voluntad del Señor» (Efesios 5:17). Esto significa que no debemos arriesgarnos a tomar una decisión insensata moviéndonos antes de entender el parecer de Dios o la guía del Espíritu Santo al respecto. Esto significa que debemos orar y ser específicos al hacerlo: «Señor, muéstrame si debo dejar mi empleo y tomar este otro», «Señor, ¿debo mudarme a esta ciudad o a esta otra?», «Señor, ¿es esta la persona con la que debo casarme?», «Señor ¿cuál es el mejor uso para este dinero?»

Aun así, luego de dar a conocer tu pedido, adora a Dios y alábale como Señor de toda sabiduría. Dale gracias porque te revelará su voluntad: «Y si alguno de vosotros tiene falta de sabiduría, pídala a Dios, el cual da a todos abundantemente y sin reproche, y le será dada» (Santiago 1:5).

Dios nos creó con la capacidad de hacer lo bueno, pero egoístamente hemos buscado hacer las cosas a nuestra manera y no a la suya. «Dios hizo al hombre recto, pero ellos buscaron muchas perversiones» (Eclesiastés 7:29). La manera de estar seguro de que estás haciendo lo bueno es pedirle a Dios que te muestre qué hacer y que te dé sabiduría. Esto significa acudir a Aquel que todo lo sabe y pedirle que imparta su sabiduría en ti. Luego alábale porque Él ya ha decidido dársela a quienes la piden. «La sabiduría fortalece al sabio» (Eclesiastés 7:19).

Dios quiere que perseveremos en su voluntad porque nos ama. Porque sabe que allí es donde encontraremos las mayores bendiciones. Y aunque estar en la voluntad de Dios es un lugar de protección y refugio para nosotros, esto no significa que estará libre de problemas y que será fácil y cómodo. Nada más lejos de ello. Estar en la voluntad de Dios puede ser muy incómodo, y a veces hasta miserable. Pregúntale a Jesús. Él te lo dirá.

Cuando tienes que tomar una decisión importante, siempre ora a Dios por esto. Pídele sabiduría, revelación, la guía clara del Espíritu Santo. Pero luego, recibas la respuesta enseguida o no, adora a Dios por lo que es y alábale por su sabiduría y su voluntad. Quizá no recibas la respuesta de repente. Muchas veces esto es un proceso lento. Como un amanecer, en lugar de una luz que se enciende con un interruptor. Otras veces es todavía más lento, como cuando sacamos brillo al bronce viejo. Requiere mucho esfuerzo, fuerza, persistencia para obtener los resultados deseados, pero vale la pena el tiempo que nos lleva.

LA ADORACIÓN ES

... elevar nuestros corazones a Dios en alabanza, dándole permiso para hacer en nuestras vidas su voluntad, y entregándole nuestra voluntad entera.

Ofrezcamos alabanza a Dios

Señor, te adoro y alabo como Dios omnisciente, sabio por supremacía en el universo. Tú conoces todas las cosas. Tú sabes de todos mis días, y conoces el camino que he de tomar. Gracias, Señor, porque das sabiduría a quienes te la piden. Pido sabiduría hoy. Sé que el mero conocimiento lejos de ti jamás será suficiente para satisfacer el anhelo de mi corazón. Jamás sabré lo suficiente. Lo que necesito saber solo tú puedes enseñármelo.

Señor, sé que es tu voluntad que yo agradezca en todas las cosas, así que te agradezco hoy por todo lo que has hecho en mi vida (1 Tesalonicenses 5:18). Obra en mí lo que sea agradable a tus ojos (Hebreos 13:21). Gracias por darme el conocimiento de tu voluntad en toda sabiduría y entendimiento espiritual (Colosenses 1:9). Gracias por guiarme y mostrarme el camino. Gracias por dame entendimiento de tu Palabra y por dirigir mis pasos para que pueda quedarme en el camino que tienes para mí. Gracias por revelarme el camino que debo tomar con respecto a cada decisión que tomo. Te alabo por tu sabiduría, conocimiento y revelación. Gracias por ayudarme a estar en perfección y plenitud en el centro de tu voluntad (Colosenses 4:12). Dame la paciencia y la fuerza que necesito para que, después de haber hecho tu voluntad, reciba la promesa (Hebreos 10:36).

Dios nos da su Palabra

Por lo cual también nosotros, desde el día que lo oímos, no cesamos de orar por vosotros, y de pedir que seáis llenos del conocimiento de su voluntad en toda sabiduría e inteligencia espiritual, para que andéis como es digno del Señor, agradándole en todo, llevando fruto en toda buena obra, y creciendo en el conocimiento de Dios.

COLOSENSES 1:9-10

Buena es la ciencia con herencia, y provechosa para los que ven el sol. Porque escudo es la ciencia, y escudo es el dinero; mas la sabiduría excede, en que da vida a sus poseedores.

ECLESIASTÉS 7:11-12

No todo el que me dice: Señor, Señor, entrará en el reino de los cielos, sino el que hace la voluntad de mi Padre que está en los cielos.

MATEO 7:21

Y el mundo pasa, y sus deseos; pero el que hace la voluntad de Dios permanece para siempre.

1 JUAN 2:17

La sabiduría del hombre ilumina su rostro, y la tosquedad
de su semblante se mudará.

ECLESIASTÉS 8:1

───────── ✑ ─────────

Pensemos un poco más en esto

1. Lee Isaías 30:21 en tu Biblia. ¿Qué se supone que hagamos para encontrar la voluntad de Dios? Escribe una oración de alabanza y agradecimiento por la promesa que este
   pasaje revela para ti.

2. Lee Romanos 12:2 en tu Biblia. ¿Qué debemos hacer para
   ver la perfecta voluntad de Dios en nuestras vidas?

3. Lee el Salmo 16:7-8 en tu Biblia. ¿Quién nos aconseja?
   ¿Qué nos garantiza esto?

4. ¿Qué decisión tienes que tomar pronto para la cual necesitas
   el parecer de Cristo de manera que actúes según la voluntad
   de Dios? Escribe una oración a Dios pidiéndole que te revele su voluntad al respecto. Provee los detalles específicos.

5. Escribe una oración a Dios alabándole por lo que él es y
   por su perfecta voluntad en tu vida. Dale gracias porque
   es un Dios que da a conocer su voluntad a quienes buscan
   conocerla. Agradécele porque revelará su perfecta voluntad con relación a los asuntos que te afectan.

25
Cuando busco progreso, liberación y transformación

———— ❧ ————

En una película que vi hace un tiempo había un aviso para un crucero en el océano. Pero uno no abordaba un barco. La persona entraba en una pequeña estructura que imitaba a una nave y estaba construida sobre el agua. No iba a ninguna parte, claro, porque la estructura permanecía siempre en el mismo lugar. Parecía un barco, pero no lo era. La película era una comedia, pero después de haberla visto pensé mucho en cómo me sentiría si estuviera en ese tipo de crucero. Mi vida no iría a ninguna parte y aunque me esforzara por ir a algún lado siempre estaría en el mismo lugar.

¿Has sentido esto alguna vez?

¿Te has sentido como si estuvieras detenido en un mismo lugar, sin poder avanzar? Como si estuvieras estancado en una esfera de tu vida, necesitando liberarte para poder seguir. Como si hubiera una cerradura y no tuvieras la llave. ¡Siempre volviendo a los mismos problemas una y otra vez! ¡Las mismas dificultades! Como si parte de tu alma estuviera aprisionada y tu impotencia te impidiera escapar. Como si no pudieras moverte e ir más allá de donde estás.

¿Alguna vez has sentido la obsesión de pensar una y otra vez en lo mismo sin poder dejar de pensar? ¿O has caído en un hábito destructivo y por mucho que lo intentes no logras dejarlo?

¿Te has sentido como en un crucero de la vida pero sin llegar a ninguna parte, como si la marea de las circunstancias te llevara sin que pudieras hacer nada al respecto? Y claro, sin darte cuenta de que estás a la deriva hasta que un día ves qué lejos estás de donde querías ir. ¡Todos tus esfuerzos no logran zafarte de esa situación, de ese lugar en que estás atascado!

Estos son los momentos en que necesitamos un progreso espectacular, una liberación, un impulso en la vida. Momentos en que hay que modificar y transformar tu situación o tu persona. Y sabes que no tienes el poder de hacerlo. Allí es cuando necesitas el poder de Dios para que te libere.

Podemos llegar a estar encerrados en una situación así en nuestras vidas a causa de nuestro propio pecado, porque el pecado entreteje sus tentáculos, rodeándonos de manera tan sutil que a veces no nos damos cuenta de que estamos atados. Sin embargo, Dios nos da un camino para llevar nuestro pecado ante Él en confesión y arrepentimiento.

También hay otras situaciones que pueden surgir, que no son culpa nuestra pero están totalmente fuera de nuestro control. Situaciones en que parece que no podemos hacer nada para que nuestra vida progrese. Si has estado allí sabes de qué estoy hablando. Puede ser una estrategia del enemigo para detener nuestro progreso. Y el Señor lo permite para que nos veamos obligados a levantarnos y resistir con la Palabra de Dios, con la oración ferviente y la adoración sincera. Quizá Dios está permitiéndolo para acercarnos a Él.

Si alguna vez te encuentras en esa situación de atascamiento en tu vida, proclama la Palabra de Dios, ora sin cesar, adora a Dios por todo lo que es y alábale como tu liberador. Dale gracias porque tiene el poder de romper cualquier barrera que te impida llegar a ser todo lo que Él quiere que seas. Dale gracias porque tiene la llave para abrir las puertas que te mantienen encerrado. Regocíjate porque su voluntad para ti es libertad en Él.

Qué hacer mientras sigues en prisión

¿Recuerdas cuando a Pablo y Silas los encerraron en prisión y los azotaron? No se quejaron ante su terrible situación. No dijeron:

«Oye, Dios ¿qué es esto? Te estamos sirviendo y, francamente, es por ti que estamos aquí. ¿Por qué no nos proteges? ¿Por qué dejas que nos pase esto? ¿Y cuándo nos vas a sacar de aquí?».

En realidad, hicieron todo lo contrario.

Oraron. Adoraron a Dios. Cantaron alabanza a Él. Y mientras cantaban un poderoso terremoto sacudió la prisión y se abrieron las puertas de las celdas en donde estaban encerrados ellos y los demás prisioneros (Hechos 16).

¿Cuántos de nosotros *cantamos alabanza* a Dios cuando nos encontramos aprisionados en la vida? Por lo general es lo último que se nos ocurriría hacer. ¿En qué medida adoramos a Dios cuando estamos encerrados en nuestras almas? Muchas veces sentimos que también nuestras mandíbulas están bajo llave, aunque adorar a Dios es exactamente lo que tendríamos que hacer.

Pablo y Silas adoraban a Dios porque le amaban más que a cualquier otra cosa y querían glorificarle por sobre todo. Sabían que no importaba lo que sucediera, Él siempre estaría acompañándolos, paso a paso. Fue la acción de alabar a Dios lo que los liberó. Y no solo a ellos, rompiendo sus cadenas, sino también las de todos los demás prisioneros en esa cárcel. Hasta el guardia de la prisión vio lo que había sucedido y fue salvo también.

Hay una liberación que sobreviene al estar *en presencia* de quienes adoran a Dios cuando nuestros corazones se unen a ellos.

Cada vez que adoramos y alabamos a Dios las cosas a nuestro alrededor cambian, se rompen las cadenas, y obtenemos la libertad.

Cuando alabas a Dios, llega el progreso espectacular, la liberación, la transformación. Eso es porque «el Señor es el Espíritu; y donde está el Espíritu del Señor, allí hay libertad» (2 Corintios 3:17). Cuando alabamos a Dios invitamos a su presencia a estar con nosotros. Y en su presencia encontramos la libertad. En su presencia somos transformados de gloria en gloria por el poder del Espíritu Santo (2 Corintios 3:18).

El Señor les dijo a los israelitas que marcharan alrededor de Jericó una vez al día durante seis días, en silencio. Al séptimo día debían marchar alrededor de la ciudad siete veces y dar un grito de alabanza a Dios. Entonces Él les entregaría la ciudad. E hicieron todo tal como Dios les había indicado, creyendo en su palabra y en la grandiosidad de su poder. Y las murallas que rodeaban a Jericó se derrumbaron (Josué 6:1-20). No *se sacudieron* nada más. Se *derrumbaron por completo*.

Lo mismo sucede en nuestras vidas. Podemos ver las murallas que se han levantado en derredor de nosotros para impedirnos seguir avanzando hacia nuestro destino, y quizá se vean impenetrables, imposibles de franquear. Pero cuando escuchamos a Dios, hacemos lo que dice y elevamos una alabanza potente a Él, las murallas *se derrumbarán*. Y lo harán *por completo*.

Dios puede hacerlo todo. No hay nada imposible para Él. Pero esto nos significa que elija hacer todo lo que le es posible. Él hará su voluntad. Así que cuando oras por lo imposible esto no significa que lo hará. Quizá sí. Quizá no. Sin embargo, alabar a Dios le invita a hacer lo que Él quiere en tu vida, que siempre será más grandioso que cualquier cosa que pudieras imaginar.

La Biblia dice que Dios nos protege de la tribulación rodeándonos con canciones de liberación. «Tú eres mi refugio; me guardarás de la angustia; con cánticos de liberación me rodearás» (Salmo 32:7). ¿Significa esto que Dios canta canciones por nosotros? ¿Es que las canciones de alabanza de los demás nos liberan? ¿O utiliza Dios las canciones de alabanza que *nosotros* le cantamos como cobertura sagrada que nos aparta de toda persona u objeto que intente separarnos de Él? Solo Dios conoce las respuestas a estas preguntas. Lo que sabemos es que nos suceden cosas maravillosas, poderosas, cuando le cantamos canciones de alabanza. Entre estas cosas están el progreso espectacular, la liberación y la transformación.

Así como la música en el plano físico puede provocar longitudes de onda que rompen cristales, la adoración cantada en el plano espiritual puede derribar cosas en el dominio de Satanás, acabando con principados del infierno, extendiendo el reino de Dios a través de Jesucristo.

Jack Hayford

Cuando luchas contra cosas difíciles que parecen no dejarte pasar al otro lado, cuando eres incapaz de sobreponerte a tus circunstancias, entonces canta alabanzas a Dios, muchas veces al día, todos los días. Porque la alabanza te elevará a un plano en donde las limitaciones normales de esta vida no existen.

Cuando cantamos alabanzas a Dios por todo lo que es y por lo que ha hecho, nuestra adoración se convierte en el instrumento mismo que Él usa para darnos la libertad. Ese es el poder oculto de la alabanza.

Qué hacer cuando recibes la libertad

Cuando recibes la libertad y estás intentando reconstruir tu vida en el Señor, el enemigo vendrá y te dirá: «En verdad no te has liberado»; «Sigues siendo el mismo desastre de siempre»; «No te has transformado. Nunca podrás ser diferente»; «No sucedió»; «Nada te sale bien». Cuando comienzas a oír ese tipo de mensajes, reconoce de dónde provienen y recuerda quién es el que te liberó.

Dile: «Señor, elevo a ti mi alabanza. Gracias por tus promesas. Te alabo como mi libertador. Gracias porque me has dado la libertad y porque seguirás dándomela. Sé que todas las cosas buenas en mi vida provienen de ti y que tú eres fiel y harás todo lo que has prometido».

Recuerda de dónde viene la voz del desaliento y decídete a quedarte cerca del Señor en alabanza y adoración. La alabanza silencia la voz del enemigo para que puedas oír mejor la voz de Dios.

Cuando el Señor liberó a David de la mano de sus enemigos, él le ofreció alabanzas a Dios por su liberación diciendo: «Jehová es mi roca y mi fortaleza, y mi libertador; Dios mío, fortaleza mía, en él confiaré; mi escudo, y el fuerte de mi salvación, mi alto refugio; Salvador mío; de violencia me libraste. Invocaré a Jehová, quien es digno de ser alabado, y seré salvo de mis enemigos» (2 Samuel 22:2-4).

También nosotros debemos hacer lo mismo. Debemos alabar a Dios antes, durante y después de toda liberación, progreso o transformación en nuestras vidas. Nunca debemos olvidar que es el Señor quien «liberta a los cautivos» (Salmo 146:7). Debemos recordar que «muchas son las aflicciones del justo, pero de todas ellas le librará Jehová» (Salmo 34:19).

Alaba a Dios porque es tu libertador y dale gracias por haberte liberado de todo lo que te separaba de Él. Dale gracias porque es todopoderoso y porque te transforma a ti y a tus circunstancias cada día.

Agradece a Dios porque es capaz de derribar cualquier barrera que haya en tu vida. Nunca hemos de subestimar el poder de la alabanza cuando se trata de liberarnos de algo que nos impide adentrarnos en todo lo que Dios tiene para nosotros. Podemos ser librados de todo lo que busque aprisionar nuestras almas o demoler nuestro espíritu.

Dios nos libera y transforma porque nos ama. No está obligado a hacerlo. *Elige* hacerlo.

LA ADORACIÓN ES

… el modo en que sostenemos nuestra relación con Dios. Al humillarnos ante Él como nuestro Señor y Rey abrimos el canal por el que se comunica con nosotros y le respondemos.

Ofrezcamos alabanza a Dios

Te adoro, Señor. Tú eres mi roca, mi fortaleza, mi libertador, mi fuerza en la que confío, mi escudo, mi refugio y mi salvación (Salmo 18:2). Me miraste desde lo alto y me sacaste de las muchas aguas (Salmo 18:16). Me has llevado a un lugar espacioso, y me liberaste porque te agradaste en mí (Salmo 18:19). Tú eres mi Dios y yo te alabaré (Éxodo 15:2).

Señor, te alabo como mi Todopoderoso Libertador. Tienes el poder de darme libertad y transformar mi vida. Gracias porque derribarás toda fortaleza que el enemigo de mi alma haya erigido en mí y alrededor de mí. Romperás y derribarás todo muro que me separe de todo lo que tienes para mí. Gracias porque me has liberado de la mano del enemigo y seguirás liberándome hasta el día en que vaya a estar contigo. Llamo tu nombre, Señor. «Oh Jehová, libra ahora mi alma» (Salmo 116:4). Sé que tú, Señor, has comenzado una buena obra en mí y la completarás (Filipenses 1:6). Sé que en cualquier estado en que me encuentres me contentaré porque no me dejarás allí para siempre (Filipenses 4:11). Te alabaré en medio de toda necesidad de liberación, progreso y transformación, sabiendo que ves mi necesidad y la satisfarás a tu manera y a tu tiempo.

Dios nos da su Palabra

Pero tuvimos en nosotros mismos sentencia de muerte, para que no confiásemos en nosotros mismos, sino en Dios que resucita a los muertos; el cual nos libró, y nos libra, y en quien esperamos que aún nos librará, de tan gran muerte.

2 CORINTIOS 1:9-10

No os acordéis de las cosas pasadas, ni traigáis a memoria las cosas antiguas. He aquí que yo hago cosa nueva; pronto saldrá a luz; ¿no la conoceréis? Otra vez abriré camino en el desierto, y ríos en la soledad.

ISAÍAS 43:18-19

Y el Señor me librará de toda obra mala, y me preservará para su reino celestial. A él sea gloria por los siglos de los siglos. Amén.

2 TIMOTEO 4:18

No os conforméis a este siglo, sino transformaos por medio de la renovación de vuestro entendimiento, para que comprobéis cuál sea la buena voluntad de Dios, agradable y perfecta.

ROMANOS 12:2

Por tanto, nosotros todos, mirando a cara descubierta como en un espejo la gloria del Señor, somos transformados de gloria en gloria en la misma imagen, como por el Espíritu del Señor.

2 Corintios 3:18

Pensemos un poco más en esto

1. Lee el Salmo 106:8 en tu Biblia. ¿Por qué nos libera o rescata Dios?

2. Lee Juan 16:33 en tu Biblia. ¿De qué modo te alienta este versículo en tu necesidad de liberación y progreso?

3. Lee Lucas 4:18-19 en tu Biblia. ¿Qué ha prometido Dios hacer por ti, y cómo te alienta esto para creer que puedes derribar todas las barreras en tu vida para encontrar liberación y libertad?

4. Lee Isaías 58:6 en tu Biblia. ¿Qué logra el ayuno que Dios ha elegido?

5. Lee el Salmo 91:15-16 en tu Biblia. ¿Cuáles son las promesas de Dios para ti en estos versículos con respecto a la liberación y el progreso en tu vida?

26

Cuando necesito de la provisión y protección de Dios

———— ❧ ————

Crecí pobre. Hubo muchísimas noches en que me iba a dormir con hambre porque no había nada para comer en la casa. Muchas personas creen que no tener comida en casa es que no haya lo que quieren en ese momento, aunque hay muchas otras cosas perfectamente comestibles. Nunca vivieron el horror de ir a dormir con hambre sin saber si habría alimentos para volver a comer en algún momento.

No hace mucho una señora dulce y adinerada me preguntó:

—¿Dónde veraneas?

Pensé: *En el mismo lugar en que paso el invierno.*

Ella esperaba una respuesta, pacientemente.

—Si tengo la bendición de tener una semana de vacaciones, por lo general voy a la Florida, porque es la playa más cercana —respondí.

—¡Ah, sí! Son solo cuarenta y cinco minutos en avión privado.

—Nunca lo pensé de esa manera —respondí—. Siempre pienso en las ocho horas en auto.

—¿Tú conduces? —me preguntó, mostrando incredulidad.

—Sí, y desde muy joven. Encuentro que aclara mi mente. Y puedo llevar conmigo mi computadora portátil y la impresora.

—Hmmm —respondió, asintiendo.

Esta conversación me hizo reír por dentro. Sabía que esta mujer jamás había conocido la pobreza. Y no la culpo por eso. Era una señora muy amable y agradable. Pero la situación me hizo pensar en la cantidad de gente que no conoce el dolor de la verdadera pobreza.

En caso de que seas una de esas personas, permíteme decirte que los problemas económicos dan miedo. No hablo de no poder pagar los gastos de tu yate, de tu avión privado o de la casa de verano. Tampoco hablo de tener que vender todas tus acciones perdiendo lo que esperabas ganar. Hablo de no poder pagar la renta de tu pequeño apartamento, o la hipoteca de tu humilde hogar. Hablo de no tener comida suficiente para ti y tu familia, o de no poder cargar combustible en el auto para ir a trabajar. Hablo de no tener siquiera monedas para echar a andar las máquinas de la lavandería.

Estuve en esa situación. La conozco perfectamente.

Y no hablo de no estar satisfecho nunca con lo que tienes, o de codiciar más. Hablo de las necesidades básicas. Cuando era pequeña, consideraba un lujo la satisfacción de mis necesidades básicas. Todo lo que las excediera era un sueño muy lejano.

Cuando recibí al Señor, llegué a saber que Él es mi proveedor. Desde entonces, ha provisto para mí en formas que jamás soñé posibles. No he tenido que preocuparme por si tendría comida, o un lugar donde dormir, o si tenía combustible o monedas para lavar la ropa. Podía acudir a Dios y pedir su provisión, y Él siempre proveyó. No digo que no hubiera épocas difíciles. Las hubo. Pero ya no era la situación aterradora que atravesaba antes de conocerlo a Él. Ahora siempre tengo confianza en que Dios proveerá, y eso es muy diferente.

Desde que mis hijos eran pequeños siempre los cuidé mucho. En todo momento sabía dónde estaban y qué cosas necesitaban. La mayoría de las veces ellos no se daban cuenta de que los vigilaba. Ni siquiera lo pensaban porque sus necesidades estaban satisfechas y se sentían seguros. Era yo quien pensaba constantemente en todo. Repasaba de antemano lo que podrían necesitar, aun cuando ellos ni siquiera evaluaran esa posibilidad. Y los apartaba del peligro, de muchas maneras, sin que siquiera lo pudieran reconocer. Lo hacía porque los amo mucho.

La protección y provisión de Dios son señales de su gran amor por nosotros. Nos ama tanto que provee para nosotros y nos protege mucho más de lo que reconocemos o podemos apreciar. su provisión y protección en nuestras vidas cada día son más de lo que podemos llegar a saber, porque Él nos ama más de lo que podemos entender.

Dios, sin embargo, utilizará a veces nuestra necesidad económica para llamar nuestra atención. Quiere que siempre dependamos de Él, y quiere enseñarnos a confiar en su provisión. Desea que sepamos que es el Señor del desierto estéril y el valle fértil. Y que tiene un propósito para ambos. Quiere que le alabemos en medio de nuestra necesidad, sabiendo que siempre proveerá para sus hijos. Quiere que le demos gracias por lo que tenemos. Anhela que nuestra confianza y tesoro estén en Él, y en nada más, para que *le amemos* por sobre todas las cosas (Mateo 6:21)

La importancia de agradecer

Cuando Jesús vio la necesidad de alimentar a cinco mil personas, tomó cinco panes y dos peces y *dio gracias a Dios por la comida* (Juan 6:11-13).

Si Jesús dio gracias a Dios antes de ver que lo que Él tenía sería multiplicado, ¡cuánto más debemos agradecer nosotros! Dar gracias y alabar a Dios por lo que tenemos hace que nuestras posesiones aumenten y lleguen a ser más.

Hay un principio aquí que vale la pena repetir. Jesús dio gracias por lo que tenía y Dios lo multiplicó hasta llegar a darle lo que Jesús necesitaba.

Y no se trata de dorarle la píldora a Dios para obtener lo que queremos. Se trata de darle gracias por lo que tenemos porque sabemos que todo proviene de Él y que proveerá para satisfacer todas nuestras necesidades.

Sé que esto es difícil cuando estamos en problemas, cuando nos falta. Es un paso de fe agradecer a Dios por ser tu proveedor cuando no ves la provisión. Pero Dios *nos ha prometido* que proveerá para nuestras necesidades. Y le da *placer* darnos cosas buenas. Nos provee porque nos ama.

Cuando alabamos a Dios como proveedor y le damos gracias por todo lo que nos ha dado, abrimos el camino por el cual Él sigue prove-yéndonos y satisfaciendo nuestras necesidades. Este es el poder oculto de la alabanza a Dios.

Cuando no alabamos a Dios como proveedor nuestro o no le damos gracias por todo lo que nos ha dado, indicamos que damos por sentado todo lo que hemos recibido.

Si alguna vez me pareció que mis hijos se volvían ingratos por lo que tenían, enseguida suponía que era porque les estaba dando demasiado. Siempre tuvieron de todo para cubrir sus necesidades, y aun más, para darse gusto. Yo confiaba en que proveía bien para ellos, así que si no eran agradecidos tal cosa significaba que estaban siendo malcriados y que yo necesitaba recortar un poco para ayudarles a concentrarse *en la necesidad de los demás*. Era necesario que se dieran cuenta de que aunque ellos tuvieran todo —alimento, por ejemplo— quizá no hacía falta que la comida fuera tan abundante y variada. Mis hijos hoy son mayores, y aunque se les ha dado mucho a lo largo de los años, sé que son sinceramente agradecidos por todo lo que tienen.

Cuando alguien agradece lo que le has dado, sientes que quieres darle más. Cuando no agradecen ya no sientes que quieras darle más que lo básico.

Cuando buscamos a Dios y le agradecemos por todo lo que Él nos ha dado, no nos faltará nada de lo que necesitemos. Y cuando demos a los que no son tan afortunados como nosotros, Él nos bendecirá (Salmos 41:1-2). Pero si cerramos los ojos a las necesidades de quienes nos rodean, Dios hará lo mismo con respecto a nuestras necesidades. Cuando ponemos todo lo que tenemos —especialmente nuestro dinero— en sus manos y hacemos con ello lo que nos indica hacer, Él promete bendecirnos. Cuando damos a Dios y a los demás, esto muestra que confiamos en que Dios proveerá para nosotros. Cuando alabamos al Señor como proveedor nuestro y reconocemos de dónde proviene nuestra provisión, nos es más fácil abrir el corazón para compartir con los demás lo que nos ha sido dado.

Siempre debemos orar para que Dios aumente nuestros recursos económicos y bendiga nuestras posesiones. Debemos orar que el enemigo no pueda robarnos. Debemos pedirle a Dios que nos ayude a entender su voluntad con respecto al dinero que nos da, para que comprendamos sus principios de la generosidad y cómo ser buenos administradores de todo lo que él nos proporciona. Pero ante todo, debemos agradecerle a menudo por todas sus bendiciones. Debemos alabarle todos los días por ser nuestro proveedor y darle gracias porque todo lo que tenemos viene de Él. Dios promete que «la bendición de Jehová es la que enriquece, y no añade tristeza con ella» (Proverbios 10:22). Lo que Dios nos da es pura bendición, por ello debemos alabarle.

A Dios le agrada mucho que apreciemos todo lo que hace, así que sé específico cuando le alabes. Con toda intención deja de pensar en tus necesidades y concéntrate en Él. Dedica un tiempo para dejar de buscar la provisión y pensar solamente en el Proveedor. En todo lo que Él es. En todas las formas en que le aprecias. En las cosas que Él ha hecho por ti. Dale gracias por todo lo que ya te ha dado. Agradécele porque como Proveedor, siempre suplirá todas tus necesidades.

No te preocupes. Esta no es una estrategia para lograr que Dios te dé lo que quieres. Hay un dominio propio inherente en cuanto a manipular a Dios, ¡porque *no lograremos hacerlo jamás!* Esto sucede porque Dios conoce lo que hay en tu corazón. Si pronuncias palabras de alabanza que no vienen de tu corazón, Él lo sabe. Tal cosa no será adoración sincera. Así que no tienes que preocuparte por si estás alabando para lograr que Dios te provea. Porque Él ya ha decidido hacerlo. Solo te pide que agradezcas lo que tienes. Que le des una parte de lo que posees. Que proveas otra parte a los demás. Y que confíes en Él para todo lo que necesites.

Dios provee protección

Sé muy bien lo que es vivir en «la parte mala de la ciudad», donde hay asesinatos, robos, violaciones y vandalismo. Donde no es seguro salir de la casa. Para mí, temer por mi vida era cosa de todos los días. En realidad, muchas veces me preguntaba si podría salir de allí con vida. Nadie se queda en la parte mala de la ciudad si puede pagar un lugar mejor.

Después de conocer al Señor encontré el mayor consuelo en la capacidad y posibilidad de confiar en Dios como mi protector. «Por la opresión de los pobres, por el gemido de los menesterosos, ahora me levantaré, dice Jehová; pondré en salvo al que por ello suspira» (Salmo 12:5). Dios lo hizo por mí. Yo anhelaba sentirme segura. Durante años lo deseé. Y Dios no solo me protegió en el lugar peligroso donde vivía, sino que me llevó a un lugar seguro.

Jamás debemos dar por sentada la protección del Señor en nuestras vidas. Nunca debemos subir a un avión, un tren o un auto sin alabarle como protector nuestro. Jamás debiéramos comenzar un día sin pedirle protección y agradecerle por ella de antemano. ¿Cuántas veces estuvimos al borde de un accidente, de un desastre, sin siquiera darnos cuenta?

> A lo largo de los años he llegado a convencerme de que la alabanza levanta un manto de protección que rodea al pueblo de Dios. La alabanza es una atmósfera en la que el Adversario no puede moverse.
>
> Jack Hayford

Hubo muchas veces en que tuve que estar en ambientes inseguros, y al elevar la alabanza a Dios podía percibir su presencia protectora. He cantado alabanzas a Dios en voz alta, en estacionamientos oscuros y desiertos cuando estaba sola. Una innumerable cantidad de veces, cuando tenía miedo de estar sola en casa por las noches, ponía un disco de música de adoración y cantaba. Cada vez que lo hacía mi miedo se esfumaba, y era reemplazado por la paz de Dios.

Una vez tuve que ir a la farmacia muy tarde de noche a comprar un remedio para mi bebé. Cuando salí de la farmacia, mi auto era el único que quedaba en el estacionamiento. Por el rabillo del ojo vi que se me acercaba un hombre y tuve miedo. Susurré una alabanza a Dios mientras caminaba y me aseguré de tener lista la llave para entrar rápido en el auto. Cuando estaba casi junto al automóvil el hombre se acercó más y me tomó del hombro, como para atraerme hacia él. Me di vuelta tan rápidamente y le hablé con tal fuerza que el hombre me soltó de inmediato. Me miró como si lo hubiera asustado a él, y no al revés.

Le dije: «¡No me toques! Alguien nos está viendo, y te destruirá si me tocas».

No le expliqué que estaba refiriéndome a Dios.

Estoy segura de que las palabras que salieron de mi boca y la fuerza con que las pronuncié fueron mucho más de lo que podría haber dicho por mi cuenta. La potencia de mis palabras me causó un impacto muy grande. Definitivamente, este era un poder sobrenatural, que yo conozco como el Espíritu Santo. El hombre quedó allí, como congelado, mientras yo subí al auto, cerré la puerta, encendí el motor y me fui, todo en un instante. Esa fue la noche en que vi el poder de Dios defendiéndome cuando le alabé en medio del peligro. No hay duda en mi mente de que él me protegió y me dio la capacidad de hacer lo que hice.

Dios siempre nos protege, mucho más de lo que podemos ver, y nos brinda una cobertura de seguridad más allá de lo que podemos percibir a conciencia. Si Dios no fuera nuestro protector, no estaríamos aquí. Es por eso que debemos alabarle cada día, no solo porque es nuestro proveedor, sino también porque es nuestro protector. Jamás subestimemos el poder de la alabanza en cuanto a estas dos cosas.

LA ADORACIÓN ES

… derramar ante Dios lo que hay en nuestro corazón, no solamente en gratitud por su provisión en nuestras vidas, sino por todo lo que Él es. Y al ofrecer todo lo que tenemos a Dios en alabanza, el Señor nos ofrece todo lo que tiene en amor.

Ofrezcamos alabanza a Dios

Señor, te alabo porque eres mi Dios Todopoderoso. Eres mi Rey y Señor, quien reina en mi vida. Te entrego todo lo que tengo porque reconozco que todo lo bueno que tengo me lo has dado en demostración de tu bondad, misericordia y amor (Santiago 1:17). Gracias porque tú eres mi proveedor y provees todo lo que necesito.

Señor, te alabo porque eres mi protector. Gracias por ocultarme «bajo la sombra de tus alas, de la vista de los malos que me oprimen, de mis enemigos que buscan mi vida» (Salmo 17:8-9). «Sobre mí, oh Dios, están tus votos; te tributaré alabanzas. Porque has librado mi alma de la muerte, y mis pies de la caída, para que ande delante de Dios en la luz de los que viven» (Salmo 56:12-13).

Te amo, Señor. Sé que tu provisión y protección son evidencia de tu gran amor por mí. Clamaré a ti, porque eres digno de ser alabado, y seré salvado de mis enemigos (Salmo 18:3). Mi esperanza está en ti. Mi corazón se regocija en ti. Confío en tu santo nombre (Salmo 33:21). Me regocijo en ti. En ti confío. Grito de gozo porque tú me defiendes. Gracias porque me bendices y me rodeas como un escudo (Salmo 5:11-12).

Me inclino ante ti en adoración, Señor y Creador mío. Tú eres mi Dios y yo soy una de tus ovejas, a quien extiendes tu mano de protección (Salmo 95:6-7). Eres mi refugio y mi fuerza en el día de la tribulación, y cantaré tu alabanza por siempre (Salmo 59:16-17).

Dios nos da su Palabra

Porque has puesto a Jehová, que es mi esperanza, al Altísimo por tu habitación, no te sobrevendrá mal, ni plaga tocará tu morada. Pues a sus ángeles mandará acerca de ti, que te guarden en todos tus caminos. En las manos te llevarán, para que tu pie no tropiece en piedra.

SALMOS 91:9-12

Los leoncillos necesitan, y tienen hambre; pero los que buscan a Jehová no tendrán falta de ningún bien.

SALMO 34:10

―――――― ∽⊛∕ ――――――

Con sus plumas te cubrirá, y debajo de sus alas estarás seguro; escudo y adarga es su verdad. No temerás el terror nocturno, ni saeta que vuele de día, ni pestilencia que ande en oscuridad, ni mortandad que en medio del día destruya. Caerán a tu lado mil, y diez mil a tu diestra; mas a ti no llegará.

SALMO 91:4-7

―――――― ∽⊛∕ ――――――

En paz me acostaré, y asimismo dormiré; porque solo tú, Jehová, me haces vivir confiado.

SALMO 4:8

―――――― ∽⊛∕ ――――――

Jehová es mi fortaleza y mi escudo; en él confió mi corazón, y fui ayudado, por lo que se gozó mi corazón, y con mi cántico le alabaré.

SALMO 28-7

―――――― ∽⊛∕ ――――――

Pensemos un poco más en esto

1. Lee Santiago 1:17 en tu Biblia. Escribe una oración de alabanza a Dios como Señor de tu vida, dándole gracias porque es tu proveedor y protector. Dale gracias por todo lo que te ha provisto en el pasado, por lo que está dándote hoy, y porque proveerá para ti en el futuro. Pídele que te muestre si has administrado bien todo lo que te ha dado.

2. Lee Lucas 6:38 en tu Biblia. ¿Qué debemos hacer? ¿Qué sucederá cuando lo hagamos? Escribe una oración de alabanza a Dios agradeciéndole por esta promesa.

3. Lee Malaquías 3:10 en tu Biblia ¿Qué se requiere de nosotros? ¿Qué hará Dios por nosotros cuando hagamos esto?

4. Lee Proverbios 21:13 y el Salmo 41:1-2 en tu Biblia. Según estos versículos, ¿qué debemos hacer? ¿Qué pasa si no lo hacemos? ¿Qué pasa si lo hacemos?

5. Lee el Salmo 34:9 y Mateo 6:21 en tu Biblia. Escribe una oración de adoración y alabanza a Dios diciéndole cuánto le reverencias. Proclámalo como tu más valioso tesoro.

27

Cuando peleo contra la tentación de andar en la carne

―――――― ❧ ――――――

El día de Año Nuevo pasado, mientras buscaba una palabra de Dios sobre el año que comenzaba, Él me habló claramente al corazón y dijo dos cosas. Una fue: «*Buscad primeramente el reino de Dios*» (*Mateo 6:33*). Y la otra: «*Andad en el Espíritu, y no satisfagáis los deseos de la carne*» (*Gálatas 5:16*).

No es que no conociera estos dos pasajes desde antes. Los había leído muchísimas veces. Los sabía de memoria. Pero sabía que este año en particular tendría que aferrarme a ellos en especial. Desde entonces, me he aferrado a ellos y han guiado cada una de mis decisiones a diario.

No fue que estuviera luchando contra nada específico, pero sí creo que Dios quería hacer algo especial en mi vida que no podría suceder si no obedecía a estas dos indicaciones en su Palabra. Muchas veces a lo largo del año, cuando tenía que elegir qué hacer con mi tiempo, elegía *buscar primeramente el reino de Dios* y *andar en el Espíritu y no en la carne.*

Y cada vez que lo hacía, recibía una nueva revelación de Dios. Encontraba lo que necesitaba ese día, que de otro modo no habría hallado. Me libré de cometer una buena cantidad de errores. Recibí ayuda cuando ni siquiera sabía que la necesitaba. Cuando creía que me sentía tentada a satisfacer mi carne, alababa a Dios hasta saber que el Espíritu en mí estaba fortalecido y que el clamor de la carne se había debilitado. Al tomar decisiones o reaccionar ante algo me preguntaba: «¿Estoy moviéndome en la carne o en el Espíritu en cuanto a esto? ¿He buscado primeramente a Dios?».

¿No es asombroso todo lo que Dios sabe, tanto más de lo que sabemos nosotros? Tenemos una tendencia a sentirnos muy capaces: «Puedo con esto. Confiaré en Dios para las cosas difíciles». Y sin embargo, cuando buscamos primeramente a Dios en todo, Él nos muestra lo que de otro modo no habríamos sido capaces de ver. Hay una innumerable cantidad de cosas que no veremos a menos que nos movamos en el Espíritu.

La única forma de estar seguros de que nos movemos en el Espíritu y no en la carne es hacer de la adoración a Dios nuestro estilo de vida.

No obstante, la adoración no es algo que nuestra carne busque hacer. La alabanza es un sacrificio en ese sentido. Es solamente cuando vemos de forma clara a quién estamos adorando en realidad, por qué, y cuáles pueden ser los resultados en nuestra vida cuando le adoramos, que nuestro espíritu y nuestra alma buscan adorar a Dios.

La adoración impide que nos controle nuestra carne.

Moviéndonos en el Espíritu

Dios quiere que vivamos en total contraste con el mundo. El mundo está totalmente absorto en la carne. Una de las esferas más comunes de andar en la carne es la que se relaciona con el pecado sexual. La tentación sexual de uno u otro tipo está en todas partes. La actitud hacia el sexo casual y la inmoralidad en nuestra sociedad ha ido mucho más allá de lo que imaginamos que podría ir. Todo aquel que tenga sentido de su propio propósito y de lo que Dios quiere que lleguemos a ser sabe que no se pueden hacer concesiones en esta esfera. El precio es demasiado alto. Las consecuencias demasiado grandes.

Dios dice «que os abstengáis de los deseos carnales que batallan contra el alma» (1 Pedro 2:11). Las cosas que nos provocan lujuria, ya sea el sexo, los bienes materiales, el dinero, o el poder, causan destrucción en nuestra alma. Hacen que la paz se nos escape. No es que

Dios no quiera que tengamos estas cosas; es que tenemos que buscarlas en Él. Hemos de someternos a su modo, a sus tiempos.

Existe una manera de resistir la tentación de la carne, y en especial la tentación sexual. Y es adorando a Dios. Pero tiene que ser nuestra primera reacción, no algo que hagamos después de ceder.

El rey David debería haber recordado esto.

El rey David fue el más grande adorador en la Biblia. Un hombre bueno. Un hombre que vivía conforme al corazón de Dios. Pero una noche no estaba donde tenía que estar, y no estaba haciendo lo que tenía que hacer. Se suponía que debía estar en el campo de batalla con su ejército. En cambio, estaba en el techo de su casa, mirando cómo su vecina se daba un baño. ¡La vecina *casada*, debo agregar!

Si en lugar de darse un festín mirando a la mujer desnuda hubiese apartado la vista, admitiendo *de inmediato* ante Dios su tentación y yendo directamente a la privacidad de su habitación para inclinarse ante Dios y adorar al Señor hasta que la tentación desapareciera, todo habría sido muy distinto. Si se hubiera quedado allí ante el Señor en adoración hasta que la tentación *hubiera dejado de acosarlo*, la horrible tragedia que sucedió luego no habría acontecido jamás.

Pero no hizo eso. Siguió mirando. Siguió pensando. Siguió deseando a la mujer hasta que su carne entró en acción. Ordenó que trajeran a la mujer, Betsabé, a su habitación, y mientras el marido peleaba en la batalla en que debía también haber estado David, tuvo relaciones sexuales con ella. Luego Betsabé descubrió que estaba encinta, y David intentó cubrir el adulterio con un complot para que su esposo muriera en la batalla.

Todo esto comenzó con un pensamiento de pecado.

Nadie termina cometiendo adulterio sin haberlo pensado antes. Es al *primer pensamiento* que debe surgir la alabanza.

Más tarde David debió enfrentar al profeta Natán por lo que había hecho, y debemos darle crédito porque David lo confesó todo y se sintió profundamente arrepentido. Pero aun así, hubo duras consecuencias a raíz de sus acciones, entre ellas la muerte del bebé de Betsabé y David. Y desde entonces, el asesinato, la muerte y la traición formaron parte de su familia y su reino.

Después de la muerte de su bebé, David fue al Tabernáculo y adoró a Dios. Luego clamó al Señor: «Vuélveme el gozo de tu salvación, y espíritu noble me sustente» (Salmo 51:12). Había perdido el gozo.

Siempre sacrificaremos nuestro gozo y la plenitud de todo lo que Dios tiene para nosotros cuando nos movemos en la carne.

Los pecados sexuales son el ejemplo más acabado de andar en la carne. Y son los que más daño causan en nuestra vida, porque crean una ruptura en las grandes cosas que Dios quiere obrar en nosotros. Cuando nos movemos en la carne y no en el Espíritu hay consecuencias. Hay personas que sufren. Si todos los hombres y las mujeres conocieran el futuro que Dios tiene para ellos, no lo desperdiciarían viviendo fuera de la voluntad de Dios en ninguna de las esferas de sus vidas.

Se puede controlar la tentación

Casi ya no podemos mirar una revista, una película o programa de televisión sin que veamos un ataque al espíritu. La pregunta es: ¿Cómo andar en medio de la tentación sin caer presa de ella? La única forma de pelear en contra de la tentación y andar en el Espíritu y no en la carne es por medio de la alabanza.

Yo, como todos los demás, siento tentaciones. Quizá más que otras personas. Parece que soy uno de los objetivos favoritos del diablo, probablemente a causa de los libros que escribo. Pero he descubierto que apenas me acosa un pensamiento malo, tengo que confesarlo ante el Señor y comenzar a alabarle. Esto trae la grandiosidad y santidad del Dios Todopoderoso para que gobierne la situación. Le alabo porque es todopoderoso y le doy gracias porque la vida funciona cuando la vivo a su manera. Le alabo por su Espíritu Santo que me guía y me permite vivir la vida como se supone que la viva. Le agradezco por su gracia.

Sé que Dios me ha llamado a un alto grado de obediencia y no puedo cumplirlo en mi vida si estoy luchando contra todo lo que minimiza la verdad de Dios en mi existencia. No se me permiten excusas para el pecado. Quizá tenga que luchar contra ello, o pensar en ello, pero puedo vencerlo porque Jesús lo venció y porque el Espíritu Santo está en mí.

> Todas las gesticulaciones egoístas del corazón se detienen abruptamente cuando entramos en la adoración sincera. El corazón ya no es susceptible a la tentación porque se pierde en la gloria de un Dios que nos consume por completo «atrapados en el amor». Y cuando estamos enamorados de veras, solo queremos lo que quiere nuestro ser amado.
>
> Michelle McKinney Hammond

Una de las mejores maneras de saber si hay algo en ti —en tu mente o tus acciones— que no debiera estar allí y que debes confesar ante Dios como pecado es ver cómo te sientes cuando comienzas a adorar a Dios. Cuando vienes ante Él siempre sabrás si tienes la conciencia en paz. Si te sientes un poquito culpable por algo que has hecho, o has dejado de hacer, o piensas hacer, entonces tu mente y tu corazón no estarán en paz y tu conciencia te alertará. «Amados, si nuestro corazón no nos reprende, confianza tenemos en Dios» (1 Juan 3:21). Pero si nuestro corazón nos condena, perdemos nuestra confianza para venir ante Él.

La única forma de limpiar el aire entre nosotros y Dios es abriéndonos totalmente ante Él con toda honestidad y confesando nuestros errores. Así es como nos libramos de las ataduras de nuestra carne.

Sin embargo, dicho esto, no permitas que tu falta de obediencia te impida venir ante Dios en alabanza. No le evites a causa de las cosas que haya en tu vida y que no debieran estar allí. Alabar a Dios romperá la barrera del pecado y te permitirá vivir como debes vivir. Cuando te sientes culpable es más difícil venir ante Dios en adoración, pero es cuando más necesitas hacerlo. tu adoración puede romper la barrera que el pecado ha levantado entre tú y el Señor.

Sé que esto puede parecer en contradicción con lo que la gente dice con respecto a que hay que venir ante Dios en santidad. Pero no es así. Cuanto más santos y puros seamos, tanto más podemos recibir del Señor cuando le adoramos. Pero cuanto antes entremos en comunión con Dios en adoración, tanto más nos lavamos de todo pecado también.

Es solo a causa de lo que hizo Jesús que podemos vestirnos con su justicia. Yo solía pensar que vestirnos con su justicia significaba que debajo de la vestidura seguíamos estando sucios. Era como ponerse ropa limpia sin bañarse primero. Todos verían la ropa nueva, pero debajo seguíamos estando sucios. Sin embargo, no es así.

La limpieza, justicia y santidad de Dios nos lavan, nos hacen santos y justos. No es que Dios esté tapando algo para no ver la verdad acerca de nosotros. Él toma la verdad (somos pecadores) y pone nueva verdad en nosotros (Él es justo), dándonos la capacidad para no pecar (el poder del Espíritu Santo). Cuando entendamos esto de verdad, nuestra adoración será diferente. Podremos venir ante Él en cualquier momento con mayor amor y aprecio porque sabemos con seguridad que no somos dignos de estar en su presencia. Es *su rectitud y justicia* lo que nos hace aceptables a sus ojos.

Es imposible vivir a la manera de Dios a menos que Cristo esté en nosotros y obre en y a través de nosotros. Y esto sucede cuando negamos la carne, cuando dejamos de lado nuestra propia agenda y permitimos que el Espíritu nos guíe cumpliendo la suya.

Jesús les dijo a sus discípulos, los hombres que andaban con Él en persona cada día y que de primera mano eran testigos de todas sus enseñanzas y milagros: «Orad que no entréis en tentación» (Lucas 22:40). Si hasta *ellos* podían ser tentados para hacer algo malo, ¿cuánto más debemos orar *nosotros* por lo mismo? ¿Cuántas veces esperamos hasta ser tentados, encontrarnos en las garras de la tentación, o haber entrado de lleno en ella antes de orar por esto?

Todos cometemos errores. No permitas que la culpa por tus errores te separe de Dios o haga que lo sientas distante. El camino a la victoria por sobre la tentación es ir inmediatamente ante el Señor cuando la tentación aparece en tu mente o tu camino. Enseguida. No esperes como hizo David. Ni siquiera entretengas tu mente con la idea por un momento. Ve ante Dios inmediatamente y confiésalo. Luego alaba al Señor porque Él es más poderoso que cualquier cosa que pudiera tentarte. Al adorar a Dios entramos en su presencia, donde Él cambia nuestra conducta y nos purifica de todo lo que pueda contaminarnos.

El arrepentimiento dice que estamos dispuestos a someternos a Dios como la autoridad en nuestras vidas. La adoración establece su gobierno en nuestras vidas.

La verdadera adoración nace del amor de Dios. Dios primero nos amó y nos atrajo a sí mismo. Respondemos a su amor cuando le amamos. La adoración fluye con facilidad cuando estamos llenos de amor por Dios. Jesús dijo: «El que tiene mis mandamientos, y los guarda, ése es el que me ama; y el que me ama, será amado por mi Padre, y yo le amaré, y me manifestaré a él» (Juan 14:21). Hay una conexión directa entre el amor y la obediencia.

La adoración es *decirle* a Dios que lo amamos. Cuando obedecemos sus leyes lo *demostramos*.

Dios no oirá nuestras oraciones si vivimos en pecado, pero cuando adoramos a Dios y hacemos su voluntad, sí las escuchará. «Y sabemos que Dios no oye a los pecadores; pero si alguno es temeroso de Dios, y hace su voluntad, a ése oye» (Juan 9:31). Cuando adoramos a Dios nuestras oraciones reciben respuesta aun antes de que las hagamos.

Ten por seguro que habrá tentaciones

El enemigo no quiere otra cosa más que inyectar algo en tu vida, frente a tus ojos, que te haga desviarte del camino que Dios tiene para ti. Debido a que el pecado siempre se inicia como un pensamiento en la mente, el enemigo intentará hacerte pensar en algo aun antes de que pueda lograr que actúes.

Cuando andamos cerca de Dios en alabanza y adoración, Él nos ilumina con su luz y podemos ver nuestro pecado con mayor claridad (1 Juan 1:7). Dios quiere enseñarnos sus caminos, mostrarnos nuestro propósito, proveer para nuestras necesidades y librarnos del plan del enemigo para nuestras vidas. Quiere que lo reconozcamos como Dios en todo lo que hagamos y que le sirvamos según su voluntad y de la manera en que nos llame a hacerlo. Responde a la grandeza de Dios adorándole y viviendo en obediencia a su Palabra.

El camino es resistir a la tentación, manteniéndote firme en lo que sabes que está bien, y andar en el Espíritu y no en la carne para confesar todo pecado inmediatamente, aun cuando solo sea un pensamiento. La persona deshonesta siempre buscará minimizar las pequeñas cosas. Pero si tu corazón es sincero, hasta la más pequeña violación te molestará. Entonces pronuncia la Palabra de Dios y alábale hasta que te suelten las garras de la tentación.

El diablo tentó a Jesús para ver si podía convencerle para que le adorara (Lucas 4:5-7). Pero Jesús citó la Palabra de Dios al enemigo cada vez que lo tentaba. Si Jesús pudo ser tentado por el enemigo, también puede sucederte a ti.

Lo asombroso es que cuando elevas a Dios en alabanza, te elevas tú también por encima del plano de la carne, hacia el plano del Espíritu. Sales del vacío para entrar en la plenitud. Sales del descontento para entrar en la paz. Sales de lo viejo para entrar en algo nuevo. Sales de lo limitado para entrar en lo ilimitado. Sales de lo que no vale para entrar en lo que sí vale. Ese es el poder oculto de la alabanza a Dios.

LA ADORACIÓN ES
… extendernos hacia Dios y permitir que nos eleve al plano de su Espíritu para que pueda librarnos del gobierno de la carne.

Ofrezcamos alabanza a Dios

Señor, te adoro porque eres mi Señor y Salvador. Te alabo, Espíritu Santo, porque vives en mí y me permites moverme en el Espíritu y no en la carne. Confieso todos mis pecados ante ti y me arrepiento de ellos. Específicamente confieso (<u>dile a Dios lo que sientes que necesitas confesar</u>). No quiero al pecado en mi vida. Dios, ayúdame a confiar en tus caminos y a amar tus leyes al punto de obedecerte siempre. Ayúdame a tener tal fe en tu bondad que jamás cuestione tus mandamientos y directivas y te obedezca. Dame la capacidad para vivir en obediencia. «Guíame por la senda de tus mandamientos, porque en ella tengo mi voluntad» (Salmos 119:35).

Señor, revela lo que en mi corazón y mi vida me esté separando de ti. Espíritu Santo, muéstrame las ocasiones en que te he apenado y las confesaré ante ti como pecado. Muéstrame qué ídolos tengo en mi vida para poder destruir su poder sobre mí. Revela el alto refugio en mi corazón para que pueda exaltarte. Más que nada quiero agradarte, Señor. Sé que oyes las oraciones de los justos (1 Pedro 3:12). Gracias por oír mis oraciones.

Señor, cuando se presente la tentación muéstrame qué es lo que me aleja de ti. Si hay lujuria en mi corazón te pido que la quites. Te alabo en medio de toda tentación que esté enfrentando, sabiendo que tienes el poder de derribar su dominio sobre mi vida. Ayúdame a «andar en el Espíritu» para que «no satisfaga los deseos de la carne» (Gálatas 5:16). Señor, sé que «ya no vivo yo, mas vive Cristo en mí; y lo que ahora vivo en la carne, lo vivo en la fe» (Gálatas 2:20). Crea en mí un corazón limpio y renueva un espíritu recto dentro de mí (Salmo 51:10), para que pueda adorarte con corazón puro.

Dios nos da su Palabra

Así que, el que piensa estar firme, mire que no caiga. No os ha sobrevenido ninguna tentación que no sea humana; pero fiel es Dios, que no os dejará ser tentados más de lo que podéis resistir, sino que dará también juntamente con la tentación la salida, para que podáis soportar.

1 CORINTIOS 10:12-13

Porque si vivís conforme a la carne, moriréis; mas si por el Espíritu hacéis morir las obras de la carne, viviréis.

ROMANOS 8:13

Porque los que son de la carne piensan en las cosas de la carne; pero los que son del Espíritu, en las cosas del Espíritu. Porque el ocuparse de la carne es muerte, pero el ocuparse del Espíritu es vida y paz. Por cuanto los designios de la carne son enemistad contra Dios; porque no se sujetan a la ley de Dios, ni tampoco pueden; y los que viven según la carne no pueden agradar a Dios. Mas vosotros no vivís según la carne, sino según el Espíritu, si es que el Espíritu de Dios mora en vosotros. Y si alguno no tiene el Espíritu de Cristo, no es de él.

ROMANOS 8:5-9

Cada uno es tentado, cuando de su propia concupiscencia es atraído y seducido.

SANTIAGO 1:14

———————————— ∾❦∾ ————————————

Porque no tenemos un sumo sacerdote que no pueda compadecerse de nuestras debilidades, sino uno que fue tentado en todo según nuestra semejanza, pero sin pecado.

HEBREOS 4:15

———————————— ∾❦∾ ————————————

Pensemos un poco más en esto

1. Lee Santiago 1:12-15 en tu Biblia. ¿Qué sucede cuando resistes a la tentación y no cedes ante ella? ¿Qué nos ha prometido Dios? ¿Nos tienta Dios? ¿Cómo somos tentados?

2. Lee el Salmo 103:8-9 en tu Biblia. ¿Por qué debemos alabar a Dios en estos versículos? Escríbelo como tu propia oración de alabanza a Dios.

3. Lee Lucas 6:46-49 en tu Biblia. ¿Qué sucede en nuestras vidas cuando somos obedientes a Dios? ¿De qué manera nos protege esto? Si no obedecemos, ¿qué sucede en nuestra relación con Él?

4. Lee 1 Corintios 10:13 en tu Biblia. ¿De qué modo es fiel Dios cuando nos vemos tentados a hacer lo que está mal? Escribe tu respuesta como oración de alabanza a Dios dándole gracias por todo esto.

5. Lee romanos 8:12-17 en tu Biblia. ¿Qué sucede cuando vivimos según la carne? ¿Qué debiéramos hacer para vivir? ¿En qué nos convertimos si nos dejamos guiar por el Espíritu?

28
Cuando me ataca el enemigo

El engaño más ridículo que haya conocido en mi vida tuvo lugar antes de que me convirtiera, cuando me había involucrado en esa religión de la Nueva Era, que predica que no hay fuerzas del mal en el mundo. (Ya lo mencioné en el capítulo 7, pero vale la pena volver a mencionarlo aquí). Me enseñaban que el mal solamente existe en la mente, así que si puedes eliminar toda maldad de tu mente no habría maldad en tu vida. Todas las cosas malas que les sucedían a las personas *buenas* se explicaban diciendo que estas personas debían tener el mal en sus mentes, y que por eso lo habían atraído hacia sí. La premisa era ridícula, pero en esa época yo no sabía qué creer. Y estaba dispuesta a creer cualquier cosa que me prometiera un poco de paz en mi vida, aunque fuera ridícula.

Cuando recibí al Señor y aprendí que tenía un enemigo real, sentí un alivio enorme. También fue una gran revelación para mí. De repente, todo tenía sentido. En retrospectiva ahora veo que el enemigo me tenía justo donde quería que estuviese. Yo no lo veía. No podía reconocerlo. Ni siquiera creía que existiera. Así que él tenía plena libertad de hacer lo que quisiera en mi vida porque no podía identificarlo. Yo era una de los que no podían escapar «del lazo del diablo», en el que estaba cautiva «a voluntad de él» (2 Timoteo 2:26). En realidad, casi logró matarme tantas veces que perdí la cuenta ya. Pero antes de que lo lograra conocí a Jesús y descubrí que el enemigo era muy real. Y aprendí que Jesús no solamente le había derrotado en la cruz, sino que también me daba autoridad en su nombre para enfrentarlo.

Desde entonces mi vida cambió. Sé quién es mi Dios. Y sé quién es mi enemigo. Entiendo más sobre las armas que Dios nos ha dado para pelear en su contra, para resistir y derrotarlo. Las más grandes armas son la Palabra de Dios, la oración, y la adoración y la alabanza. La Palabra dice: «Someteos, pues, a Dios; resistid al diablo, y huirá de vosotros» (Santiago 4:7). Una de las formas en que nos sometemos a Dios es cuando le adoramos. Una de las formas en que nos resistimos al enemigo es proclamando alabanza al Señor. Dios nos bendice con su presencia cuando le adoramos y en su presencia estamos protegidos y seguros: «En lo secreto de tu presencia los esconderás de la conspiración del hombre» (Salmo 31:20).

Tienes un enemigo. Y cuanto antes lo reconozcas tanto mejor será para ti. Quizá estés pensando: *Sé que tengo un enemigo. Es el malvado dueño de mi apartamento rentado. Mi enojado cónyuge. Mi cruel jefe. Mi mezquino compañero de trabajo. Mi tío pervertido. Mi vecino loco. El traficante que vende drogas del otro lado de la calle. Los de la banda mafiosa en mi ciudad.*

En realidad, no es ninguna de estas personas. No es una persona siquiera. Es el diablo. Es real. Jesús habló de él, se enfrentó con él, le dejó pensar que podía ganar y luego lo derrotó por nosotros. Si no era real, ¿para qué se molestó tanto Jesús?

El enemigo viene a devorar nuestras vidas, a atacarnos en nuestras esferas más vulnerables y a hacer que sintamos que nuestras circunstancias nos pueden vencer. Quiere que sus tácticas puedan con nosotros para hacernos sentir derrotados por la culpa o la indignidad, de manera que no nos acerquemos a Dios para adorarle. Pero Dios dice: «Sed sobrios, y velad; porque vuestro adversario el diablo, como león rugiente, anda alrededor buscando a quien devorar; al cual resistid firmes en la fe, sabiendo que los mismos padecimientos se van cumpliendo en vuestros hermanos en todo el mundo» (1 Pedro 5:8-9). Resistimos al diablo cuando adoramos a Dios.

El diablo detesta ver que adoremos al Señor. Esto le repugna y lo hace sentir muy miserable. Lo confunde y lo debilita. Le recuerda que solía ser quien lideraba la adoración a Dios en el cielo, y luego lo echó todo a perder. Es por eso que hará lo que sea para distraer nuestra atención de la adoración y la alabanza a Dios.

Uno de los mejores ejemplos del poder de la alabanza a Dios cuando el enemigo viene en contra de nosotros es la ocasión en que el rey Josafat vio que había una enorme multitud de soldados enemigos reunidos en su contra. Tuvo miedo, pero buscó a Dios y llamó a su pueblo a hacer ayuno. Le dijo a Dios: «¿No está en tu mano tal fuerza y poder, que no hay quien te resista?» (2 Crónicas 20:6).

Josafat reconoció su vulnerabilidad y dependencia del Señor diciendo: «Porque en nosotros no hay fuerza contra tan grande multitud que viene contra nosotros; no sabemos qué hacer, y a ti volvemos nuestros ojos» (2 Crónicas 20:12).

¡Nuestros ojos están vueltos hacia ti, Señor!

Y el Señor le habló a Josafat dándole una de las mayores promesas de la Biblia: «No temáis ni os amedrentéis delante de esta multitud tan grande, porque no es vuestra la guerra, sino de Dios ... No habrá para qué peleéis vosotros en este caso; paraos, estad quietos, y ved la salvación de Jehová con vosotros ... no temáis ni desmayéis; salid mañana contra ellos, porque Jehová estará con vosotros» (2 Crónicas 20:15-18). Entonces ellos se postraron delante de Dios y le adoraron.

¡La batalla no es nuestra... es del Señor!

¡Qué historia maravillosa y excitante! Tan llena de esperanza y promesas. Esta podría ser la historia de nuestras vidas, la tuya y la mía. Podemos aprender mucho sobre cómo enfrentar nuestras batallas de esto.

Diez cosas para hacer cuando estás en batalla

1. Deja lo que estés haciendo y adora a Dios.
2. Alaba a Dios por haber derrotado ya a tu enemigo.
3. Agradece a Dios porque pelea la batalla por ti.
4. Pregúntale a Dios si hay algo que quiere que hagas que no estás haciendo.
5. Ayuna y ora.
6. Declara tu dependencia de Él.

7. Reconoce que la batalla no es tuya, sino del Señor.
8. Posiciónate en el lugar correcto ante Dios.
9. Niégate a sentir miedo.
10. Aquieta tu alma en adoración y observa cómo Dios te salva.

El Señor nos instruye a ponernos la armadura de Dios y «habiendo acabado todo, estar firmes» (Efesios 6:13). Debemos permanecer firmes en contra de las fuerzas que se nos oponen cada vez que adoramos a Dios. Podemos decir: «Señor, te adoro en medio de esta batalla. Eres todopoderoso. Eres quien me salva y derrota a mis enemigos. Eres quien me da capacidad a través de tu poder de pisotear al enemigo que se erige en contra mía».

Pelear en el frente

Los que han adorado a Dios siempre han estado en las filas del frente. Esto es porque por medio de la oración pones a Dios *primero* en tu vida.

Josafat conocía la importancia de la adoración, así que estratégicamente posicionó a los adoradores al frente de su ejército. «Puso a algunos que cantasen y alabasen a Jehová, vestidos de ornamentos sagrados, mientras salía la gente armada, y que dijesen: Glorificad a Jehová, porque su misericordia es para siempre» (2 Crónicas 20:21).

¡Los adoradores iban *delante* del ejército!

No lo hizo para que murieran los que cantaban mientras los soldados se escondían detrás de ellos. No lo hizo porque pensaba que era fácil reemplazar a los que cantaban. No lo hizo porque intentaba engañar al enemigo para que pensaran que se enfrentaban a un grupo de músicos sin entrenamiento militar, lo suficientemente ingenuos como para creer que con serenatas matarían al enemigo.

La razón por la que puso a los que cantaban alabanzas al frente fue porque su adoración exaltaba a Dios por sobre todo lo demás. Y nada podía prevalecer en contra del Dios vivo. El resultado fue que cuando enfrentaron al enemigo con la alabanza y la adoración, esto los confundió de tal modo que los soldados enemigos se mataron entre sí.

Cuando adoramos a Dios abrimos el canal por el que Dios puede obrar con mayor poder para derrotar al enemigo en defensa nuestra. Confundimos al enemigo y lo debilitamos al punto que tiene que huir. Ese es el poder oculto de la alabanza a Dios.

Si estás en un punto en que necesitas que el enemigo quite sus manos de tu vida, o de las personas o cosas que amas, entonces alaba a Dios ahora mismo. Confunde al enemigo con tu adoración y destruye su fortaleza sobre ti. Entra en la presencia de Dios y dile que necesitas que Él pelee la batalla por ti. Alábale porque es tu Todopoderoso Libertador y Defensor. Dile, como dijo Josafat: «Mis ojos están vueltos hacia ti, Señor». Luego posiciónate en un lugar y una actitud de adoración y ten presente que Dios está contigo, y que te pondrá sobre cimiento firme.

¿Cuántas veces te has enfrentado con una terrible posición en tu vida? ¿Cuán a menudo has sentido que el enemigo de tu alma te ataca con todas las fuerzas? ¿Cuántas veces tuviste miedo ante la idea de lo que *podría* suceder? ¿O *no* suceder? ¿Cuántas veces te has sentido impotente ante la enormidad de lo que se te opone? ¿Y qué tan poca fuerza y poder tienes para enfrentarlo?

No está mal tener miedo de lo que ves que *podría* pasar. Eso es ser realista. Lo que está mal es no buscar inmediatamente la ayuda de Dios humillándote en adoración ante Él. Entre otras cosas nuestra alabanza le recuerda al enemigo quién es Dios y lo bien que le conocemos.

Permanecer en la voluntad de Dios requiere que nos vistamos con la armadura de Dios para pelear contra el enemigo. La adoración es nuestra arma más grande en esta BATALLA, poniendo toda nuestra atención en su Excelencia. Eso es la adoración.

Roz Thompson

Ten siempre en mente que el enemigo no quiere que adores a Dios. Así que cada vez que intentes construir un altar a Dios en tu vida el enemigo intentará detenerte.

Cuando el rey Ezequías se enfrentó a un fuerte enemigo le dijo a su pueblo: «No temáis ... porque más hay con nosotros que con él. Con él está el brazo de carne, mas con nosotros está Jehová nuestro Dios para ayudarnos y pelear nuestras batallas» (2 Crónicas 32:7-8). *Ten en mente que cuando alabas a Dios en medio de la oposición del enemigo hay mucho más poder contigo que con el enemigo. Esto es porque Dios está contigo.*

Pelear para ganar la guerra

No estamos en una batalla nada más. Estamos en una guerra. Una guerra *espiritual*. Cada batalla es un paso más en la guerra. Muchas veces cuando ganamos una victoria creemos haber ganado la guerra, y entonces guardamos las armas y ya no nos preparamos para pelear. Nos quitamos la armadura y nos relajamos. Pero la guerra solo terminará cuando Jesús regrese. Por eso es que debemos fortalecernos continuamente con la Palabra de Dios, la oración y la alabanza, y aprender a estar siempre a la ofensiva en contra de nuestro enemigo.

Dios quiere que destruyamos al mal, no solo que intentemos escapar de este. No quiere que solo intentemos defendernos para sobrevivir. Quiere que hagamos retroceder al enemigo. Quiere que digamos como Samuel: «Perseguiré a mis enemigos, y los destruiré, y no volveré hasta acabarlos. Los consumiré y los heriré, de modo que no se levanten; caerán debajo de mis pies. Pues me ceñiste de fuerzas para la pelea; has humillado a mis enemigos debajo de mí» (2 Samuel 22:38-40).

La alabanza es una de nuestras más potentes armas de guerra: «Porque las armas de nuestra milicia no son carnales, sino poderosas en Dios para la destrucción de fortalezas» (2 Corintios 10:4). Nuestros enemigos tienen que retroceder en lugar de atacar cuando alabamos a Dios porque no pueden mantenerse en pie ante su presencia (Salmo 9:3). Cada vez que alabas a Jesús por su victoria en la cruz, el diablo recuerda su peor derrota. Y lo detesta.

Adorar a Dios lo pone como lo primero en nuestra vida. Lo exalta por sobre todas las cosas. Te recuerda quién es y quién eres tú con relación a Él. Te prepara para la batalla. Te ayuda a concentrarte en lo invisible en lugar de en lo que puedes ver (2 Corintios 4:18). Muestra tu amor hacia Dios. Libera el poder de su amor hacia nosotros. Lava todo aquello que se nos opone. Nos hace «más que conquistadores» (Romanos 8:37).

No importa qué te esté sucediendo, o qué suceda a tu alrededor, no importa cuán vulnerable te sientas ante tu situación, puedes volverte inconmovible ante el ataque de la profundidad del infierno porque cuando adoras a Dios hay en ti una fuerza que se te infunde, en contra de la cual nada puede prevalecer.

¡Tus armas te convierten en un peligro!

LA ADORACIÓN ES

... nuestra arma de guerra más poderosa. Cuando alabamos a Dios en medio del ataque del enemigo, su ataque se debilita y debe huir.

Ofrezcamos alabanza a Dios

Señor, te adoro como Señor por sobre todas las cosas. Te alabo porque eres mi Rey Todopoderoso. Gobiernas mi vida y eres la roca sobre la que me paro. Gracias a ti no flaquearé. Gracias porque «tú encenderás mi lámpara; Jehová mi Dios alumbrará mis tinieblas. Contigo desbarataré ejércitos, y con mi Dios asaltaré muros. En cuanto a Dios, perfecto es su camino, y acrisolada la palabra de Jehová» (Salmo 18:28-30). Tú me libras del enemigo que es demasiado poderoso para mí (Salmo 18:17). «No temeré ni me amedrentaré» a causa de la fuerza del mal que viene en mi contra, porque sé que la batalla no es mía, sino tuya. Sé que no necesito pelear esta batalla en soledad. En cambio me colocaré en un lugar de adoración y alabanza hacia ti y estaré en calma para ver tu salvación, porque tú estás conmigo (2 Crónicas 20:15-17). Gracias, Señor, porque mis enemigos caerán y perecerán en tu presencia (Salmos 9:3).

Señor, te alabo porque eres mi libertador y te agradezco porque me librarás de mis enemigos. Sé que «no tenemos lucha contra sangre y carne, sino contra principados, contra potestades, contra los gobernadores de las tinieblas de este siglo, contra huestes espirituales de maldad en las regiones celestes» (Efesios 6:12). Me elevarás por sobre aquellos que se levantan en contra de mí y me librarás de las fuerzas violentas que se me opongan. «Guíame, Jehová, en tu justicia, a causa de mis enemigos; endereza delante de mí tu camino» (Salmo 5:8). Te doy gracias, Señor, y canto alabanzas a tu nombre (Salmo 18:49). Te doy gracias porque siempre nos llevas en triunfo en Cristo (2 Corintios 2:14). Cantaré alabanzas a tu nombre, Señor (Salmo 7:17). Día y noche clamaré a ti para que me salves. Sé que oirás mi voz y redimirás en paz mi alma de la guerra contra mí (Salmo 55:16-18). Tú, Señor, tienes «el poder, o para ayudar, o para derribar» (2 Crónicas 25:8). Sé que eres mi defensor y que pelearás por mí (Salmo 7:10). Y cuando haya acabado la batalla podré decir que fue obra del Señor, y que es maravilloso a mis ojos (Salmo 118:23).

Dios nos da su Palabra

Ninguna arma forjada contra ti prosperará, y condenarás toda lengua que se levante contra ti en juicio. Esta es la herencia de los siervos de Jehová, y su salvación de mí vendrá, dijo Jehová.

Isaías 54:17

❧

Por lo demás, hermanos míos, fortaleceos en el Señor, y en el poder de su fuerza. Vestíos de toda la armadura de Dios, para que podáis estar firmes contra las asechanzas del diablo.

Efesios 6:10-11

Pues me ceñiste de fuerzas para la pelea; has humillado a mis enemigos debajo de mí. Has hecho que mis enemigos me vuelvan las espaldas, para que yo destruya a los que me aborrecen.

SALMO 18:39-40

─────────────── ∞ ───────────────

Como pasa el torbellino, así el malo no permanece; mas el justo permanece para siempre.

PROVERBIOS 10:25

─────────────── ∞ ───────────────

Envió desde lo alto; me tomó, me sacó de las muchas aguas. Me libró de mi poderoso enemigo, y de los que me aborrecían; pues eran más fuertes que yo. Me asaltaron en el día de mi quebranto, mas Jehová fue mi apoyo.

SALMO 18:16-19

─────────────── ∞ ───────────────

Pensemos un poco más en esto

1. Lee el Salmo 118:5-20 en tu Biblia. ¿Qué versículos te hablan con mayor potencia sobre tu vida actual? Elige tres versículos que te inspiren especialmente a alabar a Dios cuando el enemigo ataca y estás en medio de una batalla.

2. Lee 2 Crónicas 20:1-22 en tu Biblia. ¿Qué te dicen los versículos 3, 6, 9, 12, 15, 17, 18 y 21 sobre cualquier situación difícil por la que estés pasando ahora, o sobre lo que pueda suceder en el futuro? ¿Qué acción inspiran en ti?

3. Lee el Salmo 44:5-8 en tu Biblia. ¿En quién debes confiar cuando el enemigo de tu alma se levanta en contra de ti? ¿Qué hará Dios? ¿En qué no debemos confiar? ¿Qué debemos hacer para Dios?

4. Escribe una oración de alabanza a Dios dándole gracias por todas las cosas que le agradeces en cuanto a las batallas de tu vida.

5. Lee 1 Pedro 5:9 en tu Biblia. ¿Qué debemos hacer cuando el enemigo nos ataca? ¿Qué debe darnos la fuerza y la inspiración para hacerlo?

29
Cuando sufro gran pérdida, desilusión o fracaso

~⚬~

Si conoces a alguien a quien nunca le ha sucedido nada malo en la vida, ¿me dirías de qué planeta viene? Me gustaría pasar allí las vacaciones del próximo verano para echar un vistazo a ese lugar. En este planeta, al menos, cada uno de nosotros probablemente pasará por algún tipo de pérdida, desilusión o fracaso personal en algún momento de la vida. Y aunque no nos hayan sucedido cosas malas a *nosotros* personalmente, es probable que conozcamos a alguien a quien *sí* le sucedieron, y su pérdida nos afecta también con gran pena.

Tenemos muchas cosas que perder en la vida. Un ser querido, la casa, la seguridad económica, la salud, la reputación, los sueños, las esperanzas o la visión del futuro. De algunas pérdidas podemos recuperarnos, recoger los pedazos y seguir adelante. Pero hay otras pérdidas más trágicas que lo cambian todo. De repente nuestras vidas tienen un enorme hueco vacío que hay que llenar con algo, porque de otro modo colapsaríamos. Esta es la razón por la que tantas personas buscan más a Dios en los momentos difíciles o trágicos.

Sin embargo, hay otros que viven grandes pérdidas, desilusiones o fracasos y sienten que Dios no estuvo allí para ellos, porque de lo contrario nunca les habría ocurrido lo que sucedió. No obstante, esto no es así. Todo lo contrario. Dios nunca estuvo más cerca. A veces Dios permite que nos sucedan cosas difíciles y solo Él sabe por qué. Pero esto no significa que sea algo planificado por el Señor.

Aun si lo fuera, culpar a Dios por nuestras circunstancias no es lo que corresponde. Porque culpar a Dios hace que se cierre justamente la avenida por la que fluye su proceso de redención hacia nuestra vida. Si Dios es nuestro Redentor, y el único que puede redimir nuestra situación, entonces culpar a Dios por algo que nos sucede es como dispararnos una bala en el pie.

Cuando nuestra primera reacción ante la pérdida, la desilusión o el fracaso es ir ante Dios con alabanza y adoración, estamos abriendo un canal por el que fluye hacia nosotros su sanidad, restauración y redención. Ese es el poder oculto de la alabanza a Dios.

Cuando te suceda algo trágico, o sufras una pérdida o fracaso en tu vida, abrázate a Dios. Esto no significa que debas agradecer lo que sucedió. Porque abrazar a Dios en esta situación no hace que nos volvamos dementes. No negamos nuestra circunstancia fingiendo que la situación no sucedió, o creyendo que si la pasamos por alto desaparecerá. No. Esto significa decir que no importa qué suceda, Dios sigue teniendo el control. Sigue amándome. Sigue siendo más grande que lo que estoy enfrentando. Sigue entendiendo mi sufrimiento. Y tiene la capacidad de traer redención a la situación.

Una de las mayores señales del amor de Dios es su consuelo en momentos de pérdida, desilusión y fracaso. Él nos rodea con su consuelo en un acto especial de misericordia y gracia para aliviar nuestra pena, desesperanza, impacto y devastación. Su amor nos sustenta para pasar la prueba. Porque de otro modo, quizá nunca lo logremos.

Cómo sobreponerse a una situación imposible

He sufrido grandes pérdidas en mi vida, pero jamás al punto de las que han tenido que sufrir otras personas. Lo que quiero contarte quizá no sea nada en comparación con lo que has pasado personalmente, pero quiero que conozcas el amor y el consuelo de Dios que yo encontré porque pude alabarle *en medio* de mi situación de sufrimiento.

Para darte algo de información sobre por qué mi pérdida fue tan devastadora para mí, necesitas saber que el aislamiento en que viví durante mi infancia me afectó profundamente. Cuando comencé a ir a la escuela me pusieron en un bus y me enviaron a más de treinta kilómetros de mi casa, a una escuela donde no conocía a nadie. Era una niña débil, porque el invierno anterior casi había muerto de difteria, así que era frágil, tímida y estaba aterrada. No tenía amigos.

Al poco tiempo de comenzar el segundo grado mi madre dejó a mi padre y se fue a vivir con unos parientes. Cada vez que alguno le decía que volviera a casa, se mudaba con otro pariente que la albergara en su hogar. Fui a tres escuelas ese año, y por supuesto nunca hice amigos.

Cuando mi madre por fin volvió a casa para estar junto a mi padre, cursé el tercer grado en la misma escuela donde había asistido al principio. Pero como no había estado allí el año anterior, no conocía a nadie. Al final de ese año conocí a una niña que recordaba mi nombre y me habló. Una vez me invitó a ir con ella a su casa después de la escuela para pasar la noche allí, pero yo tenía tanto miedo que no fui. Ni siquiera sé de qué tenía miedo, porque tenía temor de todo, tanto de estar sola como de estar con otras personas. Aunque en la rara ocasión en que tenía que decidir, prefería estar sola. Por lo menos era algo que conocía.

Ese mismo año mi padre perdió todo su ganado en una terrible tormenta de nieve. Se congeló bajo la enorme acumulación de nieve, más alta que nuestra casa. En la primavera sembró, para tratar de salvar algo de las pérdidas, pero una tormenta de granizo lo destruyó todo. Habíamos perdido todo y nos mudamos de la vida dura y el aislamiento de Wyoming a una vida no demasiado fácil pero con mejor clima en Los Ángeles.

En California ya no estábamos geográficamente asilados, pero nuestra pobreza sí nos aislaba. Ninguno de mis vecinos o compañeros de escuela eran tan pobres como nosotros, y yo sentía muy bien la separación de los demás. Muchas veces me iba a dormir sin comer, y eso me asustaba. Por las noches las ratas corrían sobre mi cama y eso me aterraba aun más. No había nada que pudiera hacer al respecto.

Cuando vas a dormir con hambre por la noche, no puedes esperar a la hora del almuerzo en la cafetería de la escuela al día siguiente. Incluso cuando los demás niños se ríen porque la comida es mala, sientes que sabe muy bien, porque jamás has comido algo tan bueno. Eso también te aísla de los demás. Porque no encajas. Cuando la casa en que vives es una choza sucia detrás de una estación de servicio y tu madre está loca, no haces demasiados amigos porque quizá querrían venir a jugar a tu casa y entonces verían dónde vives y descubrirían la verdad. Valoraba a los pocos amigos que tenía, pero jamás logré considerarme igual a ellos. Tenían privilegios y ventajas que yo jamás conocería.

No fue sino hasta el final de la escuela primaria que conocí a una niña que sería mi mejor amiga durante varios años.

Diane y yo habíamos estado en una obra teatral de la escuela, y al haber pasado mucho tiempo juntas nos conocimos mejor y descubrimos lo parecidas que éramos. Su madre era alcohólica y le hacía pasar las mismas penurias que mi madre me hacía pasar a mí. Guardábamos en secreto la condición de ambas madres, aunque lo compartíamos entre nosotras.

Diane se convirtió en la única persona en toda mi vida a quien le dije la verdad en cuanto a mi situación familiar. Era un consuelo tener a alguien que me comprendiera. Por supuesto, jamás nos quedábamos a dormir la una en casa de la otra, porque era demasiado riesgoso. Ninguna de las dos sabíamos qué encontraríamos al llegar a casa. ¿Estaría su madre desmayada en el suelo? ¿Estaría la mía gritando, en uno de sus ataques de alucinaciones, hablando de que la querían matar con rayos láser unas personas que estaban dentro del televisor, o en el espejo del baño?

Ambas necesitaban ayuda, pero en ese entonces no era fácil de conseguir. Especialmente con el devastador estigma social que acompañaba tanto al alcoholismo como a las enfermedades mentales. Hacer algo significaba enfrentarlo, decirlo a casi a todo el mundo, y además estaba el tema económico. Uno tenía que poder pagar los gastos. Estas opciones no estaban al alcance de nuestros padres, que trabajaban muy duro y encontraban que les era más fácil vivir con el problema. Pero *para ellos* era menos difícil que *para nosotras*. Nunca llegaron a comprender el daño que nos causaban estas circunstancias.

Seguimos siendo muy amigas en la escuela secundaria, y después de terminar los estudios compartimos un apartamento en Hollywood hasta que Diane se casó. Unos años después de recibir a Jesús, me casé con Michael y conduje a Diane hasta el Señor. Se convirtió en mi compañera de oración y nos ayudamos mutuamente orando ante cada desafío y cada dificultad a lo largo de unos años.

Luego de tener a mis dos hijos, y ella a su hijo John, ambas familias solíamos reunirnos con frecuencia, y *siempre* para cada fiesta. Cuando el hijo de Diane, John, tenía seis años, ella tuvo cáncer de mama. Dos años después perdió su dura batalla y murió. La pena me inundó. Sentía mucho dolor por su hijo y su esposo, pero también lloraba la pérdida de mi querida amiga, la única persona sobre la tierra con quien había compartido tanto. Sé que era egoísta de mi parte sentir esto, pero pensaba: *Nadie jamás podrá conocerme como me conocía ella.*

Por supuesto mi esposo conocía mi pasado, pero ella lo conocía de la forma en que solamente alguien que hubiera estado allí, viviéndolo, podría conocerlo.

Cuidé de su hijo John durante los seis meses previos a su muerte y durante algunos meses después de su partida, en tanto su esposo Jack se esforzaba buscando cómo seguir adelante. La única forma en que pude sobreponerme al dolor de su muerte era ir ante Dios muchas veces al día, adorándole por todo lo que Él es y por lo que había hecho en mi vida. Lo alababa por la amistad de Diane y le agradecía por el privilegio de poder cuidar a su hijo. Mi familia seguía pasando cada vez más tiempo con Jack y John, y llegaron a ser una parte aun más importante en nuestras vidas.

Unos años después recibí una llamada de la policía. Me avisaron que el padre de John había muerto en un accidente automovilístico esa mañana. Esta noticia devastadora, de que John había perdido a su padre y su madre, significaba que tenía que superar mi dolor enseguida, porque tenía que estar junto a él para ayudarlo a procesar su duelo. En su testamento Jack y Diane me habían dado la tutela de John. Era una de las cosas que habíamos acordado cuando el niño nació, sin soñar jamás que llegaría a suceder alguna vez.

John fue un maravilloso regalo para toda nuestra familia, pero el dolor y la pérdida fueron tan grandes que la única forma en que pude pasar por esto y tratar de continuar, ayudando a todos a seguir adelante, fue alabando a Dios a cada paso. Cada vez que sentía el paralizante ahogo de la tristeza y el dolor, iba ante Dios de inmediato y lo adoraba; no le preguntaba por qué. Solamente me acercaba a Él y buscaba su consuelo. Y en su presencia encontré la sanidad.

¿Cuál ha sido tu mayor pérdida?

Si alguna vez pasaste por una tremenda pérdida, quizá hayas pensado: *¿Por qué permitió Dios que sucediera esto?* Solo Él conoce la respuesta a esa pregunta. Yo solo sé que cuando suceden estas cosas, si nos acercamos a Él en adoración y alabanza, nos ayudará a atravesar este momento. Y de alguna manera hará que todo obre para bien.

Esto no significa que alabamos a Dios por la tragedia; significa que reconocemos su grandeza y valor en medio y a lo largo de ella. No significa que estemos gozosos a causa de la tragedia, sino que reconocemos que el gozo del Señor todavía está allí y que volveremos a encontrarlo. Significa entender que no importa qué pase, aun en medio de las pérdidas más devastadoras el Señor te ofrece consuelo.

La compasión y misericordia del Señor se ven muy claramente en la historia de Job. Él era un hombre que adoraba a Dios, y que sufrió tremendas pérdidas, incluyendo a su familia y su salud. No había hecho nada malo. No lo merecía. Hasta sus amigos intentaron convencerle de que le había pasado todo esto porque había pecado. Pero Job sabía que no era así. El Señor lo llamó «varón perfecto y recto, temeroso de Dios y apartado del mal» (Job 1:8).

Podría haber culpado a Dios pero no lo hizo. En cambio, depositó su confianza en Él. Su reacción ante la tremenda pérdida fue humillarse a sí mismo y adorar a Dios. Job soportó ese terrible período de tiempo sin flaquear en su adoración al Señor, y al final su vida fue restaurada. La Biblia dice: «Tenemos por bienaventurados a los que sufren. Habéis oído de la paciencia de Job, y habéis visto el fin del Señor, que el Señor es muy misericordioso y compasivo» (Santiago 5:11). No importa qué dificultad estemos viviendo hoy, habrá un momento en que la vida volverá a ser buena.

Job perdió siete hijos y tres hijas, y al final Dios le dio siete nuevos hijos y tres nuevas hijas. «Y bendijo Jehová el postrer estado de

Job más que el primero» (Job 42:12). Quizá pienses lo mismo que pensé yo: *Claro, todo muy lindo, pero igual Job tuvo que perder los primeros siete hijos y tres hijas. No se puede reemplazar a un hijo como se reemplaza una casa o un rebaño de ovejas.* Es verdad. Tuvo que soportar la pérdida. Pero a causa de su actitud Dios obró todo para bien.

Job no culpó al Señor diciendo: «¿Por qué permites que esto me suceda, Dios?». En cambio, dijo que nuestras vidas contienen situaciones buenas y malas, y que debemos aceptar cada una con la misma cantidad de reverencia a Dios (Job 1:21).

¡Qué potente ilustración de lo que debiéramos hacer en respuesta a la tragedia en nuestras vidas! Dios nos da lo que tenemos, y nos los quita según su perspectiva. Debemos alabarlo por todo. No siempre conoceremos la razón de nuestro sufrimiento, pero sí podemos saber que Dios permite que nos sucedan cosas con el objetivo de que se cumplan sus propósitos. Esto no hace que nuestro sufrimiento sea menor, pero sí nos da esperanza para el futuro.

No claudiques cuando estés sufriendo por una gran pérdida, por la desilusión o el fracaso, porque podrías perderte el más grande milagro de tu vida. Si alabas a Dios a través de ello verás el nacimiento de algo nuevo y bueno que jamás podría haber sucedido si esta tragedia no hubiese ocurrido. Sé que es imposible imaginarlo cuando estás pasando por algo terrible, pero Dios siempre obrará para bien.

La gente muere. Dios lo permite. Solo Él sabe por qué. ¿Por qué resucitó Jesús a Lázaro y no a Juan el Bautista? ¿Por qué fueron asesinados los discípulos de Jesús en tanto seguían con vida algunos hombres muy malvados? ¿Por qué unos sí y no lo otros? Esto es algo que jamás sabremos mientras estemos en la tierra. Jesús dijo que tendríamos tribulaciones, pero Él las ha vencido y nos dará paz en medio de ellas (Juan 16:33). Conocer las respuestas no nos dará la paz que necesitamos. Pero conocer al Señor sí nos dará paz. Ya sea que celebremos o estemos de duelo, la presencia de Dios está allí con nosotros.

Recuerda, cuando pases por épocas duras y trágicas, aférrate a Dios, niégate a permitir que tu pena silencie tu alabanza, y verás cómo Él te sustenta. Obrará algo grande en ti y tus circunstancias si te mantienes cerca de Él. Después de pasado el desastre de Job, él le dijo a Dios: «De oídas te había oído; mas ahora mis ojos te ven» (Job 42:5). Ahora había visto a Dios de cerca.

> En la oscuridad aprendemos a dejar de adorar nuestras experiencias de Dios y a adorar a Dios mismo. Dejamos de ser devotos a lo que creemos que él quiere, y en cambio nos volvemos devotos a Él.
>
> Jim May

En tus momentos más oscuros, Dios te dará una canción en la noche (Job 35:10). Será una canción de adoración y alabanza y tu corazón volverá a cantar. No importa qué tan terrible o difícil sea tu situación. Cada vez que alabas a Dios, Él entrará en la situación para redimirla y transformarla de alguna manera.

En tiempos de desilusión y fracaso

¿Puedes pensar en una situación en tu vida en que las cosas no salieron como lo esperabas y esto te causó tal desilusión que sentiste una plena y total devastación? ¿En un momento en que tus grandes sueños o expectativas sobre algo, alguien o una situación no se cumplieron y esto te causó una profunda desilusión?

Tal cosa puede suceder en cualquiera de las esferas de nuestras vidas. Quizá te haya sucedido en una relación, o en el matrimonio, cuando la persona resulta no ser nada de lo que esperabas. O al involucrarte en una sociedad comercial que crees que será un proyecto rentable, para luego ver que esta persona te quita tu dinero o negocio. O al tomar una decisión importante sobre algo que parecerá ser bueno y resulta ser tan malo que te preguntas si es que tuviste discernimiento cuando hiciste esa decisión. O en una situación que surgirá en tu vida, sobre la que no tienes control alguno, y te preguntas: «¿Cómo pudo pasarme esto?».

¡Nos ha pasado a todos!

Todos los que hemos tenido hijos soñamos con su futuro, con lo que harán en su vida. Pero si el hijo se desvía y rompe nuestro corazón, la desilusión puede ser insoportable. Es por eso que algunos padres terminan desheredando o negando a sus hijos. El dolor de la desilusión es tan grande que la única forma de enfrentar la situación es no ver al hijo para no recordarlo.

¿Alguna vez elegiste un empleo en lugar de otro porque esperabas que fuera una gran oportunidad y te ofreciera un excelente futuro? ¿Y una vez trabajando ya en ese empleo descubriste que no era lo que esperabas y que ya era demasiado tarde como para volver atrás? Resultó ser un callejón sin salida que te produjo nada más que frustraciones, miseria y ninguna recompensa o sentido de la realización propia. Y para empeorarlo todo, el empleo que rechazaste parece ahora ser el que está lleno de promesas, oportunidades y realización.

La gente nos falla, los padres nos fallan, el sistema nos falla, los bancos nos fallan, nuestro criterio nos falla, y lo peor de todo es que a veces nos fallamos a nosotros mismos. Fallamos al elegir, al decidir. Nos tiramos a suerte o verdad y nuestro negocio fracasa, o nuestro matrimonio, o nuestro sistema inmunitario, o nuestras inversiones. Cuando suceden estas cosas tenemos que poner nuestras expectativas en el Señor. Él es *el único* que nunca nos fallará.

La única manera de sobrevivir a estos tiempos de grandes pérdidas, delusiones o fracasos y de ver que se revierte la situación es entregando todo a Dios, elevando tu corazón y tus manos a Él, alabándole en medio de todo. Dándole gracias porque Él es todo poder, todo amor, toda sabiduría, todo lo ve, todo lo sabe y protege, y todo lo abarca. Dale gracias porque él es soberano y conoce el final desde el principio. Lo que vemos como malo a menudo es la oportunidad en que Dios puede hacer algo grande en nuestra vida. Nuestras desilusiones, pérdidas y fracasos no tienen que destruir nuestro futuro. Cuando le adoramos, estamos invitándole a gobernar nuestra vida. Cuando le alabamos en medio de nuestro fracaso, Dios usa su poder transformador para obrar redención y restauración en nuestra vida. Él es un Redentor y puede redimir nuestras mayores desilusiones. Nunca nos desilusionará.

Cuando adoras a Dios por todo lo que Él es y le agradeces por su gran plan de redención en tu situación, verás su gloria revelada cuando obre el bien a partir de lo que te sucedió.

Aunque la pérdida, la desilusión o el fracaso pueden incapacitarnos, no permitas que se apague tu fe en la bondad de Dios y su amor por ti.

Su promesa para ti es que «todas las cosas ... ayudan a bien» (Romanos 8:28). Esto significa que algo bueno surgirá hasta de la más grande tragedia. El amor de Dios, su gracia y misericordia nos aseguran que aunque pasemos por profundo dolor «a la mañana vendrá la alegría» (Salmos 30:5).

¡Esas son buenas noticias!

LA ADORACIÓN ES

... conectarnos con Dios de manera profunda e íntima para expresar nuestro amor y adoración por Él, independientemente de lo que esté sucediendo en nuestra vida, dejando que nos envuelva en su amor, compasión y misericordia.

Ofrezcamos alabanza a Dios

Señor, te adoro en este día. Eres Señor del cielo y la tierra, y Señor de mi vida. Te alabo, mi precioso Redentor y Rey. Te doy gracias porque eres un Dios de redención y restauración. Te entrego todo mi dolor o tristeza por toda pena, pérdida, desilusión o fracaso que he vivido, y te alabo en medio de cada una de mis tribulaciones. Te agradezco, Espíritu Santo, por ser mi Consolador. Señor, te doy gracias porque no permites que haya sufrimiento sin propósito. Sé que tú eres un Dios bueno y que lo que permites será utilizado para bien. Te entrego la tristeza, la desilusión y el sentido de fracaso que siento con respecto a (<u>nombra la situación específica</u>). Me acerco a ti en alabanza y adoración, y te busco a ti y no a mis circunstancias. Tú conoces los rincones más profundos de mi alma. Pongo mi esperanza en ti, porque contigo hay misericordia y redención (Salmo 130:7).

Te alabo y adoro, Señor. Te amo y reconozco que todo lo que tengo viene de ti. Todo lo que tengo es tuyo, y te lo entrego a ti para tu gloria. Por eso, lo que haya perdido lo entrego en tus manos. Te alabo y agradezco porque este es el día que tú has hecho, y me regocijaré y gozaré en él. Gracias por tu gracia y misericordia. Gracias por amarme como me amas. Gracias porque obrarás para bien en mi situación. No importa qué haya sucedido o vaya a suceder en mi vida, mientras viva cantaré alabanzas a ti (Salmo 146:1-2).

Dios nos da su Palabra

Estas cosas os he hablado para que en mí tengáis paz. En el mundo tendréis aflicción; pero confiad, yo he vencido al mundo.

JUAN 16:33

———— ❧ ————

Dad gracias en todo, porque esta es la voluntad de Dios para con vosotros en Cristo Jesús.

1 TESALONICENSES 5:18

———— ❧ ————

Toma en cuenta mis lamentos; registra mi llanto en tu libro. ¿Acaso no lo tienes anotado? Cuando yo te pida ayuda, huirán mis enemigos. Una cosa sé: ¡Dios está de mi parte!

SALMO 56:8-9 (NVI)

———— ❧ ————

Bienaventurados los que lloran, porque ellos recibirán consolación.

MATEO 5:4

———— ❧ ————

Ten misericordia de mí, oh Dios, ten misericordia de mí; porque en ti ha confiado mi alma, y en la sombra de tus alas me ampararé hasta que pasen los quebrantos. Clamaré al Dios Altísimo, al Dios que me favorece. Él enviará desde los cielos, y me salvará de la infamia del que me acosa; Dios enviará su misericordia y su verdad.

Salmo 57:1-3

Pensemos un poco más en esto

1. Lee 2 Samuel 12:20 en tu Biblia. Después de la tragedia de David, ¿qué hizo él?

2. ¿Cuál es la mayor pérdida que has tenido en la vida? ¿Tuviste la capacidad de alabar a Dios en medio de ella? ¿Por qué o por qué no?

3. Lee el Salmo 146:8 en tu Biblia, ¿cuál es la mayor desilusión que has vivido? ¿Cómo sobreviviste a ella? ¿Cómo te sientes al respecto hoy? ¿Cuál es la promesa para ti en este pasaje de las Escrituras?

4. Lee Romanos 8:28 en tu Biblia. A la luz de este versículo, ¿qué bien ves que provenga de cualquier situación difícil en la que te encuentres? Si no se te ocurre nada, escribe una oración pidiéndole a Dios que te muestre lo bueno de tu situación y luego eleva una alabanza a Dios por ello.

5. Escribe una oración de alabanza a Dios dándole gracias por todos sus atributos específicos por los que le agradezcas con relación a tu pérdida, desilusión o fracaso. (Por ejemplo: «Señor, te doy gracias porque eres un Dios de gracia y misericordia y redención…»).

30
Cuando percibo que todo está bien

━━━━━━━━━ ✥ ━━━━━━━━━

Solía ir a escalar. Elegía las montañas más bajas, nada peligrosas. Y siempre tardaba mucho para llegar a la cima. Mientras escalaba sentía calor, me cansaba y vencía obstáculos, y nunca podía ver muy por delante de mí a causa de los árboles y los arbustos. Pero una vez ya en la cima, disfrutaba de la brisa refrescante, y podía ver muy lejos. La vista era magnífica. Me quitaba el aliento. Recuerdo que mientras estaba allí arriba, pensaba que la experiencia de la llegada es muy corta siempre. La mayor parte del tiempo se dedica a la subida. Y cuando uno ha llegado, lo único que queda por hacer es bajar.

Es más o menos como la vida, ¿no es así? Al menos, para la mayoría de las personas.

Subimos y escalamos pasando muchas cosas en el viaje que Dios tiene para nosotros. Hay partes placenteras y otras desagradables. Hay partes difíciles. Hay tramos suaves, más fáciles. Pero la mayor parte del tiempo se pasa sorteando dificultades. Enfrentamos una gran variedad de obstáculos, aunque concentramos nuestros esfuerzos en intentar sobreponernos a ellos, venciéndolos. Y muchas veces las cosas resultan bien, y la vida es bella, y podemos descansar de la batalla viviendo la paz que sigue a la tormenta. No hay dolor, y las lágrimas no son tan frecuentes. Hay buenas noticias, y podemos pagar las cuentas, y nadie está enojado y todo va bien. Sentimos paz en nuestro corazón. Y nos atrevemos a pensar que estamos en la cima. Hemos escalado y escalado, y vemos el paisaje y decimos: «Creo que lo logré por fin».

Lo disfrutamos durante un tiempo y nos acostumbramos al aire fresco, a la paz y el reposo, y pensamos: «Esta es la vida para la que me crearon». Hasta que un día despertamos y vemos que nuestros pies apuntan hacia abajo. Seguimos caminando, pero esta vez estamos bajando hacia el valle. Solo que estamos del *otro lado* de la montaña, y vamos a un *valle diferente*. Y cuando llegamos a este valle, vemos que tenemos que escalar una *montaña nueva*. Y así vemos que la cima de la montaña es solamente un descanso en el viaje continuo.

Para disfrutar la cima a plenitud, la única cosa que podemos hacer es adorar a Dios *a plenitud* mientras estamos allí.

Los creyentes solemos cometer un error *después* de comenzar a disfrutar las bendiciones de una vida a la manera de Dios y de caminar junto a Él. Todo va bien y dejamos de ser tan diligentes para permanecer en la Palabra. Ya no somos tan cuidadosos en obedecer en todo a Dios. No estamos tan dedicados a permanecer en su presencia en adoración y alabanza, como solíamos hacer antes. Ya no somos tan fervientes en la oración. Después de todo ya no tenemos tantos pedidos urgentes.

Siempre nos volvemos más a Dios cuando nuestra atención está enfocada en las dificultades, el dolor y la incomodidad. Si las cosas van mal oramos más, buscamos más a Dios, pasamos más tiempo con Él, nos postramos ante Él con mayor frecuencia, leemos la Palabra más a menudo y le alabamos más. No se nos ocurre pensar que podamos olvidarnos de hacer estas cosas, pero así es. Está en nuestra naturaleza el buscar satisfacer a la carne, olvidándonos de las cosas de Dios.

Cada vez que he leído el Antiguo Testamento de principio a fin, lo que más me impacta es que los israelitas siempre oraban, buscaban a Dios y se arrepentían de sus pecados cuando las cosas iban mal. Y luego, cuando todo iba bien y había paz y prosperidad otra vez en su tierra, se olvidaban de Dios y de lo que había hecho por ellos, y comenzaban a vivir a su manera. Recordaban a Dios en los malos momentos, y lo olvidaban en los buenos. Esto les sucedió una y otra vez, con tal frecuencia que uno pensaría que tendrían que haber aprendido a lo largo de su historia. Sin embargo, no fue así.

Solía preguntarme: *¿Qué le pasa a este pueblo?* Hasta que me di cuenta de que todos lo hacemos, de una forma u otra. Todos oramos y alabamos con mayor fervor cuando las cosas andan mal. Pero quizá si oráramos y alabáramos con el mismo fervor cuando todo va bien no habría necesidad de que cayéramos en momentos difíciles con la misma rapidez. Quizá podríamos pasar un tiempo más en la cima de la montaña.

He descubierto que cuando todo va bien en mi vida es cuando necesito tener un cuidado especial de permanecer en la Palabra, en oración y adoración. Porque sé que la prueba, la preparación, el esfuerzo, la ruptura y el ataque pueden estar a la vuelta de la esquina. Dios me está preparando para lo próximo que tiene pensado hacer en mi vida, y necesito usar este tiempo para fortalecerme en Él y estar lista. En realidad, si alguna vez me oigo decir: «Todo va bien», me detengo y adoro a Dios inmediatamente porque sé que estoy en territorio peligroso.

La Biblia nos advierte: «Así que, el que piensa estar firme, mire que no caiga» (1 Corintios 10:12). Y eso es porque Satanás jamás se toma un día libre. Nunca tiene un momento de buenos sentimientos hacia nosotros. Es por eso que tenemos que estar firmes contra el enemigo en los buenos tiempos así como en los malos. Si no estamos preparados porque no hemos estado vigilando, los ataques que nos sobrevengan tendrán un impacto mayor.

Dios quiere que nos acerquemos a Él en el desierto de nuestro dolor, de la pena, la desesperanza y la pérdida, pero no quiere que nos olvidemos de Él en medio de la belleza de nuestras bendiciones. Pero eso es lo que hacemos. Y por esa razón, justamente, es que él quiere que tengamos comunión frecuente —en la Santa Cena— para que no olvidemos lo que hizo Jesús en la cruz. Pensarías que jamás podríamos olvidar algo tan monumental y transformador, pero lo olvidamos. Y Dios lo sabe. Quiere que andemos cerca de Él y que nuestra fe esté firme en todo momento (Colosenses 2:6-7)

Adentrarte en tu futuro

Dios quiere bendecirnos y llevarnos hacia el futuro que tiene para nosotros, pero no quiere que lleguemos al punto de creer que llegamos allí por nuestros propios medios. Quiere que dependamos de Él por completo. Esto es porque quiere llevarnos a lugares a los que no podríamos llegar sin su ayuda. Para poder llegar allí tenemos que reconocer a Dios en cada parte de nuestras vidas. *Todo el tiempo.*

¿Cómo lo logramos?

Alabando a Dios con frecuencia.

Si nuestro estilo de vida es de alabanza y adoración, mantendremos nuestro corazón abierto a la obra del Espíritu Santo en nosotros. Nos mantendremos en el lugar correcto para oír a Dios y dejarnos guiar por Él. Lo ubicaremos correctamente como primera prioridad en nuestra vida. Seguiremos siempre dependiendo de Él, tanto si va todo bien como si no. Y esto nos mantiene cerca.

Cuando el Espíritu de Dios vino sobre Azarías, este le dijo al rey Asa: «Jehová estará con vosotros, si vosotros estuviereis con él; y si le buscareis, será hallado de vosotros; mas si le dejareis, él también os dejará» (2 Crónicas 15:2).

Imposible mayor claridad. Si Dios está con nosotros mientras estemos con Él, esto aumenta nuestra motivación para estar con el Señor, ¿verdad?

El mejor consejo cuando estás en temporada de paz y reposo es usar ese tiempo para edificarte y fortalecerte en el Señor. Estudia su Palabra. Comunícate con Él en oración. Pasa tiempo en su presencia, en adoración y alabanza.

Usa ese tiempo para enamorarte de Jesús otra vez.

El rey Asa no siempre hacía todo bien, pero al final «el corazón de Asa fue perfecto en todos sus días» (2 Crónicas 15:17). Aun cuando no hagamos todo perfectamente podemos mostrarle a Dios que nuestro corazón está enamorado por completo de Él a través de la adoración que le ofrecemos cada día.

Adorar es actuar como actúa un subalterno ante su autoridad. Cuando adoro a Dios estoy diciendo con mis acciones: «Dios, eres mejor que yo. Eres más grande que yo. Eres más que yo».

Joseph Garlington

Una parte de mantenernos firmes en los malos momentos es reconocer que habrá buenos tiempos por delante, que vendrán como descanso después de la lucha. Un tiempo de reposar en medio de la batalla. Una pausa en el ataque del infierno. Una descanso muy anhelado antes de seguir por el camino angosto. Nadie es inmune a la tribulación, así que mientras no la experimentes, alaba a Dios con la misma fuerza en los días buenos como en los malos.

Estarás pensando: *No recuerdo cuándo fue la última vez en que pensé que todo iba bien.* Y te entiendo. Porque a menudo los buenos tiempos vienen en medidas menores a una temporada. Una vez oí que una mujer medía los buenos tiempos en su vida como aquellos en que todos los miembros de su familia estaban fuera de la cárcel al mismo tiempo. ¡Todo es relativo! Y todo tiene que ver con la actitud. Si alabamos a Dios con frecuencia y no nos quejamos por pequeñeces, quizá veamos que nuestros buenos tiempos van más allá de lo que creímos posible.

Cada vez que adoramos a Dios, independientemente de lo que esté sucediendo en nuestras vidas, damos un paso gigante hacia el futuro que Él tiene para nosotros. Ese es el poder oculto de la alabanza a Dios.

Un día estaremos sobre la última cima, con Dios, y le veremos cara a cara, para disfrutar y regodearnos del calor de su amor. Seremos como los amantes que se disfrutan en una unidad que es completa, entera. Ya no necesitaremos acordarnos de la necesidad de adorar a Dios porque no podremos hacer otra cosa más que adorarle. Le adoraremos por siempre, sin pausa, porque adorar al Amor de nuestra vida es justamente el objetivo para el que nos creó Dios. Nuestra mente no se distraerá. No estaremos demasiado cansados, enfermos, deprimidos, preocupados, atormentados o tentados por otras cosas. Al fin podremos sobreponernos a nosotros mismos porque le conoceremos tan bien como Él nos conoce. «Ahora vemos por espejo, oscuramente; mas entonces veremos cara a cara. Ahora conozco en parte; pero entonces conoceré como fui conocido» (1 Corintios 13:12).

Hasta entonces, sin embargo, estamos de viaje. Y habrá situaciones que intentarán robarnos nuestro gozo, nuestra paz y hacer que nuestra mente se concentre en la fuente de nuestro *dolor* y no en la de nuestro bien. Habrá fuerzas que querrán hacernos olvidar cuánto nos ama el Señor. Intentarán distraer nuestra atención para que no pensemos en la razón más importante por la que estamos aquí: amar, servir y adorar a Dios.

No permitas que te suceda esto. Cuando estés pasando por momentos difíciles, recuerda quién te sustenta. Cuando entres en tiempos de bonanza, recuerda quién es el que te ha llevado hasta allí. Él es el Señor de la cima de la montaña y también el Señor del valle. Así que no importa dónde te encuentres, alábale porque Él es digno de alabanza. La alabanza a Dios cambiará tu vida.

LA ADORACIÓN ES

… algo que hacemos para Dios, pero en este proceso el Señor nos da mucho más de sí mismo a nosotros de lo que jamás podríamos darle nosotros a Él.

Ofrezcamos alabanza a Dios

Señor, te alabo por todo lo que eres. Tú eres mi Señor en los momentos buenos así como en los difíciles. En la cima de la montaña así como en el valle. Tú eres el Rey de reyes en el trono de mi vida, en la calma así como en la tormenta. Te alabo en tiempos de gran bendición así como en tiempos de grandes desafíos. Tú eres Todopoderoso, y en ti encuentro mi fuerza. Es gracias a ti que puedo estar firme aunque me sienta débil. Porque sé que en mis momentos de mayor debilidad, tú te muestras fuerte. Te agradezco por tu salvación, liberación, protección, bondad y bendiciones en mi vida día a día. Sé que todo lo que tengo viene de ti. Por tu gran fuerza voy de gloria en gloria, y «de poder en poder» (Salmo 84:7).

Quiero mostrar mi amor por ti cada día, abrazándote con mi adoración, tocándote con mi alabanza. Enséñame todo lo que necesito saber sobre cómo adorarte de manera agradable a tus ojos. Llena mi corazón con tan grande conocimiento de ti que alabarte sea mi estilo de vida. Enséñame a hacer de la alabanza mi primera reacción ante toda situación, no importa cuál sea. Todo honor, gloria y majestad te pertenecen, Señor, porque eres digno de alabanza.

Tú eres santo y justo, y no tengo mayor gozo en la vida que entrar en tu presencia para exaltarte con adoración y alabanza todos los días. Sé que en tu presencia encontraré todo lo que necesito para siempre.

Dios nos da su Palabra

Pero persiste tú en lo que has aprendido y te persuadiste, sabiendo de quién has aprendido.

2 TIMOTEO 3:14

———— ∽◉◡ ————

Por tanto, de la manera que habéis recibido al Señor Jesucristo, andad en él; arraigados y sobreedificados en él, y confirmados en la fe, así como habéis sido enseñados, abundando en acciones de gracias.

COLOSENSES 2:6-7

———— ∽◉◡ ————

No mirando nosotros las cosas que se ven, sino las que no se ven; pues las cosas que se ven son temporales, pero las que no se ven son eternas.

2 CORINTIOS 4:18

———— ∽◉◡ ————

Porque ciertamente hay fin, y tu esperanza no será cortada.

PROVERBIOS 23:18

———— ∽◉◡ ————

No os engañéis; Dios no puede ser burlado: pues todo lo que el hombre sembrare, eso también segará. Porque el que siembra para su carne, de la carne segará corrupción; mas el

que siembra para el Espíritu, del Espíritu segará vida eterna.
No nos cansemos, pues, de hacer bien; porque a su tiempo
segaremos, si no desmayamos.

GÁLATAS 6:7-9

Pensemos un poco más en esto

1. Lee 1 Corintios 15:58 en tu Biblia. ¿Qué hemos de hacer
   siempre, independientemente de lo que esté sucediendo?
   ¿Cómo puedes aplicar esto a tu vida en los buenos
   momentos así como en los malos o difíciles?

2. Escribe una oración a Dios pidiéndole que te ayude a
   mantenerte firme en todo lo que conoces de Él, en todo
   tiempo y lugar. Pídele que te ayude a no olvidar qué hacer
   cuando las cosas vayan bien.

3. Lee 1 Tesalonicenses 5:16-18 en tu Biblia. ¿Qué debemos
   hacer todo el tiempo sin importar qué suceda? Escribe una
   oración pidiéndole a Dios que te ayude a hacer esto todos
   los días.

4. Escribe una oración de alabanza y agradecimiento a Dios
   por todo lo bueno que Él ha traído a tu vida. Compro-
   métete a alabar a Dios por estas cosas tanto en los buenos
   tiempos como en los difíciles.

5. Lee 1 Corintios 16:13 en tu Biblia. ¿Qué has de hacer en
   todo momento? ¿De qué manera te ayudará esto más adelante si lo haces en los buenos momentos?

Querido lector:

Una de las mejores cosas que puedes hacer por ti mismo y por los demás es escuchar un CD de música de adoración en tu casa, tu auto, tu lugar de trabajo o dondequiera que pases tu tiempo. La música de adoración no solamente cambiará la atmósfera del lugar en que estés, sino que también cambiará tu actitud, tus pensamientos, y te dará paz y gozo. Por esto mi esposo Michael y yo compilamos once de nuestras canciones de adoración preferidas, cantadas por nuestros cantantes favoritos, e hicimos un CD para que no solo lo escuches sino para que lo uses como acompañante perfecto de este libro.

Las canciones se corresponden en contenido con los capítulos del libro y te inspirarán a tener un tiempo personal más poderoso de alabanza y adoración a nuestro asombroso y maravilloso Dios. Los hermosos arreglos y la producción de Michael, así como las voces ungidas que cantan (cada uno de los cantantes es líder de adoración, con un corazón lleno de adoración), moverán a tu corazón para que responda. En realidad, creo que estas canciones te llegarán tan profundo que te encontrarás cantándolas durante el día, mucho después de escuchar el CD.

El nombre de este CD coincide con el del libro: *La oración que lo cambia todo* (Integrity Music). Lo encontrarás en el mismo lugar donde compres el libro.

Con muchas bendiciones,
Stormie Omartian

CD solo disponible en inglés.